U0079086

普天之下・盡是好書
普天 出版家族
Popular Press Family
凌雲 文創
A-Plus Creative Company

最生動幽默的漢朝歷史，輕鬆笑談大漢王朝四百

漢朝是第一個由平民揭竿起義的王朝，
帶來歷史上頭一個盛世，還創造出許許多多的「第一次」！

第一次有被罵流氓無賴的平民當皇帝，
第一次外戚專擅，把人當成豬宰，第一次有皇后被廢，還不止一個，
第一次沙場名將被迫投降敵方，第一次中途被硬生生掐斷國祚，朝野風雲變色，
第一次有太監和士子互爭惡鬥，第一次軍士衝進宮砍人……

漢朝四百餘年歷史，出現許多名垂千古的英豪，
也出現許多前所未見的大事，成就一個偉大且特殊的王朝。

《那時漢朝》全新精修合訂版

Those things about Han Dynasty

漢朝那些事兒

之 項羽與劉邦

月望東山——著

◆出版序◆

趣味歷史新指標，輕鬆笑談四百年漢史！

兩大漢朝的內憂外患，在月望東山筆下顯得生動豐富，寂寞高深的歷史事件變成調侃幽默的文字書寫，一個個鮮活的英雄人物歷史脈絡明確，躍然紙上。

歷史是齣重複上台表演的精采大戲，當中漢朝這位老大哥的崇高地位向來無庸置疑，不只因爲輩分老，重點是它還創造出許許多多的「第一次」！

第一次有被罵流氓無賴的平民當皇帝，第一次外戚專擅，把人當成豬宰，第一次有皇后被廢，還不止一個，第一次沙場名將被迫投降敵方，第一次中途被硬生生掐斷國祚，朝野風雲變色，第一次有太監和士子互爭惡鬥，第一次軍士衝進宮砍人……

月望東山描繪史實細膩，言語幽默，造就出一股歷史與文學相融的獨特魅力，用字通俗易懂，輕鬆撥開史書迷霧，重新體驗漢朝的生動面貌！

●漢室皇族的立體人性，狠狠抓住眾人眼光

漢朝是第一個由平民揭竿起義的王朝，帶來歷史上頭一個盛世，讓劉家人在歷史上站穩腳跟，風光四百餘年，後世更有許多人對天下第一無賴流氓劉邦大爲嘆服，五體投地，稱其爲能屈能伸的第一人！

從楚漢相爭起，七國亂、文景治、武帝揚威震四方，再到王莽盜國、光武中興、黨錮之禍、黃巾之亂……無論是崛起、強盛還是漸沉沒落時，樁樁大事前所未見，一票帝后臣民狠狠揪住衆人目光，甚至令數千年以來的後人無法忘懷，以「漢」自居。

在這段四百餘年的歷史當中，出現許多名垂千古的英豪，雄壯激烈、四方立威，成就一個偉大且特殊的軍武王朝，無數好漢共同奮鬥，推翻短命的秦朝，建立起使後世驕傲的強盛帝國。

這是你我熟知卻早已厚重發黃的朝代，從亂世相爭到權臣奪國，壯麗豐富的多樣性，正是漢朝使人著迷的關鍵，《漢朝那些事兒》細細描繪出多樣立體的名人群象，在衆多

寫史好手中猛竄出頭，增添豐富精采的可看性。

•趣味寫史再掀新浪潮，第一次讀漢史就上手！

新世代讀者顯露「雜食」口味，歷史淺閱讀大行其道，《漢朝那些事兒》一出，原本死寂沉悶的陳舊歷史立刻搖身一變，顯得嶄新多姿！

本書用風趣麻辣的筆調，敘述大漢王朝四百多年來的輝煌與變遷，一波波瘋狂的歷史事件，一個個鮮活的英雄人物，猶如在眼前重現。作者月望東山站在全新的角度，展開這幅令人熱血沸騰的歷史畫卷，用生動明快的語言，將過去沉重枯燥的歷史，演繹得輕鬆有趣又活靈活現。

《漢朝那些事兒》有自己的歷史觀，文采飛揚，以詼諧的筆調，循清晰脈絡娓娓道來，讀來總使人會心一笑，文字行雲流水，嚴謹中不失幽默，通俗中不失客觀，將兩千多年前衆人熟知卻也不精通的興衰軼事一一點校出列。

《漢朝那些事兒之項羽與劉邦》從項羽、劉邦崛起寫起，到楚漢爭霸結束爲止。全景敘述秦朝崩潰及諸侯逐鹿中原壯闊慘烈的混戰場面。

項梁起兵對戰秦將章邯，壯志未酬身先死；項羽怒斬宋義，破釜沉舟，在鉅鹿上演一幕壯麗的英雄絕地反擊戰。劉邦勢如破竹，率先攻入咸陽，卻在鴻門宴上經歷了一場生與死的較量。

當韓信自漢中暗渡陳倉，打響了楚漢爭霸第一戰，從此劉邦和項羽進行了異常激烈的生死決鬥：滎陽、彭城、垓下三場大戰，最後終於以劉邦勝出收場。

楚漢爭霸是一個創造英雄的偉大時代。在這場生死決戰中，英雄輩出，光彩奪目。這些人有劉邦、項羽、韓信、張良、陳平、蕭何、范增、英布……爾虞我詐，刀光劍影，高潮迭起，絕對讓人欲罷不能！

【出版序】趣味歷史新指標，輕鬆笑談四百年漢史！

我是流氓我怕誰！

第1章　謎一樣的劉邦／021

歷來諸多聖君簡歷裡，不約而同地有段母親懷孕前夢日月入懷的軼事，要不然就是生產時滿室紅光，亮如白晝……不過，劉邦的母親並未夢見日月，而是夢到跟神相交。

第2章　操盤高手的正確選擇／029

歷史就像股市，有暴漲就會有暴跌，有暴跌也會有暴漲，而呂公恰是一個高明的股市操盤手，他把秦朝這支股票的未來走勢看得一清二楚——慘！

第3章　忽悠人的頭銜是重點！／037

兄弟們遇鬼的事讓劉邦心裡暗喜，從此名片上又多了一個「赤帝之子」的頭銜。以為撞見鬼的兄弟們則更加仰慕他，相信只要跟著赤帝的兒子幹，肯定有肉吃！

第4章　政治作秀的必要／043

有些秀必須要作，這是自古以來的必備傳統，如果不作秀，大夥會認為這人不謙虛，是個野心家，不值得為其賣命，反之，人家就更認為你誠實厚道，值得信賴。

第5章 亂世最牛悍將登場／051

項羽揮舞長劍，如斬亂麻，說話之間，一百多號人白白成了劍下冤魂。在隊伍後頭的官兵，全被項羽這英猛無比的殺氣駭住……

搶地盤是件大事

第1章 造反決定命運！／059

項梁做夢都沒想到，自己竟會撈到這麼大的便宜，短短一夜之間，隊伍竟從八千人擴大到六、七萬人，就像腰裡纏著一大把可靠的財富，連天塌下來都不怕。

第2章 劉邦後院起火／065

新年一開始，劉邦就打了兩次勝戰，開門見紅，可喜可賀，沒想到此時，老家發生一件讓人措手不及的事，駐守在豐邑的部下雍齒居然反了！

第3章 天降「良」才／073

不管如何，書確確實實地落在張良手裡，《太公兵法》從此改變張良，讓他從一個刺客走向職業謀士的行列之中，從而改變劉邦及時代的命運！

第4章 尊嚴的復仇戰／081

豐邑就像一塊試金石，三番五次地試驗著劉邦的忍耐度和鬥志，在這幾場戰爭中，他深深懂得屢敗屢戰的精髓，永遠都不能放棄戰鬥，是他生命中的唯一選擇。

第5章 天下第一號傀儡／089

項梁沒有經過楚懷王賜封就敢自號「武信君」，也等於項梁根本不把楚懷王看在眼裡，只把他當成擺設對待，在楚國，項梁本人才是真正的老總。

第6章 一匹來自西北的惡狼／097

周文正是在等陳勝送糧食過來，只要其他軍隊會合，大家吃飽喝足後萬軍齊發，暴秦必亡。誰知道，周文還沒等到後方補給，章邯就從城裡打出來了！

第7章 當牛人遇見猛人／105

章邯站在隊伍前打了一個手勢，秦軍像飄在空中的幽靈般立即停下，悄無聲息地齊齊注視著前方那個龐大的獵物，當中最想拿下的，便是項梁。

王侯將相寧有種乎

第1章 提著腦袋當名士／119

張耳和陳餘本來就不是平庸之輩，同時娶了富家女，又是生死兄弟，於是兩人的名聲遠播，越傳越遠，甚至傳到秦國那裡去了。

第2章 忽悠成就人生／127

張耳和陳餘一聽到這個消息，當即興奮得跳了起來——真是天賜良機，陳勝大勢已去，報仇的機會終於來了。陳勝，你就等著瞧吧！

第3章 內訌是一場遊戲／135

為了斷絕張耳和陳餘的談判念頭，韓廣見趙國使者來一個就殺一個，來來回回至少殺了十多個。碰上這只要江山不要老母的無賴，張耳和陳餘可是一點轍都沒。

第4章 歷史重複上演／143

李良之所以反叛，目的就是想稱王，只不過就算他意氣風發地在邯鄲自封趙王，一旦張耳和陳餘兩人找出一名趙國後裔上台，李良自然就成了假貨。

第5章 兵臨城下／151

絕望不已的張耳，只好向天下諸侯發出江湖求救信，同時選派兩員幹將悄悄溜出城外求見陳餘，下死令吩咐兩人不管使出什麼手段，都得逼陳將軍出兵！

項羽雄起

第1章 莫名其妙的救援／161

天氣越來越冷，宋義帶領的楚軍還在一直莫名所以的等待，北來寒風吹得露宿原野的戰士心裡陣陣發寒，沒人知道何時才能殺敵，或是返家。

第2章 一戰震天下／169

在死亡面前，羊可能會變成狼，猛獸也可能變成任人宰割的羊。楚軍氣壯如山，喊殺之聲驚天動地，如惡狼入羊群，以一擋十，秦軍一時哀號遍野，血流成河。

第3章 都投降了還打？／177

項羽兵分兩路，一路以蒲將軍帶兵日夜渡過黃河，從側面進攻，一路是以項羽為主力軍從正面窮追猛打。這一打真讓章邯有苦說不出，到底是怎麼回事，我都認輸了你還要打？

第4章 天下奇人何其多！／185

就像喝醉酒的人總愛說我沒醉，瘋子也是一樣的道理，說自己不瘋的人有兩種：一種是真的瘋了，另外一種可能是世外高人。

第5章 咸陽不是夢／193

捨近求遠也不全是壞事，劉邦軍隊兵不強馬不壯，資本不夠雄厚踏實，多走幾段路，路上不但能多打掉幾座城騙騙人氣，還可以多搶些兵草米糧，在攻打咸陽城前做好保障。

鴻門

第1章 指鹿為馬的大騙子／205

胡亥心裡真夠鬱悶，先前才剛發生鹿馬不分的事，現在又有人獸不分錯殺無辜之災，難道自己神智錯亂真不是普通嚴重？為改過自新，只好再次裝模作樣地祈福去……

第2章 權力野獸的末日／213
子嬰心裡欷歔不已，趙高不死，我大秦忠魂如何瞑目？趙高不死，我嬴氏祖業又怎能奪回？趙高不死，我子嬰全家性命又哪能保全？趙高，我也要讓你嘗嘗陰謀的滋味！

第3章 劉邦發財了！／219
在樊噲眼中，如今關中動盪不安，百姓流離失所，劉邦這種一夜暴發，就得意忘形貪圖享樂的思想十分要不得，若是只圖享受，會更快跌進地獄。

第4章 項羽來了，項羽來了／229
一席話聽得項羽火上加油，劉三頭上的天子氣，就是他肚子裡脹得慌的怒氣，不打心裡怒氣難消，命令諸軍吃飽喝足，準備天亮開戰！

第5章 補救再補救！／237
當消息傳進范增耳裡時，他立即暴跳如雷，痛罵不休。怎麼項家出的都是些近視眼？只看到眼前利益柔情，不看到長遠前途，好好一個大局面，竟被敵方一桌酒菜搞得煙消雲散。

第6章 史上最瘋狂的飯局／243
守衛一看樊噲這副殺氣騰騰的樣子，連忙把他攔住。不料，樊噲的盾用力一撞，便把門口軍衛全撂倒，接著完全不打招呼，像隻出鐵籠的老虎般惡狠狠地撲進宴席帳中！

西楚霸王

第1章　暴力是暴政者的通行證／253

一直以來，項羽不是被復仇的火焰燒亂心智，就是被勝利的狂喜沖昏，連個善意批評的讀書人，都要對其採取如此惡殺手段，實在是有損英雄形象。

第2章　卑屈的隱忍／261

張良此招果然高明，讓劉邦裝出對漢中之地貪得無厭的樣子，越能證明他已經甘心久居漢中，一向提防的項羽自會少了一份懷疑和防備。

第3章　有人要攤牌！／269

正當田榮想趁勝攻向項羽時，忍了好久的陳餘也終於爆發，在北方舉旗嚷嚷著要殺人，殺的還不是別人，而是那位已經切八段的刎頸之交，張耳同學。

第4章　傳奇韓信傳奇事／277

為了洗盡恥辱，韓信決定脫胎換骨，不久，他聽說項梁在吳縣造反，便帶著那把長劍投奔項梁去，走向造反之路。

第5章　拜將／285

既然拜將是大事，劉邦也應該藉此大秀一場，如果再不作秀，士兵跑的人就更多，再不表現，將領也會越來越少，不僅要秀，還要秀出人氣水準。

第6章 大將軍的風範／293

劉邦終於明白，在眼前的亂世裡，不是沒有人才，而是你欠缺發現人才的眼光，蕭何的貢獻實在太大，不但幫韓信上位，更幫漢營物色到一個曠世將才。

楚漢爭霸

第1章 突圍／301

劉邦派重兵圍攻廢丘，同時命令諸將派兵攻打他城。好消息不斷傳來，塞王司馬欣及翟王董翳已向漢軍投降，漢軍部隊再度殺入咸陽城，除了章邯死守廢丘外，秦國舊地幾乎全落入劉邦口袋之中。

第2章 芈心的末日／311

在古代，不管皇帝是暴君還是昏君，只要臣民採取非常規手段犯上，都可能成為人人誅之的對象，為避免成為諸侯的箭靶，項羽只能對義帝採取秘密暗殺行動。

第3章 美男子的姻緣路／319

陳平之所以非富家女不娶，完全是為將來遊學四方找個強大的經濟基礎。他的夢想在遙遠的遠方，在諸侯帳下，君王座席上，而不是男耕女織，相依到老！

第4章 帥哥闖江湖／327

陳平見大難臨頭，只好選擇不告而別，教人驚訝的是，逃跑前，他還派人把項羽封給他的官印以及四百八十兩黃金如數奉還項羽。逃亡後，陳平下一個理想的老闆是劉邦。

第5章 正名！打架要幫手！／335

正名之說是孔子發明的，也是儒家的專利。所謂名不正則言不順，師出無名則兵必敗，項羽殺義帝正好授人之柄，劉邦為何不好好利用這項錯誤，名正言順地懲罰對方？

第6章 初次出征的結果／343

項羽拂曉時發起兇悍的攻勢，只半天工夫便攻入彭城。此時，漢軍上下正懶洋洋地準備起床，當他們鬆散地睜開眼時，卻看見項羽的大軍像大雕般朝他們撲來！

第7章 逃命是件技術活／351

不管劉邦怎麼亂吼亂叫，夏侯嬰仍然神情自若地趕著車。劉邦回頭一看，楚軍像瘋狗一樣就要咬到屁股，一腳把自己的兩個孩子踹下車去。

死地重生

第1章 曙光／361

張良竟能準確地窺探出項羽和英布相處之間的痛苦矛盾，如果真能收買英布，簡直等於砍下項羽的一條腿和一隻肩膀！可問題是，英布這麼一個厲害的角色，誰能幫劉邦搞定他呢？

第2章 被告黑狀的陳平／369

第3章 敲不爛的銅豌豆／377

周勃和灌嬰的言辭間，沒有半句殺字，卻又感覺到他們字字催逼，唯一的願望就是希望劉邦像魏咎和項羽一樣，趕快把陳平這個小白臉打發掉！

距離上次俘獲魏王豹，才過六個月，劉邦這次捲土重來，是要證明給所有諸侯看，自己從來就沒有被真正打倒過，在哪裡失敗，我就在哪裡雄起！

第4章 夢幻戰役／387

狡猾的韓信當然不會愚蠢地直接衝到井陘口任人宰割，他在離井陘口三十公里處，命令軍隊駐營休息。一切都在掌握中，明早將是廝殺的最好時機！

第5章 謀士的重要／395

太宰被隨何的氣勢懾住，這年頭光腳的不怕穿鞋的，既然對方擺明已經豁出去，自己不往上報的話可能會誤事，對方心急之下，不曉得會不會選擇同歸於盡……

第6章 英布的無奈／403

意外的是，當英布頭一次和劉邦親密接觸時，劉邦不是興奮地從屋裡赤足奔出來擁抱他，而是傲慢地坐在床上洗腳，真是場大傷尊嚴的首次正式會面。

第7章 謀士大PK／411

這場謀士的PK大賽，張良贏了，劉邦其實也好處多多，不但贏得張良妙計，還贏得教訓，從張良這堂經典的軍中理論課學到一個新名詞：與時俱進。

兵以詐立

第1章 忽悠到你死！／421

這項打擊實在太大，范增的使者吃牛肉，霸王的使者就只能吃涼菜？你們憑什麼冷落霸王的人，卻對亞父的人這般好，是不是范增那老傢伙給你們什麼好處了?!

第2章 再陷絕地／431

讓劉邦直接跑路只是中策，要是能讓他順利逃脫，又使漢軍守住滎陽城，才是上上之策，而這些陳平全考慮到了，華麗地演出一場上上之策。

第3章 劉三搶韓信／437

劉邦和夏侯嬰戰戰兢兢過了一晚，然後摸黑起床，劉邦坐車，夏侯嬰開車，兩人掛著漢王使者的名號，直接馳入韓信軍營中。還沒等士兵傳話，他們就像老鷹撲食一樣，快狠準地闖進韓信臥室……

第4章 當牛謀士碰上黑謀士／445

田廣驀地糊塗起來，之前不是都談好了，幹嘛還要打？過了一會兒，他才「頓悟」，肯定是那酈食其和韓信串通一氣，要騙取齊國的土地！

第5章 小屁孩成大救星／453

一個十三歲的小屁孩，換做今天，頂多就是玩網路遊戲比較出色的國中生，讓人感覺奇怪的是，這男孩不知是從何而來的勇氣，竟想要救外黃百姓於水深火熱之中？

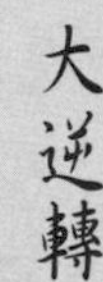

大逆轉

第1章 叫陣誘戰／461

現代戰爭中，最厲害的就是核武威脅，但在西元前的冷兵器時代，項羽沒有核武器，也沒有飛機大炮，連隻馬也無法輕鬆躍過溝澗，只好從別的方向下手！

第2章 對峙／469

看來，劉邦不能再躲了，再躲就是龜孫子了。普天之下，能治服這隻史無前例的厲鬼的，唯有一人，那就是劉邦，他不能不親自出場收拾殘局！

第3章 龍將對抗／475

高密城上，旌旗飄揚，鑼鼓喧天，龍且臨風而望，他遠遠看著韓信大軍，彷彿望見一群堆在大象腳下的螞蟻，只要自己這頭象一抬腿，對方兵馬便會煙消雲散，化為烏有。

第4章 問鼎齊王／483

韓信是以半要脅半商量的語氣向劉邦提出申請，如果劉邦答應他當代理齊王，那遲早有一天也會轉正的。如果劉邦不識時務，那就對不起了……

第5章 左右為難／489

不止英雄，就連謀士所見亦略同，蒯通的這番話武涉先前便已說過，兩人重點都只有一個——韓信到底是想活命，還是要忠義？

末日，或者曙光？

第1章　不靠譜的盟約／501

盟約訂立後，項羽彷彿因發現自己真的累了，第一個撤兵東還。萬萬沒想到的是，這項撤兵行動一下子把內心的焦灼無助暴露無遺，死神迅速地找上門來了。

第2章　無力回天／509

讓我們看看項羽的情況——西楚位於長江以北的土地已全部淪陷，只剩十萬兵力，而更可怕的是，這支孤軍後勤斷絕，無糧而守，進不是，退不是，守亦不是。

第3章　勝敗關鍵：廣武澗／517

劉邦強打精神，騎馬出巡勞軍，漢軍士兵個個像充氣的皮球，不斷高呼「漢王萬歲」，喝采震天，一半因為欣喜若狂，另一半也是故意向東澗的項羽示威。

第4章　瘋狂的潰敗／525

向來威風的西楚霸王想哭都哭不出來，想發怒卻已經太遲。這個該死的農夫，我項羽到底是哪裡招你惹你，為何偏偏指出一條通往地獄之路？

第5章　阿基里斯的腳後跟／535

項羽的失敗不僅是歸於命運，更要歸因自身，他最大的敵人不是諸侯，而是他自己，對暴力的無上迷信，使他走火入魔，以為暴力能掃平一切勢力。

我是流氓我怕誰！

劉邦是流氓出身，身份卑微，
不像項羽是名將之後，擁有高貴血統，
又是個窮光蛋，沒得攀認親戚，
只好跟神攀關係，跟神攀關係也比較保險，
至少沒有人可以揭發……

第1章

謎一樣的劉邦

歷來諸多聖君簡歷裡，

不約而同地有段母親懷孕前夢日月入懷的軼事，

要不然就是生產時滿室紅光，亮如白晝……

不過，劉邦的母親並未夢見日月，

而是夢到跟神相交。

在中國歷史上，凡是出身差勁的皇帝，天生都有自我吹噓和神話的能耐，爲了證明自身乃人間非凡人品，他們不是亂跟神仙攀上親戚，就是自詡爲神物投胎。

神話是護身符，傳說是美麗袈裟，不管用什麼辦法，只要演得玄之又玄，充分激起民衆的崇拜情緒，就足以證明你成功了。

無庸置疑，在這些自我廣告的人當中，劉邦是相當成功的例子。

劉邦，生於西元前二五六年，字季，外號劉三。籍貫是江蘇省沛縣豐邑，祖上至少三代農民。

職業：亭長，兼職無賴。

特長：吹牛和耍賴。

老實說來，劉邦的一生是個謎。

前半生唯一一件大事的始末也沒人知道，他是在多少歲當上那個芝麻官亭長？不知道。他憑什麼關係當上亭長？不曉得。

等到了後半生，天下大亂，他四處流亡，將到五十知天命之年，卻在群魔狂舞當中迅速崛起，佔領一席之地，還跟貴族出身的項羽逐鹿中原，最後一統天下。

是誰賦予他強大的力量？是蒼天大地，是冥冥宇宙，還是有隻看不見的手在他背後推動前進？沒一個人能說得清楚。

劉邦，沛豐邑中陽里人，姓劉氏，字季。——《史記．高祖本紀》

這是史學大師司馬遷關於劉邦的介紹，字句簡短，卻極富爭議。

劉邦出生地及姓氏沒啥問題，問題是他的名和字，在班固的《漢書》裡也只看到籍貫姓氏，沒有點出名字。

中國古人的名和字，大多由父母取下，至於號什麼的，那是成年後再自行根據愛好取下，一直到東漢前都還不大盛行。

然而，不是所有父母都會取名字，一般窮人家因爲沒有知識，想像力也有限，爲圖方便，便直接照排行叫。

古人在排行上有固定叫法，叫伯、仲、叔、季。所以劉邦的大哥叫劉伯，二哥叫劉仲，不過，老三卻不是劉叔，而是劉季，這到底是怎麼回事？

劉邦兄弟共四人，他排行第三，卻叫劉季，筆者認爲，這裡面肯定隱藏了某些眞相。我們有理由懷疑，劉太公本來就有個兒子叫劉老三，或許早夭，劉季才自然擠升到第三名的位置，於是乎，「劉季」之名就這樣叫開了。

更怪的是，在劉邦一生當中，父親及兄弟們的動態去向被史書交代得相當清楚，唯有一個人例外，他的母親。

在史書裡，我們可以找到劉邦跟父親鬥嘴，或跟兄嫂過不去的故事細節，卻怎樣都找不到劉老夫人的隻字片語。

這位神秘的母親，在史學家筆下只出現過兩次，一次是懷上劉邦之時，另一次則是項羽劫持劉邦全家，後來卻只還了老爹劉太公及老婆呂雉，獨不見老母親回歸。

這位貧弱無辜的母親，就像天地驚鴻般匆匆掠過，成爲劉邦留給世人的另一個謎。

要破解這個謎團，有必要先瞭解劉邦的出生神話。

話說西元前某個夏天，劉三他媽劉媼獨自外出工作，途中疲憊不堪，便躺在大澤堤岸上睡覺，還做了一個好夢，與神相交。

當劉老媽在夢中與神相交時，突然雷電交加、風長草飛，丈夫劉太公萬分焦灼地奔往大澤，遠遠卻看見自己老婆身上正伏著一條蛟龍。

之後不久，劉媼便生下劉老三，也就是劉邦。

所謂神話，都蒙著一層神秘面紗忽悠衆生，只要較眞到底，便會發現裡面可能隱藏著齷齪的人性。

首先，古代皇帝向來喜歡造神，天子是上天派下來管理衆生的兒子，君命神授，也是皇帝的政治基本功。

歷來諸多聖君簡歷裡，不約而同地都會有段母親懷孕前夢日月入懷的軼事，要不然就是生產時滿室紅光，亮如白晝……等等異象，不過，劉邦的母親很特別，並未夢見日月，而是夢到跟神相交。

有民俗學專家積極研究這段歷史後，一語道破眞相——荊楚之地，民風甚野，劉邦之母「在坡上夢與神相交」一事，其實就是與其他男人偷情，而劉太公之所以匆匆趕至，估計也是聽見風聲才趕來抓姦。

豈料，這麼一件見不得光的事，到了劉邦手裡，便化腐朽爲神奇，包裝成一個美麗的傳說。

話又說回來，劉邦將自己包裝成天之龍子並非沒有道理，據說，他本身便長著一副龍相——馬形長臉，鼻樑高挺；臉頰下長有魚鬚鬍，很是美觀；左腿上有七十二顆黑痣（類似眼鏡蛇身上的黑點）。

劉三生肖屬蛇，一般而言，大蛇爲龍，小蛇爲蛟，如此說來，劉三命中爲蛟，外部龍相，不是蛟龍又是什麼？

可年輕時期的劉邦不過是個堅守「一不做二不休」原則的流氓加無賴，一不做，即不愛勞動，二不休，則是喝酒、泡妞這兩樣絕不能少。

農忙時節，劉大叔想叫他一起下田，劉三卻總是神龍見首不見尾，不是賴在王大媽、武大娘的酒館裡，就是爬到情婦曹氏（劉邦長子劉肥的生母）床上去。

劉大叔沒讀過書，想半天都找不到一個狠毒的詞來罵這不成器的兒子，憋了好久才終於憋出一個詞，無賴！

這麼一個被父親喚做無賴的「龍種」，前半生除了不事農業、喝酒泡妞外，究竟還幹了哪些事？司馬遷沒交代，班固也沒說明，讓人不得不懷疑，這兩位史學大師似乎隱瞞了什麼。

爲了能更加見證劉邦的人生發展史，筆者便特別舉出一個與他年齡相仿的例子，就知道這位平民皇帝年輕時活得多麼寒酸磣人！

秦始皇嬴政，出生於西元前二五九年；劉邦，出生於西元前二五六年。

嬴政，祖先六代爲秦王，典型的秦王富N代；劉邦，父親以及父親的父親都是農民，典型的農民窮N代。

嬴政，其母趙姬出身歌伎，傳說亦是私生子，私生父爲一代奇商呂不韋；劉邦，其母劉媼，出身農民，亦有說法是私生子，私生父是僞裝神龍的無名氏。

在一個拼爹的時代，劉邦拼爹拼不過人家，拼娘拼不過人家，拼私生父還是拼不過人家，眞是典型的拼不過三郎。

說到時代，劉邦是秦朝人、漢朝人，也算是戰國人。

嬴政收拾群雄一統天下，建立大秦帝國時年僅三十九歲，同一時間，劉邦已三十六歲，他到底都幹些什麼呢？

沒人知道。

幸好，從史書的蛛絲馬跡中，還能發現劉邦的些許動態，在他三十六歲前，也就是戰國混亂時期時，他一直遊手好閒，到處漂泊。

先秦原本便有養士之風，當嬴政苦苦思索如何征服天下，成就曠世偉業時，劉邦正像個吊兒郎當的遊俠，到處蹭吃蹭喝。

當時，他仰慕的人是戰國四大公子之一的信陵君，也從信陵君那裡學到，男人想做大事，必須先有自己的團隊，而要有自己的團隊，必須有大把大把的錢，就算沒有錢，也至少要有人氣，人才是成大事的重要條件。

只可惜，當嬴政統一天下後，劉邦便不得不返鄉了。

嬴政建立大秦後，看到遊俠遍佈天下，不由極爲擔憂，沒有固定職業的流民，要是積蓄到一定數目，將是和諧社會的隱患，於是便發出一紙詔令，特命所有無固定職業的

人必須回到故鄉待業。

劉邦只好響應中央政策，結束原本幸福的遊蕩生活，從城市回到農村，接受培訓，開始一段中年再就業的旅程。

第2章

操盤高手的正確選擇

歷史就像股市，有暴漲就會有暴跌，

有暴跌也會有暴漲，

而呂公恰是一個高明的股市操盤手，

他把秦朝這支股票的未來走勢看得一清二楚——慘！

回到故鄉的劉三，很快就找到一份不足以養家，至少能餬口的工作——泗水亭長。

他年少時曾經有一次進咸陽出差，路上遇見大自己三歲的秦始皇出遊，儀仗浩蕩，綿延數里，發自肺腑地叫道：「大丈夫當如此是也！」

現在，先讓我們來看看劉三是怎麼當上這個泗水亭長的。

秦朝沒有科舉制度，要想當官，如果不是高幹子弟，就得走下面兩條路線。

第一，家裡要有錢，自身品德也得優秀。

所謂品德，無非就是路見不平地吼個一兩聲，該出手就出手，大義凜然，若是連這個作秀的基本功夫都不會，就別想入官場混。

第二，得先認識好人。所謂好人，就是有權勢，還會抬舉你的人。

秦朝有規定，政府官吏可以向上級推薦基層官吏，卻不是一推薦就收，還有一段試用期，如果試用期內表現合格，就留下繼續幹活，如果不行，不但要滾蛋，還會一併懲罰推薦的官吏。

劉三家裡窮得揭不開鍋，而且一個只想到處騙吃騙喝的人，哪還會有什麼好德行？只好巴結一下達官貴人。

不知道是哪個好心人抬舉，總之後來劉三的表現還不錯，試用期合格，就被留下繼續打工。

秦朝的政府機構分成郡縣兩級：郡管縣，縣下管鄉，鄉下設亭。按秦漢制度，鄉村每十里設一亭，設有亭長，主管治安警衛，兼管過往停留旅客及簡單民事，多以服役期滿之人充任。

劉三曾經去咸陽服過徭役，還見到自己的偶像秦始皇，所以有資格做亭長工作。不管官職大小，泗水亭長也算是個正經工作，得有個正經名字，不能再喚他劉三了，從此改作劉邦吧。

擱到今天，泗水亭長頂多算個派出所所長或鄉長之類的官，芝麻點大，不是一般人能幹的，偌大一個鄉鎮，無論是偷雞摸狗、徵收課稅，或是鄉民吵架，都會找到你頭上，工作繁瑣，不累死也會活活煩死。

更叫人鬱悶的是，這工作可不是公務員，既沒入正式編制，國家也不發工資，到了過年過節時也不會有人發米發油補助。

劉邦可不是傻子，閒得沒事找苦吃，沒錢怎麼過活呢？

事實上，亭長相當於縣外派出管理基層的機構，總會有些補貼經費，只是經費補貼不是從政府撥款，而是由縣吏們贊助。所以，每次劉邦出差前，都會理直氣壯地到縣吏家敲門要差旅費，每人三百文。

縣長秘書蕭何是劉邦的頂頭上司，他一向大方，只要劉邦上門拉贊助，便會多給二百文，也被劉邦記在心裡。

按規定，亭長只配兩個兵卒，一個管雜務，一個管捕盜，都睡在單位裡，以單位爲家，假期是有，隔五天休息一天。

亭長的職責是管理鄉裡一大堆爛事，並接待出差路過的官吏，此外，業餘活動便是到處拉贊助更兼騙吃騙喝，表面上是很辛苦，實際上的油水可不少。

今天東家婚事蹭一頓酒，明天西家死人又有一頓飯，不管紅白，只要有吃的總少不了這位劉亭長。

吃吃喝喝也就罷了，劉邦還愛賒帳，沒完沒了地賒，王大媽和武大娘兩家酒店老闆娘一看到劉邦就向他哭著要酒債，「大哥，我上有八十歲的母親，下有三歲的孩子，老公最近打牌又常輸錢，能不能先還點啊？不然我只好上你家砍樹去了。」

「砍樹？砍人還差不多，我家沒種樹。」

「大哥，你不知道，現在秦皇爺徵稅又重，物價上漲比發大水還快，酒價都翻了好幾倍，要賒帳可以，可是酒貴，您吃得起嗎？」

「當然，有好酒儘管拿上來。」

王大媽和武大娘本是欺負劉邦窮，故意把酒價翻了好幾倍賣，沒想到劉邦眞要再賒，想賒就賒吧，至少他好歹是個亭長，不會逃帳，待到年底還錢之時，多出的幾倍酒錢就當是利息。

那時，很多人都認為，劉邦一輩子只能是亭長的出息，更沒人看出，這個擺爛出身的傢伙，將來竟會騰雲駕霧，坐擁天下。

用現在股民流行的話來說，年輕時期的劉邦就是個道地的垃圾股。可世界之大，無奇不有，偏有人說他是績優股，未來行情不可估量。

何人竟有如此不平凡的眼光？

他正是劉邦的岳父大人呂公。

呂公，山東東單縣人，跟當時沛縣縣長大人是好朋友，為了避仇而入沛縣安家落戶，生了個國寶級的大女兒，叫呂雉。

縣令大人曾向呂公提過想娶呂雉，但呂公卻遲遲不肯嫁女兒。

呂公是位經濟實力雄厚的貴賓，沛令能把這樣的人物引進來，也算為沛縣的招商引資做出貢獻，為了拉攏，還特意為呂公辦了招待宴會——其實，縣長大人就是想賄賂呂公，好讓他早點把呂雉配給自己，沒想到宴會一結束，縣長大人竟哭了。

沛縣豪傑和官吏聽說縣長請貴客，這可是巴結上司的好機會，紛紛帶著賀禮登門。

劉邦聽說縣長要變相撈錢，流氓的習氣立刻來了，決定赴宴整整那幫縣吏，順便吃頓霸王餐。媽的，我整天幹死幹活，連討個出差費都得四處拉贊助，還要我給你賀錢，這不是扯淡嗎？

當時縣長秘書蕭何同學負責主持宴會，他對前來祝壽的賓客說，一千文錢以下的請坐下堂，一千文錢以上的請坐上堂。

輪到劉邦報賀錢時，他隨手寫了一張禮單——劉季，一萬文錢。

呂公聽到這麼大筆錢，兩眼大放綠光，親自跑到門口迎接，見到劉邦龍顏高鼻，好一副吉人天相，更是如獲至寶，請劉邦一起入席侍坐。

見劉邦不帶一文錢虛報個數就想忽悠人，蕭何厚道，悄悄地向呂公提醒道：「劉季這個人愛說大話，做不成什麼大事，您老人家還是小心點。」

呂公對蕭何的話置若罔聞，見劉邦在酒席上大耍流氓作風，海喝海吹時，他卻越看越得意，像找到一支長紅績優股。

待劉邦吃飽喝足，準備溜之大吉，呂公用眼色示意他留下來，並且說道：「我幫很多人看過相，當中就數你的相最貴。我有個女兒想嫁給你，中意不？」

劉邦瞪著呂公，根本不敢相信這是真的。

要知道，他打了大半輩子光棍，優點比白日的星星還少，況且家裡三代農民，窮得叮噹響，這老人家到底瞧上自己哪點？

不過，話說回來，我是流氓我怕誰？不管你呂公是真英雄還是假糊塗，不娶白不娶，娶了也不白娶，既然你敢嫁女兒，我就敢娶！

劉邦果斷地答應這樁自動找上門的婚事。

呂公剛向劉邦許諾完以後，呂公的老婆就對他發牢騷了，「沛縣縣長大人是呂家好朋友，論地位和社會關係，劉邦都不能和他相提並論，這麼好的人家不嫁，偏要嫁一個遊手好閒的流氓亭長，這不是把女兒往火坑裡推嗎？」

然而，呂公只是很不屑地對她說道：「此非爾女子所知也！」

這話翻譯過來，這不是你們女人家所能知道的。

換到今天，一般人會覺得，呂公如果不是先知先覺，那就肯定腦袋進水，好好一個縣長不嫁，爲什麼非要把女兒嫁給一個不惑之年的老流氓呢？

事實上，呂公是個聰明人。

歷史就像股市，有暴漲就會有暴跌，有暴跌也會有暴漲，而呂公恰是一個高明的股市操盤手，他把秦朝這支股票的未來走勢看得一清二楚——慘！

秦始皇的暴政弄得天下民怨載道，秦朝遲早要倒台，沛縣縣長不過是秦老闆的低階工作人員，終究逃不過被誅殺的命運，如果把女兒嫁過去，才是把她往火坑裡推。

呂公看出來，天下一亂，只有像劉邦這種人才能迅速崛起。劉季具有王霸之氣，天不怕地不怕，能吃能喝能吹，臉皮厚得很，天生是塊造反的料，既然遲早會造反，富貴也是遲早的事，爲何不把女兒嫁給他？

後來的事實也證明瞭呂公眼光的正確，沛縣縣長被人誅殺，沛縣易主，由劉邦當頭。

什麼叫眼光？這就是眼光，有看清幾十年的眼光，就有幾十年的事業，有上百年的眼光，就會有上百年的基業。

第3章

忽悠人的頭銜是重點！

兄弟們遇鬼的事讓劉邦心裡暗喜，

從此名片上又多了一個「赤帝之子」的頭銜。

以為撞見鬼的兄弟們則更加仰慕他，

相信只要跟著赤帝的兒子幹，肯定有肉吃！

不管如何，劉邦總算找了個親愛的人來告別單身，不久之後，還當上兩個孩子的爹。

劉邦在外蹭吃蹭喝，卻苦了在家的呂雉和兩個年幼的孩子。劉邦沒錢請保姆，呂雉只好帶著兩個孩子下田勞動，他偶爾才請個農忙假，回家幫老婆處理農事。

這一天，有個老頭經過呂雉的田前，問道：「能不能借口水喝？」

呂雉很熱情地端水給他喝。

老人家又問，「能不能給點飯吃？」

呂雉下田都會帶著便飯，便贈給老先生一些。喝足吃飽後，老父突然目不轉睛地看著呂雉，過了一會兒感嘆道：「夫人眞是貴相啊！」

「原來您是算命先生！」呂雉一聽，高興得都快要跳起來，不禁問道：「既然您老會算命，麻煩您幫我兩個孩子看看？」

老頭先看看蹲在地上的那個男孩，「夫人貴是因爲這個男孩。」

「那麼女孩呢？」

老頭又看了半天，淡淡道：「也不錯。」

聽了這番話，呂雉樂得只差沒飛上天去。

巧的是，老頭前腳剛走，劉邦便後腳回來。呂雉馬上把老頭的話原原本本地告訴他。

劉邦激動地叫了起來，「人呢？他在哪裡？我也要叫他幫我算算。」

呂雉指著前方說道：「走不遠呢，你趕去問問。」

於是，劉邦拔腿趕去，果然把老頭攆上，「老父老父，您老慢走。聽說您會看相，幫我看看如何？」

老頭駐足停留，仔細端詳半天，對劉邦只說了一句話，「您真是貴得讓我無法用語言表達。」

劉邦激動得跳了起來，「真的嗎？如果真有那麼一天，我不會忘記您的大恩大德！」

過了不久，劉邦又要準備出差。

方向：咸陽。

任務：遣送本縣徒隸去驪山腳下修偶像秦皇爺的墓。

這意味著又有正當理由找縣吏們拉贊助，有了贊助，路上少花點，年底回來就可以把酒錢全還清……可惜，劉邦這次如意算盤打錯了，到年底，他不但還不上酒錢，還有家不能歸。原因並不在劉邦身上，重點在於他帶了一幫徒隸上路。

徒隸就是我們所說的勞改犯，這些人早受夠嬴政大哥的苛刑重罰，誰想再去當免費勞工？一路上不斷有人跑路，跑著跑著，最後只剩下十來位。

劉邦估計，再這樣下去，還未到咸陽，肯定就只剩下自己一個光桿司令了。

按秦朝刑律，按時完不成任務，可是要殺頭的。去是死，不去也是死，那就逃吧。

劉邦走到豐西大澤，停下來喝酒，酒氣一上來，立刻滿腹牢騷。娘的，這亭長當得太窩囊了，欠一屁股酒債不說，辛辛苦苦跑贊助當差旅費，如今還要落得個殺頭的罪，老子不幹了！於是，劉邦親自給剩下的十餘位勞改犯鬆綁，醉眼矇矓地說道：「兄弟們，你們都逃命去吧。我從此也要遠走高飛了。」

跑？茫茫人海，哪還有藏身之處？

十餘位兄弟一聽紛紛表示，「劉大哥，跟著您有肉吃，我們願意跟您。」「跟我？我也不知道要跑去哪裡啊！活在這亂世，想當個人眞不容易，要不大家一起上山當土匪算了！」

劉邦決定帶著大家上山逃命。

可劉邦實在喝高，無法親自開路，便命一個勞改犯走在前面開道。不一會兒，跑在前頭的人回來報告道：「大哥，前面有一條大蟒蛇擋道過不去，不如我們回去吧。」

「秦皇爺都不怕了，還怕區區一條蛇？」劉邦醉醺醺地抽出寶劍，叫道：「大丈夫跑路，有什麼害怕的？」說完，便提著寶劍衝到最前，不管三七二十一就把攔路的大白蛇斬成兩半。

斬死大蛇後，大家跟著劉邦繼續逃命，還沒跑出幾里，劉邦就酒氣大作，不禁倒地呼呼大睡。然而，落在後頭的兄弟們卻在半路上見鬼。

等到劉邦睡醒後，兄弟們把路上碰到鬼的事告訴他。

「我們路過你斬蛇的地方，看到有一個老太婆在哭。我們問她為什麼要哭，她說：『自己的兒子被人給殺了。』我們又問道：『莫非妳的兒子跟我們一樣，也是勞改犯，沒替活人秦始皇修死墓才被斬首？』老太婆搖搖頭，『不是的。我兒子是白帝之子，變成一條蛇擋住了赤帝之子的路，被赤帝之子斬了，所以我才痛哭。』……大哥，你說這大黑夜的，哪有什麼白帝赤帝，我們是勞改犯，哪有那麼好嚇唬，越聽越覺得這老太婆在忽悠人，正準備揍她一頓時，沒想到對方竟突然化作一團青煙不見了！」

兄弟們遇鬼的事讓劉邦心裡暗喜，從此名片上又多了一個「赤帝之子」的頭銜。另外，以為撞見鬼的兄弟們則更加仰慕他，也越來越相信，只要跟著赤帝的兒子幹，肯定有肉吃！

我們不能怪劉邦太會瞎編，在那個冥頑不化的亂世，想起義做大事，沒有一點貴族血統是沒有人願意跟你幹，大家都是平頭百姓，憑什麼讓我聽你的？

劉邦是流氓出身，身份卑微，不像項羽是名將之後，擁有高貴血統，又是個窮光蛋，沒得攀認親戚，只好跟神攀關係，跟神攀關係也比較保險，至少沒有人能夠揭發——我是赤帝的兒子，不信你問赤帝去。

可是赤帝住在哪裡呢？他總是神龍不見首尾，又沒有手機，也不能上網，怎麼問啊？無法反駁的立論就是成立的，不要說赤帝，劉邦就算說是黃帝的兒子也沒人反對。

更玄的事還在後面，斬蛇流亡後，劉邦帶領著十餘個勞改犯進入芒山和碭山一帶山澤間躲匿，可無論劉邦走到哪裡，呂雉都能找到他。

這就奇怪了，那時候沒有手機，也沒有衛星定位，她是怎麼找到劉邦的？

呂雉說道：「老公啊，你居住的地方，天上經常有祥雲環繞，我只要跟著雲氣追尋就能找到你。」

這可絕了，擺明在暗示劉邦是人中之龍，如果不是神仙和龍，休想讓祥雲跟著你跑！沛縣的大好青年一聽，更加崇拜劉邦，爭先恐後地趕過來投奔。

就這樣，劉邦靠著自己翻雲覆雨的能力和呂雉出神入化的廣泛宣傳，挖到人生的第一桶金：十來個勞改犯和上百名沛縣子弟。

現下，就差一個口號和一張大旗。

第4章

政治作秀的必要

有些秀必須要作，這是自古以來的必備傳統，

如果不作秀，大夥會認為這人不謙虛，

是個野心家，不值得為其賣命，

反之，人家就更認為你誠實厚道，值得信賴。

秦始皇三十七年（西元前二一〇年），秦始皇在東巡返回咸陽的路上，不幸患病駕崩，這事馬上改變他兩個兒子的命運。

當時，跟隨秦始皇東巡的主要有三個人：左丞相李斯、中車府令趙高、胡亥，小畜生胡亥在老畜生趙高的慫恿之下，幹了以下幾件缺德事：

第一，把李斯拉下水，扶持胡亥上台。

第二，矯造皇帝遺詔，強迫遠在西北邊疆的公子扶蘇和蒙恬將軍自殺。

第三，暴力清洗皇宗，胡亥把自己的二十幾個哥哥姐姐殺掉的殺掉，流放的流放。

第四，復修半拉子工程阿房宮，榨取民脂民膏，大開宴會，歡樂無窮。

西元前二〇九年秋，大雨不止，這場大雨是為天下蒼生而下，也是為秦朝送喪。因為大雨阻路，無法按期率領兵卒到達目的地，陳勝、吳廣殺掉帶隊的兩名秦尉，帶領八、九百人斬木為兵，揭竿為旗，首先在蘄縣大澤鄉（今江蘇省宿縣東南）反了，國號「張楚」。

戰爭就像做生意，想發大財就得搶在別人前面上市，沛縣縣長聽見陳勝起義，也想舉事回應，於是把屬下秘密召集起來，開了一場動員大會。

會中，他煽動道：「我們為秦朝打十幾年工也膩了，現在是輪到咱們自己當莊的時候，時不等我，機不再來，想住大房娶美女的，就和我一起創業打天下吧！」

沛縣縣長大人這番造反理論，對於那些朝九晚五，過得不死不活的公務員來說，是個千載難逢的改變命運的好機會，不過，革命不是請客吃飯，弄不好不僅腦袋搬家，還得禍及全家，所以必須慎之又慎。

在這次造反動員大會上，有兩個人對沛縣縣長的動員計劃提出異議，一個是蕭何，一個是曹參。

蕭何，出生年不詳，沛縣豐邑人，法律專業出身，現任縣政府辦公室主任（主吏），秦始皇時期，曾因政績考核曾名列榜首，幸得御史大人提拔，卻推辭不就。

這蕭何眞是一個奇怪的人，有高處你不走，一輩子待在沛縣不膩嗎？換做別人，早拾起兩套舊衣服，抹一把苦盡甘來的眼淚，然後向沛縣父老鄉親們揮一揮衣袖，不帶走一片雲彩，滿腔豪情地上路了。

這麼賴著不走，不會是作秀想撈名聲吧？

別以爲蕭何是作秀，其實他跟呂公是一類角色，都是歷史股市的操盤高手，早就看透這秦朝像個爛冬瓜，外表富麗堂皇，內裡卻已腐爛不堪，做朝官的話，高收入、高風險，沛縣才是他最安全的避風港。

曹參，字敬伯，出生年不詳，沛縣人，獄法專業出身，現任監獄管理員（掾吏），人生最大的特點是，悶頭幹活，爲人低調。

當時，蕭何和曹參一致認爲，如果只憑沛縣一幫公務員，造反必敗。道理是很顯然的，公務員們嘴裡吃著秦朝的俸祿，見老闆靠不住又想另立山頭，搞來搞去大賺的永遠是當官的，哪還有百姓願意回應嗎？

於是蕭曹二人又提議，要想造反成功，就必須利用沛縣的無賴流氓。劉邦不是帶著幾百號人流浪於芒碭的岩石沼澤間嗎？只要把他們召集回來，利用這些氓流驅使百姓，就沒有人敢不回應起義。

對於蕭何和曹參的這番話，沛令舉雙手表示贊同，可轉念一想，皺眉道：「流氓可不好忽悠，派誰去召他們回來好呢？」

「大人不要操心，人都幫你想好了，這個工作就交給樊噲吧。」

樊噲，出生年不詳，沛縣人，職業殺狗。

蕭何和曹參之所以要推薦樊噲爲跑腿人，主要因爲樊噲和劉邦是連襟關係，呂雉的妹妹是樊噲的老婆，也就是說，樊噲見到劉邦，得先叫他一聲姐夫呢。

不服呂公還眞不行，好好兩個女兒，一個嫁給無賴，另外一個嫁個殺狗的，而事實也證明，呂公眼光當眞天下無雙。

當時，樊噲帶著沛令赦免罪犯的召令跑去碭山向劉邦報喜，劉邦一聽高興得都快哭了。不進碭山不知山區生活苦啊！多少天來，大夥以天爲被，以地爲床，以野果爲食，日子才這樣一天一天地熬過來。

還好這一切都將過去，終於要結束這種與天鬥與地鬥與官府鬥的黑暗日子，天下混亂，正是流氓的出頭之日，此日不出山，還待何時？

不幸的是，當劉邦帶著幾百號盲流回到沛縣時，沛縣縣長卻反悔了。

縣長反悔是有理由的，首先，他已經輸給劉邦一次，這個曾經的情敵帶著幾百個流氓回來，誰能保證他不做出流氓的行爲？

其次，即使迎了劉邦進城，他也沒信心控制住這幫無賴，如此一來，下場可想而知。

於是，沛令不但下令關閉城門拒絕劉邦進城，而且準備殺掉蕭何和曹參這兩個出主意的傢伙。

蕭何和曹參聞到風聲，腳底一滑，立刻溜出城外投奔劉邦。

這時，劉邦帶著幾百人在城外徘徊，見不能進城，不由火冒三丈。

娘的，人都回來了，對方竟然關門不讓我進城，不是在耍我嗎？流氓你也敢耍，再不開門我可要砸場了。

砸場前，劉邦用帛寫了一封信射到城上，宣告沛縣城內所有父老鄉親。

「天下人被秦朝欺負太久了。你們即使替沛縣縣長守城也沒用，因爲各地諸侯就要趕過來血屠沛縣。如果你們把沛縣縣長殺掉，回應諸侯，那你們的老婆孩子還有救。不然，到時把你們全家人都殺掉，後悔可就來不及了。」

這一嚇唬，城裡的百姓全害怕了，於是，他們決定殺掉沛令，迎接劉邦進城。

進城後，沛縣的父老鄉親們共同推舉劉邦當老大，但劉邦辭讓了——不用多說，劉邦這是表演作秀。

有些秀必須要作，這是自古以來的必備傳統，如果不作秀，大夥會認爲這人不謙虛，是個野心家，不值得爲其賣命，反之，人家就更認爲你誠實厚道，值得信賴。

劉邦按著慣例，謙卑地對父老們說道：「現在是亂世，大家要選就選個好領導，萬一選個混蛋，大家都跟著完蛋。我不是怕死，是怕自己能力太低，無法保全父老鄉親，希望大家再認眞考慮考慮，選一個可以勝任此職的人。」

當時除了劉邦之外，蕭何和曹參當然也是好人選。

可是這兩個久混官場的人早已打好算盤，自己身份既是秦朝公務員，一旦舉事失敗，便全族不保，從安全上考慮，這個頭肯定不能亂出，既然劉邦都說自己不怕死，推薦他準沒錯。

眾人見劉邦又想推辭，立刻好言相勸道：「以前聽說過關於你的很多傳說，我們也給你算了一卦，有朝一日，你必當顯貴。既然命中註定顯貴，你就接受這個要求吧。」

劉邦又再次推辭。

劉邦越是推辭，眾人越是堅決要他當頭。

看看推辭已超過三次，自己該表的誠心也夠了，便裝作委屈的模樣對父老鄉親們說道：「所謂恭敬不如從命，我不下地獄誰下地獄，既然你們沒人敢當這個頭，那就我來當吧。」

就這樣，劉邦被歷史時勢無情地推上造反之路，統兵約莫二、三千人，還擁有一個光鮮亮麗的稱號，叫「沛公」。

這一年，劉邦虛歲四十八。

第 5 章

亂世最牛悍將登場

項羽揮舞長劍，如斬亂麻，

說話之間，一百多號人白白成了劍下冤魂。

在隊伍後頭的官兵，

全被項羽這英猛無比的殺氣駭住……

與此同時，史上最牛的武將項羽也閃亮登場。

項羽，出生於西元前二三二年，名籍，字羽。身高八尺（約一百八十四公分），力大無窮，英勇無敵，號稱中國古代第一武將。

陳勝開始在大澤鄉造反時，曾發出一聲震耳欲聾的呼喊：「王侯將相寧有種乎！」意思是說，王侯將相並非天生，只要凡夫俗子敢於渴求，也可以衝到人上人的地位。

事實上，這道響亮呼聲並不完全正確，看看項羽這號人物便知道，有人天生就是武將命。

項家世代爲楚國將領，時間久遠。三代之內的名人，可以追溯到項燕，也就是項羽的祖父，曾是戰國時期楚國武功顯赫的大將軍。秦始皇統一六國時，李信率二十萬大軍遠征楚國，卻被項燕滅得一乾二淨。後來，秦始皇只得屈身請老將王翦出山，王翦一點不敢馬虎，調動六十萬大軍遠征楚國。項燕就在那場戰爭中英勇犧牲，從此，項家算是和秦朝結下了深仇大恨。

項羽小時候並不是個認眞好學的孩子。開始，他喜歡讀書，可沒讀幾本就覺得沒意思，改去練劍，可火候還未到，又丟下寶劍幹別的事去了。

這種壞習慣，連叔叔項梁都看不下去，大聲訓斥他，「小孩子不認眞學好一樣東西，你到底想幹什麼？」

項羽非但聽不進項梁的話，還理直氣壯地反駁道：「讀書寫字有什麼意思？能夠學會寫名字就算不錯了。劍練得再好又怎麼樣呢？頂多只能跟一個人決鬥，我要學就學萬人敵！」

「好小子，小小年紀竟然如此狂妄，小事做不好，還挺會找藉口。小子，我告訴你，一屋不掃，何以掃天下！想學萬人敵，也得把基本功學紮實。」

後來，項梁改教項羽兵法，不料沒過幾天，項羽了解大意後，又不肯學了，弄到最後，書、劍、兵法沒有一件學到家，眞可稱爲三不像學生。

從這幾件小事中，我們可以發現項羽缺乏耐心，而這缺乏忍耐力的個性，正是他未來命運悲劇的主要原因之一。

有人或許會問，難道在項羽的內心深處，就沒有一樣東西能激發他的潛力和信念？有的，就是仇恨。

有一次，秦始皇東游經過錢塘時，項羽竟指著坐在皇家馬車上威風凜凜的秦始皇，說出一句石破天驚的話：「彼可取而代之！」

小項羽沒有忘記，祖父項燕的死及項氏的沒落，完全是因眼前趾高氣揚的秦始皇造成的，可以忘記書、劍或兵法，卻絕不會忘記仇恨及製造出仇恨的人。

之前，項梁本不看好項羽，聽到他突然說出滅族之言後，心裡又怕又驚，卻從此對侄子刮目相看——這麼會耍狠，項家復仇有望了！

過後，項梁決定帶項羽離開家鄉，闖蕩江湖。

其實這只是藉口，他們離開家鄉主要是爲了逃難。

當時，項梁及項伯殺了人，爲了避難，不得不逃往傳說中盛產美女的地方——蘇州，勉強在當地站穩腳跟，還得到會稽守殷通的青睞。

會稽守殷通聽聞陳勝反秦，立刻把項梁召來共商大計，對項梁說道：「現在長江以西都反了，是反秦的最好時機，我想請你和桓楚先發制人，合力帶兵擊秦！」

殷通之所以想拉項梁入夥，絕大部分原因是項梁在吳縣是個人氣王，他性格豪爽，愛行俠仗義，結交不少人，上至豪傑，下至鄉裡的偷雞摸狗之徒都是他的朋友。

對項梁來說，興兵造反是件好買賣，可殷通的意思卻是想要項梁和桓楚一起幹，他自己在後方當老大，這可就不有趣了。

當時，桓楚已不知跑進哪座山旮旯，項梁心裡又想單幹當老大，怎麼辦？苟活亂世，奪權是第一生存需要，只有一個老辦法——礙我路者殺無赦！

於是乎，一場奪權的陰謀立時箭在弦上，不得不發。

陰謀策劃者：項梁、項羽叔侄倆。

謀害對象：殷通。

一切佈置妥當後，項梁帶項羽去殷府拜會殷通。

項梁把項羽留在門口，獨自走進府第裡對殷通說：「桓楚不知躲到哪個山溝裡去了，聽說只有項羽知道他在哪裡，要不我叫他過來，你吩咐他去把桓楚召回來？」

一切都在預料之中，殷通同意項梁把項羽召進來。

項梁折身返回，先是跟項羽耳語一番，接著兩人一起走進殷府。

見到項羽後，可憐的殷大人還沒能嘮叨幾句，項梁就向項羽使眼色示意動手。

項羽立即邁步上前，拔劍斬了殷通，嚇壞殷府上下。然而，還沒等殷府官兵反應，項梁就奪了殷通官印，手持人頭走出。

這時，殷府的爪牙才如夢初醒，揮著刀棍哇哇叫著衝向項羽和項梁，只是這些可憐的嘍囉並不知道，自己碰上的不是普通劫匪，而是武功蓋世的項英雄。

項羽揮舞長劍，如斬亂麻，說話之間，一百多號人白白成了劍下冤魂。

在隊伍後頭的官兵，全被項羽這英猛無比的殺氣駭住，除了大喊「饒命」外，就只剩趴在地上尿褲子的份。

殺掉殷通後，項梁把蘇州各路英雄豪傑召集起來，一同開會議事，經過洗腦後，各方豪傑同意反秦，毫無異議。

項梁順利地當上會稽郡守，接收吳中郡並屬下各縣，得精兵八千，又命侄子項羽任副將。這一年，項羽虛歲二十四，恰巧和當上沛公的劉邦差了兩輪。

搶地盤是件大事

劉邦知道，自己執意打回來不是要挖人祖墳洩恨，
而是要以血與鐵的事實告訴城中所有人，
豐邑城實在太小，外頭世界大，
只有大夥一起打出去，才會真正有肉吃！

第 1 章

造反決定命運！

項梁做夢都沒想到，自己竟會撈到這麼大的便宜，

短短一夜之間，隊伍竟從八千人擴大到六、七萬人，

就像腰裡纏著一大把可靠的財富，連天塌下來都不怕。

秦末，當陳勝打開潘朵拉的禁忌盒子後，什麼牛鬼蛇神全跑出來鬧個不休，除了江蘇的劉邦和項羽外，山東貴族田儋等人也紛紛舉旗反秦，可惜好景不長，起義六個月後，陳勝竟不幸遇難。

揚州人召平原是陳勝屬下幹將，受命攻取揚州，正久攻不下時，聽說陳勝、吳廣等一幫人已在西線戰場徹底完蛋，又聽說秦將章邯帶著幾十萬勞改犯及奴隸加起來好幾十萬人，正氣勢洶洶地朝揚州開進，立刻渡過長江，逃命去了。

項梁造反，擁兵八千，這是一把砍秦的好刀。

於是，召平假借陳勝名義幫項梁戴了一項高帽，拜他爲楚上柱國。

所謂上柱國，就是軍事武裝的最高階總帥，相當於大將軍，項梁父親項燕先前便曾是戰國時期楚國的大將軍。

召平這道假詔，讓項梁有了一種錯覺，彷彿父親失去的，做兒子的終於替他拿回來了！高帽戴上後，召平就對項梁說道：「你不要老待在江東，趕快渡過江去替我打章邯那狗日的。」

項梁也不是白吃米的人，身上流著項燕英勇的血，心頭燃起熊熊復仇火焰，才一得到命令，便刻不容緩地渡過長江，一心一意想幹掉章邯。

可問題來了，才八千精兵就想幹掉章邯的二十萬大軍，和拿雞蛋砸石頭有什麼區別？

沒想到，項梁才剛渡過長江，他就逢上喜事，還是雙喜臨門，有兩個傻子自動送上幾萬好兵。

第一個人是陳嬰。

陳嬰原先在東陽縣當過令史，東陽人聞知陳勝反秦後，也把縣長大人幹掉舉旗造反。因爲陳嬰爲人厚道，東陽那幫造反的少年就推舉他爲老大。

陳嬰請辭，藉口同劉邦如出一轍，「我沒有能力幹這個活，你們還是請別人吧。」從他的角度來說，這個老大的確不容易當，因爲造反派不是推他爲新的東陽縣縣長，而是當王。

王是一般人能當的嗎？

再說，對秦朝來說，現在最大的敵人不是什麼新郡守新縣令，而是那些自立爲王的傢伙，只要誰當王，就立刻收拾對方，先前陳勝那麼厲害，最後還不是被幹掉了，區區陳嬰算哪根蔥？

陳嬰的老媽也識相，對兒子說：「我嫁到你家幾十年，從來沒聽說過陳家祖上出過什麼大富大貴的人，現下你突然得到極大名聲，我認爲很不吉祥。不如把這個王送給別人，如果成功，你可以被封侯；如果失敗，你還可以逃跑，因爲你是個不被世人容易記住的人。」

陳嬰對部下這幫野心勃勃的軍吏說道：「我聽說項家世世代代都是將相，在楚國也很有名氣，不如我們歸附他，有他打前鋒，我們一定成功。」

陳嬰說得在理，衆人無話可說，答應把二萬多人的使用權交給項梁。

第二個給項梁送兵的，是英布。

英布是一個富有傳奇色彩的人。他不是流氓，也不是殺狗的，反而像個人販子。

最初，英布不過是安徽六安縣一個平常的老百姓，年少時，曾有算命先生給他看過相，說他以後肯定受刑，但受刑後也肯定當王。

在苛政猛於虎的秦朝，當罪犯是很容易的事，只要隨便在街上罵幾句狗日的皇帝，或是家裡藏了幾本來不及燒掉的詩書，就可能被判重刑，而英布不知道是犯了什麼罪，竟然遭受到一種特殊刑罰，黥刑。

所謂黥刑，就是在犯罪的面額上刺刻塗墨，誰惹上誰倒楣，因爲所塗之墨滲進皮膚裡，一輩子都洗不掉。

從此，英布就多了一個外號：黥布。

英布受了肉刑後，還被押送去驪山腳下給秦始皇當免費勞工修墓。犯罪對於任何正常人來說都是一件羞恥的事，英布卻像是中了五百萬巨獎般歡歌笑舞。

在驪山腳下，他逢人就說：「有人替我看相，說我受刑後就會當王。」這眞是一個無可救藥的神經病！勞改犯們紛紛嘲笑英布，「飯都吃不飽，還想當王？這輩子你能把臉上那塊字洗掉就不錯了！」

事實上，英布還眞的精心爲將來稱王做了一系列鋪墊工作，在勞改之餘，他專心和隊伍中的勞改犯頭目及各路英雄豪傑交好，後來瞅準機會，像拐賣人口似地把一幫勞役犯騙到南方，帶到滾滾的長江上當強盜。

英布聽聞陳勝起義後，決定金盆洗腳上岸做英雄，帶著兄弟們投奔番陽縣（今江西省波陽縣）縣長吳芮，一起參加反秦大事。

吳芮看英布是條漢子，不在乎他臉上那些字，心甘情願地把自己千金嫁給英布。

老實說，英布是個不錯的戰將，不但敢打能衝，以少勝多對他來說更像是家常便飯。他帶領兄弟聯合蒼頭軍呂臣，在青波（今河南省息縣與新蔡縣交界處）會戰，大破秦軍，奪回陳縣，即陳勝號「張楚」的首都。

接著，英布又準備援救江東，卻沒想到江東早已被另外一個比他還牛的項梁拯救。

英布是人販子出身，知道什麼樣的人可以投靠，什麼人可以利用，當他看到陳嬰把二萬多士兵交給項梁時，也同時打著算盤，決定把身上全部家當連同自己小命全部押在項梁身上。

項梁做夢都沒想到，自己竟會撈到這麼大的便宜，短短一夜之間，隊伍竟從八千人擴大到六、七萬人，就像腰裡纏著一大把可靠的財富，即使天塌下來都不怕！

亂世當前，手中握有強兵比什麼都可靠，如果說以八千江東子弟兵去打章邯二十萬的勞改犯大軍，是一件閒得皮癢找抽的事，可用七萬人去打二十萬人就完全不同，勝利變得完全有可能。

楚雖三戶，亡秦必楚！胡亥同學，你就等著瞧吧。

第2章

劉邦後院起火

新年一開始，劉邦就打了兩次勝戰，

開門見紅，可喜可賀，

沒想到此時，老家發生一件讓人措手不及的事，

駐守在豐邑的部下雍齒居然反了！

此刻，當那廂項梁一夥人如火如荼造反時，劉邦的日子卻一點都不好過。

劉邦被立沛公後，率衆祭祀先祖黃帝，立起專屬自己的一張大旗，由於殺蛇時傳出的謠言是「殺蛇者爲赤帝子」，他自然而然便選赤色爲旗幟顏色。

前面已經說過，斬蛇的事情有可能，可赤帝子斬白帝子肯定是胡編亂造。學過政治學的人都知道，這叫「君權神授」，聲明劉邦當皇帝的事是由上天決定，既然是天給的，大家就得乖乖扛著鋤頭回家幹活，別在劉家門前鬧事，跟他過不去。

除了政治宣傳意義外，這傳說還大有學問。

春秋戰國時期，諸子百家爭鳴，什麼儒家、道家、法家、陰陽家等學術異軍突起，在衆多流派中，以研究五行風水學說發家的代表人是陰陽家鄒衍。

關於宇宙起源，富有學識的中國祖先說，世上萬物是由水、土、火、木、金五種元素組成，彼此相生相剋有一定規律。

在五行學中，相生關係又可稱爲母子關係，次序是木生火、火生土、土生金、金生水、水生木；相剋即相互克制和相互約束，次序爲：木剋土、土剋水、水剋火、火剋金、金剋木。

鄒衍將五行相生相剋理論結合社會上的政治歷史，創立「五德終始說」，「五德」即和五行相應之德，指金德、木德、土德、水德、火德。

陰陽家認爲，古代帝王將興，必居其中一德，上天也將顯現祥瑞，示知人們，而歷史也將依五行相剋順序終而復始，形成改朝換代的現象。

秦始皇統一六國後，他根據鄒衍的學說，確認秦朝爲「水德」之始。

水德之前的情況是這樣的：黃帝得土德，顏色尙黃；夏朝得木德，顏色尙青，木剋土，取代黃帝；商湯得金德，顏色尙白，金剋木，取代夏朝；周文王得火德，顏色尙赤，火剋金，周朝取代了商朝。如今，秦始皇得了水德，顏色尙黑，水剋火，所以秦朝取代周朝，符合陰陽五德說理論。

讓我們用鄒衍這個理論來解釋一下劉邦斬蛇之謎——

劉邦爲赤帝之子，尙赤者，火德也，火生土，劉邦得土德；秦始皇爲白帝之子，尙白者，金德者。金生水，秦始皇得水德。

重點來了，土既剋水，漢取代秦便符合五行周而復始的運行理論，但劉邦得土德，土德尙黃，他卻沒有選黃色爲旗色而選了赤紅，爲什麼？

答案只有一個，他造反時還不是皇帝，只好捨黃旗舉紅旗，再者，紅旗比黃旗也更具號召力。

西元前二〇八年，冬，十月。

筆者在這裡解釋一下，按秦漢曆法，十月便是一年之首，正值冬天，他們以冬天爲年首，秋天爲年尾，跟現下以春天爲新年、冬天爲年末完全是兩碼子事。

當時，劉邦的新年屁股還沒坐熱，秦朝泗川郡監便派軍攻打豐邑。

我們只知道帶兵攻打豐邑的將領叫阿平哥，可能是沒錢沒糧順路才過來搶劫，好向小畜生胡亥邀功要紅包回家過年。

如果阿平哥有這樣打算，那他就錯了，因爲豐邑是劉邦的老巢，如果失掉它，劉邦只好再回到山裡當猴王，無論如何，他都不能輸掉這場戰爭。

果然，當阿平哥率兵到達豐邑的第二天，劉邦立刻出城迎戰，毫不費力地把阿平哥踢回老家。

十一月，劉邦派雍齒守豐邑，乘勝進攻薛地（今山東省滕縣東南），此時守將是泗川郡守。

天可憐見，這位郡守也不禁打，人家劉邦都還沒怎樣，對方直接棄城而逃，更不幸的是，逃到一半還碰上司掌軍法的左司馬曹無傷，死了。

新年一開始，劉邦就打了兩次勝戰，開門見紅，可喜可賀，沒想到，此時老家竟發生一件讓人措手不及的事，他駐守在豐邑的部下雍齒反了！

雍齒叛變，主要是來自周福（另一名為市）的壓力。

周福原爲陳勝屬下的將領，魏國人，被陳勝派去打齊國，卻活生生在和齊國田儋對戰中上了一堂震撼的實戰軍事課，不得不灰溜溜地撤回魏地。

這時，魏地大多數城市都在周福手中，他卻不知哪根筋出了問題，通知各方諸侯，說想立魏王的後代寧陵君魏咎爲王。

諸侯反秦無非是想爭王奪權，哪有人像周福一樣，好不容易搶到一塊地盤，卻想當個大好人迎回戰國時期的舊主，這算哪門子造反？

衆人想來想去想不通，倒沒忘執意奉周福爲魏王的主張。

周福拼命搖頭，反倒對那些見利忘君的諸侯們喊話，「板蕩識忠臣，現在天下共同反秦，理應把魏國主權物歸原主。」

只要是在這個領導圈子裡混的人都認爲，周福這是在作戲。既然要演過場戲，我們就陪著演一段吧，於是再三請求他當王。

可是，三次四次都請求過了，周福仍然不肯上位，諸侯們才恍然大悟，看來周福不是在作秀，而是鐵了心要立魏咎爲王。

此時，魏咎正在陳縣陳勝那裡藏身，周福自然是向陳勝要人。

地盤全是陳勝帶著一票兄弟拿命搶回來，如今卻把它送給別人，擱誰心裡都不爽，於是乎，每當周福要人，他總是哼哼哈哈地敷衍應付，遲遲不肯把魏咎送回老家。

接下來，想當忠臣的周福便直接跟名義上司陳勝王玩起搶人遊戲。

你不給人是吧？那你就休想讓我替你幹活，天下這堆爛攤子留著自己慢慢收拾！

陳勝心下無奈，偏偏碰上這個既不開竅又要無賴的主……隨他去吧，反正天下大得很，難道還給不起一個王？

迫於無奈，陳勝只好故作瀟灑地讓周福把魏咎接回魏地。

魏咎成功地被擁立爲魏王，定都臨濟（今河南省封丘縣東），周福因擁護有功被提爲魏相，專司輔佐。

周福決定把忠臣賢相的好名聲發揚光大，幫助魏咎把原先失去的土地統統搶回來，立刻派人通知雍齒，「豐邑過去是魏國國都，現在魏地平定的城市已有幾十座，如果你乖乖投降魏國，就封你爲侯鎮守豐邑。如果不投降，就等著替全豐邑的百姓收屍。」

大家一起出來混，看重的是什麼？

一是利益，二是義氣，三是勇氣，四是痞氣，如果後三者跟第一條衝突，就依第一條而定，所以按照第一條原則來說，雍齒肯定拋棄劉邦。

天下不只是劉邦想當老大，我雍齒也眞的很想嚐嚐當老大的滋味。

劉邦，你就儘管哭吧，別怪我太狠，平時我只是迫於形勢才一直讓著你，現在可不想再讓你對我指手畫腳！

當劉邦聽到雍齒背叛時，眞想立即殺回豐邑，剝雍齒的皮。

沛縣也就鳥屎大一塊地方，低頭不見抬頭見，雍齒怎麼連這等事也能做得出來呢？太陰險了，實在太陰險了。

劉邦立即撥兵回豐邑攻城，但老本就二、三千人，當中至少有一半人守在城裡，他左打右擊，攻了許久就是拿不下。

屋漏偏遭連陰雨，劉邦竟然偏偏又生病了，只好咬牙切齒地撤兵回沛縣養病。

他整天望天無語，難道蒼天就此要滅了我？難道自己人生就此止步不前？在這場史無前例的戰爭當中，我只有提前出局的命？

劉邦惶惑了。

攻城失敗後，豐邑成了劉邦心頭的刺。

原先，他根本不把豐邑這小不拉嘰的城放在眼裡，就算被秦軍奪去也無所謂，可爲什麼偏偏是被雍齒這個同鄉搶走？

丟城事小，恥辱事大，這口氣教人如何吞得下？

自此，雍齒便像一顆毒牙，一天不把它拔掉劉邦心裡就不痛快，只可恨自己手中無兵，如果再有個幾千人，肯定要進城踩死那個姓雍的！

去哪裡找兵呢？突然，劉三腦袋靈光一閃，兵少就借兵呀，錢都可以借，爲什麼兵不可以？對，這就找人借兵去。

第3章

天降「良」才

不管如何，書確確實實地落在張良手裡，

《太公兵法》從此改變張良，

讓他從一個刺客走向職業謀士的行列之中，

從而改變劉邦及時代的命運！

秦末亂世，各路造反派除了打擊共同的敵人秦朝外，今天不是你搶我地盤，就是明天換我抄你老家，大家手裡都不富裕，臨時東拼西湊好不容易有那麼點家當，一旦借人，明天要不巧有人來搶地盤，我又得找誰要？

在這種情勢下想找人借兵，無疑是要命，幸好，劉邦幾經奔波，還是有人願意借，立刻不管三七二十一地投奔景駒這位代理楚王。

何為代理楚王呢？原來，當陳勝王被車夫莊賈殺死後，沒人敢再立楚王，只有景駒挺不謙虛，在秦嘉等幾個不知天高地厚的傢伙擁立下當上楚王。

劉老三的想法也很簡單，管他眞楚王假楚王，有兵就是娘，沒想到在投奔路上竟然撿到一個價值連城的寶貝。

在烽火連天的亂世中，決勝千里的不是天時地利、兵多糧豐，而是人才。

劉邦在半路上撿到的，就是不折不扣的絕妙人才，是為後來漢朝的奠基立下赫赫戰功，人稱「帝王之師」的張良。

張良，出生年月不詳，字子房，韓國貴族後裔，祖父兩代當過韓國五個國王的丞相，家世顯赫、門庭光耀，可惜一切都很快消失。

西元前二三〇年，秦始皇出兵滅韓，在六國中，韓是第一個被秦吃掉的國家。

秦滅韓是張良父親死後二十年的事，當時張良年紀小，還沒當上韓國的公務員，按理說，秦始皇滅韓是順應歷史趨勢，又沒有殺父之罪，該留的還是留給俘虜們，只要張良不干涉國家統一，依舊可以高枕無憂地酒照喝，舞照跳，貴族地主照當不誤。然而，年紀輕輕的張良卻發出一聲震天怒吼，「我絕不做無恥的亡國奴。我寧願站著死，也不恥辱地跪著活！」

張良是個讀書人，讀書人很在乎節氣，有仇不報非君子，報仇前，張公子家裡有三百多個家僕，湊合起來能算得上一個營，不過，要是把這三百多人拉成軍隊衝出去和秦軍打架，無疑是自取滅亡。

在敵我雙方力量過度懸殊的情況下，張良想到一個最簡單最原始的辦法，花錢找刺客行刺秦王，從此，便踏上尋找刺客的不歸路。

張良為了尋找傳說中的刺客，弟弟死後也顧不上埋葬，傾家蕩產浪跡天涯，可時間一年年過去，刺客高手依舊沒有著落。

幸好皇天不負有心人，到秦始皇統一六國後，張良好不容易覓得一個大力士。

在張良之前，已有過荊軻刺秦失敗的故事，但他不是荊軻，沒有任何靠近秦王的機會，難度更高，不過沒關係，機會永遠屬於自行創造機會的人。

秦始皇不是喜歡東巡嗎？就在他東巡的路上襲擊吧。

冷兵器時代沒有炸藥，不能搞人體炸彈，所以就來弄錘彈，只要錘彈夠猛，一樣把人炸成肉餅。經過論證，半路截擊秦始皇是一種萬全之策，不但能出奇制勝，還可保長命百歲，何樂而不爲？

這一年，張良聽到消息說秦始皇東遊途經博浪沙，便和大力士埋伏在其東遊必經的道旁。

錘彈計有一百二十斤，擔任發射手的大力士已經過無數次試驗，準確率沒有問題。看來，亡秦帝者也，非張良不可。

「好了，發射，給我砸死這個狗日的。」

當秦始皇馬車經過埋伏的地點時，張良一聲令下，大力士立即把錘彈甩出去，中了！甩出錘彈後，兩人沒有忘記逃跑，可當兩人驚魂未定地跑到安全地方時，前方卻傳來一個消息——他們擊中的是皇家的副車，秦王安然無恙地坐在主車內。

這是怎麼回事？張良半天回不過神來。他想起荊軻的副手，那個秦舞陽，貌似神武，臨陣之時卻雙手顫抖，難道自己傾家蕩產請來的這個所謂的大力士，又是一個成事不足、敗事有餘的蠻夫？要不然，難道是天助秦王？

秦始皇遇刺未亡，天威大怒，下令地毯式搜索天下，見刺客便殺。

這道封殺令太嚴，張良只好改名換姓，跑到下邳躲起來。

流亡下邳，張良遇到兩個人，兩個男人從此改變他的一生。

第一個人，是一位老人家。

這天，張良終於躲過秦王封殺令的風頭，難得有一日清閒工夫出來呼吸新鮮空氣，樂得無所事事，輕輕鬆鬆站在下邳橋上看風景。

忽然間，有個穿著粗布衣裳的老人走到他跟前，故意把腳下的鞋丟下橋，對張良喊道：「小子，你下去幫我把鞋撿上來。」

好大的口氣！這老人家沒事想找碴是吧？張良一時來氣，自己雖傾家蕩產，一路仗劍亡命天涯，卻從來沒被人這麼吆喝，你算什麼東西？

張良捲起褲腿就想狠揍這不識好歹的老人，可是仔細一看，老人家體態孱弱，像個風吹即倒的病老頭。

「老頭子，我就不跟你計較，打死你還得壞我名聲呢！」張良只好下橋，去幫他把鞋拿上來。

接著，老頭又沒道理地說道：「幫我把鞋穿上。」

張良聞言一愣。今天是什麼日子？好不容易出來放風一趟，居然碰上個不要命又不講道理的老東西？算了算了，就當自己運氣背吧！

張良忍住火氣，乖乖跪在地上把鞋套上對方的腳。

老頭子穿上鞋後昂頭長笑幾聲，像一陣清風緩緩走遠。

老人前後神情動作怪異，讓張良心裡暗覺奇怪，若有所失地目送老頭子離開。

然而，老頭子沒走多遠又突然轉身，走到張良面前說道：「孺子可教也！五天後的早上你來這裡等我，我有好事相告。」

老頭子一連串的行爲搞得張良一頭霧水，他浪跡天涯閱人無數，卻從沒見過如此怪人，莫非他是隱居江湖的高人，要把絕世武功傳給我？

如果眞是這樣，刺秦的願望可就有望了！

如果按一般武俠小說的套路，主人公想得到絕世武功，一般有以下幾種奇遇。

第一種：主人公表面上長得傻不拉嘰，實際上天份極高，過目不忘。某日無意間遇上武林兩派決鬥，沒心眼地幫助在戰局中被打傷的怪人。

怪人本來想一掌讓他送命，一看這人挺厚道，就收之爲徒，並且把絕世功夫傳給他。

第二種：主人公被仇家追殺，被打落掛在懸崖上，當他醒來，發現半山崖的山洞裡藏著一本武功秘訣，於是沒日沒夜地苦練，練成獨步江湖的絕世功夫。

第三種：主人公主持武林公道，在山崖上跟邪道決鬥，結果力不敵眾被擊落山崖，醒來時卻發現自己被個武林前輩的怪老頭救活。怪老頭爲了報仇，便強收他爲徒弟學習功夫，結果陰差陽錯成爲首屈一指的武林高手。

張良那個時代沒什麼武俠小說，但張良闖蕩江湖，多多少少聽說過些許江湖奇聞，也隱隱約約中感覺自己肯定是遇上奇人，心裡不由得多了幾分期待。

第五天早上，張良依約來到橋上。

當張良來到橋上時，發現老頭子已站在橋上。

老頭子很生氣，不過，後果還不是很嚴重，「你一個年輕人，讓我這麼一個老頭子大老早地等著你，好玩嗎？五天後再來。」

再五天，張良一聽到雞打鳴，便匆匆忙忙爬起床，趕到橋上，不料抬頭一看，兩眼傻了，這老頭子竟然又比自己早到！

老頭子又生氣了，說道：「怎麼老遲到？再給你一次機會，五天後再來此地等我。」

這下張良學聰明了，到下一個五天，連覺都沒睡，三更半夜地跑到橋上數星星。過了好久，老頭終於來了，他一看到張良在橋上，就高興地說道：「年輕人就應該如此。」

說完，又從懷裡掏出一本書，對張良說道：「你把這本書拿回去讀，十年之後肯定發跡，帝王之師非你莫屬。」說完，便一陣風似地頭也不回地走了。

等到天亮，張良才看清楚這本書的名字——《太公兵法》，原來是本兵書。

張良的奇遇並非神話故事，事實上，中國古籍中還眞有這麼一本《太公兵法》。所謂太公，是指姜子牙，全文是以姜子牙與周文王及周武王的對話錄而寫成的，所以稱爲《太公兵法》。

不管眞假，書確確實實地落在張良手裡，《太公兵法》從此改變張良，讓他從一個刺客走向職業謀士的行列之中，從而也改變劉邦及時代的命運！

張良遇上的第二個男人，是項伯。

前面說過，項伯曾經殺過人，後來跟著張良躲起來，大家都是亡命之徒，張良也很講義氣，把人留了下來。

從此，項伯欠著張良一個人情。

做人情就像用零用錢投資，總有一天會有用。有什麼用？先按不表。

第4章

尊嚴的復仇戰

豐邑就像一塊試金石，

三番五次地試驗著劉邦的忍耐度和鬥志，

在這幾場戰爭中，他深深懂得屢敗屢戰的精髓，

永遠都不能放棄戰鬥，是他生命中的唯一選擇。

劉邦去留縣（江蘇省沛縣東南）投奔代理楚王景駒時，張良恰好也帶著一百多名青年想投奔景駒，兩夥人便在半路遇上。

彼此三言兩語之後，知道原來都是爲復仇而來，更添幾分親切熟悉。

張良向劉邦講解《太公兵法》，劉邦聽得津津有味，還採用張良的計策。

頓時，張良對劉邦相識恨晚，不時感嘆地對別人說道：「我給很多人講過《太公兵法》，卻都沒人聽得懂，沛公眞是天縱奇才。」

因爲沛公能聽得懂《太公兵法》，張良決定放棄追隨景駒，改與劉邦爲伍。

劉邦也順便給張良封了一個小官，廄將，負責管理馬匹及騎兵。

如果你讀過《西遊記》，那肯定對這個官名不會陌生，因爲孫悟空就曾經在天宮中當過類似的官，只不過官名改成「弼馬溫」。

話又說回來，孫悟空都會因爲這個芝麻小官遠遠配不上他，發脾氣大鬧天宮，劉邦居然好意思把這種小官賜給一代奇士，眞虧他想得出來。

沒想到，張良心平氣和地接受，既來之，則安之，張良留在劉邦身邊，或許蒼天已做好安排，劉邦就是那個讓張良實現自己人生價値的男人！

劉邦結識張良後，兩人一起去見景駒請兵回攻豐邑。

景駒是個爽快之人，立即撥了一批人馬給劉邦。可恨的是，劉邦還來不及撥馬回豐邑報仇，秦軍卻殺過來了。

原來，章邯的部將司馬夷血洗相縣後，便直接一路殺到碭縣，威逼楚界。見勢危急，楚王景駒立刻對劉邦說：「這不行，我們一起帶兵向西攻打秦軍吧，等收拾好秦軍，你愛怎麼宰雍齒是你家的事。」

拿人家手軟，不打不行，再說碭山也曾經是劉邦的活動中心，算是半個革命根據地，能拿回碭山，也等於替自己清掃後院。

計議已定，劉邦立即帶兵向西出發，在蕭縣（今安徽省蕭縣）西面跟秦軍幹了一架，沒想到沒打到秦軍，還反過來被對方追著屁股打，一路逃回留縣。

二月，春暖乍寒。

往前砍不掉司馬夷，往後也報復不了雍齒，劉邦火大不已，再次引兵從留地出發攻打碭山，同時暗暗盤算，豐邑已經丟了，如果碭縣還丟，天下哪裡還有我劉三的根據地？先打司馬夷，下一個目標就是雍齒，所有從我手裡丟掉的，統統都要收回來！

攻打碭縣，劉邦只有三千兵，碭縣的秦軍卻足有六千。守城容易攻城難，他想打下碭縣，就得鼓勵手下拿出以一擋十的勇氣才行。

攻了三天三夜，劉邦終於打下碭縣，將這場勝利連本帶利全討回來，收編了秦軍六千人，連上原來的三千人，總共有九千人。

三千都能打掉六千人，我不信我九千人打不掉你區區的豐邑？

三月，劉邦率著大軍回到豐邑城下。

此時正逢春意融融、芳草連綿，劉邦志在必得。雍齒，我劉三又回來了，你要爲你做過的事負責，等著瞧吧，明年今日就是你的忌日！九千兵對兩千兵，就是不打死你也要踩死你！

然而，這場本以爲沒有懸念的戰爭卻出乎劉邦意料之外。

雍齒守城有術，劉邦的九千兵卻如一群群撲火飛蛾紛紛落在城下，不消幾天，本來壯觀的軍隊像一根融化的冰棍，打到最後，竟又快只剩劉邦這位光桿司令。

好不容易攢來的一批人，竟然又被雍齒打得潰不成軍，況且在攻打豐邑之前，劉邦可是一路上拔掉碭縣和下邑，打了兩場小勝仗才過來的，兩次磨刀實地演習還不能宰掉這豆腐塊大的豐邑，實在太叫人驚訝了。

對於劉邦來說這眞是個天大的恥辱，他抬頭望著固若金湯的豐邑城，心裡不禁湧起一股豪邁之氣。

我絕不能認輸，總有一天，一定要拿下這座豐邑城！

戰爭就像殘酷的賭博，只要有足夠的資本就不怕翻不了本。儘管劉邦又輸掉老本，但憑著之前有過三千兵翻回兩倍兵力的好成績，還是非常有信心再次翻盤。

要想翻本，只能再次借兵，而說到借兵，景駒當然是個好說話的主。

然而，當劉邦回頭向支持他的景駒老闆再次借兵時，卻悲哀地發現他輸得比自己還慘，人甚至已經橫死梁地。

景駒的死，一半是因爲自己愚蠢無知，另一半則是因爲自不量力。

他愚蠢地自封楚王，已經成爲秦朝重點攻擊的敵人，又不自量力地拒絕項梁的請求。其實，項梁早就想幹掉景駒，如今景駒自己要把腦袋拎到戰刀前，更是不得不砍。

項梁對屬下軍吏說道：「陳勝王是第一個起事的人，如今活不見人死不見屍，秦嘉竟膽敢背叛陳王立景駒爲王，這是大逆不道的行爲，殺無赦！」

對項梁來說，景駒必須死，不死，他頭頂上這「大將軍」的頭銜就顯得尷尬，這可是以陳勝王的名義封的，又不是景駒王封的。

砍死景駒後，項梁收編秦嘉軍隊，駐在胡陵，準備引兵向西。

這時，章邯的部隊總算開到目的地，聽見項梁滅掉景駒，心下更是開心，對手從兩個變成一個，眞是省去不少麻煩。

可惜，項梁的終極目標是秦都咸陽，根本不把章邯放在眼裡，既然對方膽敢擋道，就直接讓秦軍的血肉爲自己開路吧！

他把部隊分成兩路，一路以朱雞石和余樊君爲將帶兵迎戰章邯的部隊，另一路命項羽爲將，率軍攻打襄城，又分別下了死命令，兩邊人馬若不徹底摘掉秦軍，就直接提著自己的人頭回來。

軍士一得令，氣壯江河地分頭出發。

項梁信心十足地等待著前線傳來的好消息，不料竟等來一個壞消息——秦軍生猛，余樊君戰死，朱雞石軍敗逃胡陵。

軍令狀之下豈容逃將？項梁聞聽朱雞石敗逃，火大地領兵入薛（今山東省滕縣東南）地，一刀斬了朱雞石。

正巧這時，劉邦來了，還厚著臉皮趕到薛地向項梁借兵。

項梁看著劉邦這可憐樣，眞是哭笑不得，曾經領著九千人的將領，如今才帶批不到一百的隨從投奔，他先前打的究竟是什麼糊塗仗？

不過，項梁馬上向劉邦提出一個要求，「借兵可以，但你必須聽我的指揮。」

「好，反正事到如今，報仇雪恨事大，聽誰的指揮都不重要了。」劉邦一口答應。

「那好。」項梁立即撥給劉邦五千人，還派十名高級軍官隨行，好適時指導並配合劉邦作戰。

劉邦心緒澎湃地帶著幾千個新傢伙回到豐邑。眼前這座城就像一塊試金石，三番五次地考驗劉邦的忍耐度和鬥志，在這幾場戰爭中，他深深懂得屢敗屢戰的精髓，永遠都不能放棄戰鬥，這也是他後來人生中的唯一選擇。

豐邑城一戰，教會劉邦如何長成一個偉岸不退的男子漢。

前兩次，劉邦是基於理智幾失的憤怒兵臨城下，這次他可是懷著無比悲憤來攻打雍齒。劉邦沒有辜負項梁的期望，再加上生猛過人的項家軍，終於徹底攻下豐邑，進城後的第一件事就是找雍齒這廝好好教訓一番。

然而，善於守城的雍齒也練就一腿好跑功，早早棄城投奔魏國去了。

拿下豐邑的劉邦站在城牆上，俯視四處斷垣殘壁，心中百感交集。

豐邑是我打下的，當我在前線衝鋒陷陣爲大夥清路時，爲什麼要背叛我？死守豐邑難道就只爲了一輩子待在這種小地方？

劉邦知道，自己執意打回來不是要挖人祖墳洩恨，而是要以血與鐵的事實告訴城中所有人，豐邑城實在太小，外頭世界大，只有大夥一起打出去，才會眞正有肉吃！

天下第一號傀儡

項梁沒有經過楚懷王賜封就敢自號「武信君」，

也等於項梁根本不把楚懷王看在眼裡，

只把他當成擺設對待，

在楚國，項梁本人才是真正的老總。

劉邦千辛萬苦地打敗雍齒後，總算了卻一大心事，然而此時世界末日正降臨到另一座名叫「襄城」的小城頂上。

五月，夏天的陽光融融，襄城外頭，項羽正盯緊他的目標，燦爛的陽光射入雙瞳，顯得特別刺眼。

項梁之前要所有將領立軍令狀出征各地，項羽也是其中一個。

在項羽眼中，這區區小城太小兒科了，用不著項梁下死命令，只要一聲令下，襄城立刻被夷爲平地，他陳兵列陣，一切準備就緒後，開打！

項羽錯了，他和之前的劉邦一樣，犯了樂觀主義的錯誤，襄城簡直就是另外一個豐邑，易守難攻，全不如預期那般不堪一擊。

項羽發起無數次的進攻，卻只領回無數次反擊的成績，素以英勇出名的項羽，終於碰上一顆難拔的硬釘子。

項羽憤怒了，難道自己連一顆釘子都拔不出來？我可不是劉三，絕不請外援，就算只剩我一個，也非得把襄城整城丟到鍋裡煮！

在準備最後一次進攻前，項羽策馬陣前，仰望城牆上的嫋嫋煙火，這一幕對項羽的刺激太大了，只見他猛揮寶劍，下達鐵命令，「給我打進城去，一個都不留！」

這道命令如風雨雷電般摧殘襄城，戰士們有如神助，快速攻下襄城。

憤怒像魔鬼般牢牢控制項羽，他一拿下襄城，下令把城裡剩下的活人統統坑殺，襄城之內立刻哭聲震天，成堆活人被推進火坑裡，再不復生。

此次屠城事件，化為項羽軍事生涯中的第一個不良紀錄，不但暴露他殘忍的一面，也為自己命運埋下一顆危險地雷。

看完襄城的下場後，場景再度拉回項梁這裡。

陳勝王被幹掉後半年，項梁才證實這項消息，現下真楚王和假楚王都沒了，得重新再立一個。

畢竟，這可是大夥攻戰的名號，沒有王上的旗幟，戰爭哪能再名正言順地進行？

項梁決定把各諸侯召來議事，劉邦也應邀前來。

如果不出意外，新一屆楚王將是項梁，可事情偏偏出了意外，有人硬是攔住項梁，勸他不要自封楚王，這個人正是老不死的傢伙范增。

范增，居巢（今安徽省巢湖市居巢區亞父鄉）人，後來項羽又尊他為「亞父」。所謂「亞父」是尊敬他老人家的一個稱號，地位僅次於父親，放到現代來說便是乾爹。

范增出道時，年已近七十，差不多是項羽加上他父親的歲數，所以叫他乾爹是項羽佔便宜，按輩分來看，項羽叫他聲乾爺爺都不過分。

范增這位爺爺級人物，平時深居簡出，不喜歡養鳥餵蝦，不愛喝老人茶，也不喜歡玩彩券，生平只有一個愛好：研究兵法。

老傢伙幾十年如一日修習，沒有煉成一隻狐狸精，反而修成人精，一肚子奇謀妙計，見天下大亂，正是走出家門發揮餘熱的好時機，便立刻跑來投奔項梁。

范增簡述出項梁不能封王的理由。

第一，陳勝舉事失敗是咎由自取。當初楚懷王被騙到秦國後，秦又滅楚，楚最無辜，所以楚人到現在都還在可憐楚王。而陳勝沒有立楚王之後，自立為楚王，民望不歸，理所當然會失敗。

第二，如今楚人爭先恐後地歸附你項梁，不是因為你能力過人，而是因為你項家祖上世世代代皆為楚將。

綜合以上兩點得出結論：唯有立六國時楚王後代為王，方可實至名歸凝聚人心。楚南公曾說過，楚雖三戶，亡秦必楚，如果楚國人都團結反秦，必勝無疑。

薑還是老的辣。范增此言有理有據，不服還真不行，項梁深以為然，決定扶立楚國後代為王。

可難題又來了，楚滅國多年，皇室貴族早各奔東西不知所歸，如今天下大亂，恐怕楚國後人早死於匪兵之手，去哪裡能尋一個活人來當這傀儡楚王？

項梁你不要擔心，范老爺子早就替你想好，最簡單的辦法就是貼出尋人啓事，全天下找人。

於是，項梁只好貼出廣告，派人四處尋找楚王後裔。

皇天不有心人，項梁果然尋到正在民間替人放羊的楚懷王之孫芈心。

六月，項梁選個良辰吉日，芈心被正式立爲楚王。爲迎合民意，尊他爲楚懷王，定都盱眙（今江蘇省盱眙縣），項梁自號爲武信君。

在中國古代，國家元首我們稱他爲君主。而其他的什麼武信君呀，文信君啦，都是一種地位的象徵，這種稱呼往往都是由君主，即國王給那些功高勞苦的人賜封的一個高級的雅號。

項梁沒有經過楚懷王賜封就自號「武信君」，證明他根本不把楚懷王看在眼裡，只把對方當成擺設對待，在楚國，項梁本人才是眞正的老總。

此時，張良看著項梁重組楚國，也想搭上復刻改革的順風車，把韓國這間破爛的小公司推向市場。

他開始對著項梁遊說，「目前秦朝這個對手還很厲害，僅憑楚國一家無法與他競爭分割市場。韓諸公子中橫陽君韓成最賢，您可先立他爲韓王，這樣一來就多了位合作夥件，可以與秦國共爭天下。」

張良沒有白讀《太史兵法》，這話術不比范增差，說得項梁深以為然，立刻讓張良去找韓成，立為韓王，又命張良為司徒——張良上二代輔佐過五世韓王，讓他來師承祖制，合情合理。

多年來，張良傾家蕩產流亡異國，為的就是哪天重歸故國，再現祖上榮光，可惜，張良想重現祖上榮光，卻不是件容易的事。

因為項梁給他們的不過是一頂官帽，他們手中，不要說土地，就是兵也沒有幾個。

韓王成和張良若想當真正的王及宰相，就得勇敢地打回韓國，從秦軍手裡奪回屬於他們的城市，只有這樣，才算是實至名歸。

當然，沒有兵無所謂，反正劉邦開了借兵的先例，況且項梁是個大地主，借他幾千兵也綽綽有餘，便主動向項梁提出借兵的要求。

然而，項梁一聽就笑了，「借兵可以，不過，我只能借你一千餘兵。不管你以後是輸還是贏，都得還我的本。」

見項梁笑笑，韓王成倒是想哭，開什麼玩笑？一千餘兵就想從章邯幾十萬虎狼之師的嘴裡奪食，豈不是比登天還難？

張良安慰韓王成，「沒關係，現在兵荒馬亂的，能借到這一千士兵已經很不錯了。

相信我，只要我們努力奮鬥，終有一天，肯定能夠全都把韓國的土地奪回來。」

刀不試，還不知道它的厲害。果然，張良帶著這一千餘兵打回老家，馬上從秦兵手裡搶回幾座原屬韓國的城。

不幸的是，秦軍也不是吃白食的傢伙，他們還沒等張良把屁股坐熱，就又把城奪回去，一來二去的，張良根本沒占到便宜，到最後，只能帶著兄弟們潛伏在潁川（今河南省禹州市）一帶打游擊。

眞是流年不利，張良好不容易搖身一變，成爲韓國大小公司總經理，卻一不留神就被人家打成游擊隊。

張良告訴自己一定要忍耐，忍耐再忍耐，機會一定會再次降臨！

到了這時，戰國時期被秦國滅掉的六家諸侯，全部又成功掛牌上市了。北有趙王歇、燕王韓廣，中原有魏王魏咎、韓王韓成，東有齊王田儋，楚有傀儡楚懷王羋心、後台老闆項梁。

六家上市公司中，數項梁實力最強，其屬下名將賢相燦若星辰，項羽、范增、英布、劉邦、蕭何、曹參、樊噲等等，個個都非等閒之輩。

如果秦始皇知道他畢生心血竟落到眼下無法收拾的局面，不知會不會後悔當初修了太多政績工程，或者恨自己不早立個可靠的太子。

如果少修幾座皇宮，或者早立扶蘇爲太子，再加上李斯及蒙恬蒙毅兩兄弟輔佐，秦代跨國公司可能還可以苦撐幾年。

如今一切都太晚了。

一匹來自西北的惡狼

周文正是在等陳勝送糧食過來，

只要其他軍隊會合，

大家吃飽喝足後萬軍齊發，暴秦必亡。

誰知道，周文還沒等到後方補給，

章邯就從城裡打出來了！

說來也奇，天下諸侯到處竄生時，秦二世胡亥卻還在阿房宮悠閒自在地養鳥溜狗。是時，秦朝文臣紛紛上奏，建議胡亥出兵鎮壓起義軍，他卻把上奏的大臣全送上斷頭台，罪名是「欺君」，因為在胡亥眼裡，那些根本不是什麼起義軍，只是一群盜賊罷了。佩服啊佩服，死到臨頭還自我感覺良好。

秦二世並不知道，那些反秦的起義軍就算是盜，也是一群特殊的盜，不但要搶糧食、軍火、人口，還想搶皇家的地盤，要胡亥的命。

秦朝嬴氏多少代祖宗披荊斬棘，以尺寸之地為基礎，好不容易才打下婀娜多姿的萬里江山，如今卻眼睜睜被撕裂分割，再次落入他人之手。

秦二世糊塗，他的老師趙高及左丞相李斯可不糊塗，只是打起義軍，得需要大量兵力，可秦朝除了蒙恬留在西北打匈奴和修長城的兵力之外，早已沒兵沒將。

如今，蒙恬被他們害死，軍隊由副將王離率領，他奉命討賊，才滅了東邊的火，北邊的火又燒起來，秦朝土地如此之大，只靠王離一個當救火隊遠遠不夠。

大秦如此之大，除了王離外，難道再沒有一個能救秦於水深火熱之中的忠賢大將嗎？

答案是肯定的，這個人就是章邯。

章邯，字少榮，出生年月及籍貫皆不詳，不過，至少有一點還知道，那是他的工作及職務，時任宮廷後勤部長（少府）。

在胡亥準備起用章邯前，天下形勢和以往已經大不相同。

當陳勝王的西征大將帶著幾十萬軍隊駐軍戲水，準備進攻咸陽時，胡亥才恍如從夢中醒來，原來這幫盜賊還真不是一般強盜。

體認現實後，胡亥不得不緊張兮兮地召集群臣議對策，六神無主地問道：「現在該怎麼辦？」

衆臣面面相覷，無言以對。

早幾日你幹什麼去了？現在才來問該怎麼辦？

這時，章邯挺身而出，對秦二世說道：「現在盜賊衆多，從附近縣市調兵已經來不及，不如把在驪山腳下幹活的勞改犯和役夫統統赦免，用他們迎擊敵軍。」

老實說，這已經是沒有辦法中的辦法，要再不照辦，恐怕驪山墓還沒修好，自己人頭就落地了。秦二世立即大赦天下，命令章邯把幾十萬的勞改犯們組成軍隊，從驪山腳下開出去打周文。

周文，字章，故又稱周章，戰國時代時曾在項燕手下做過視日官。

所謂視日，就是觀察天文，主要工作是觀察太陽的運行，並藉以推知吉凶，類似今天的星座專家。

古人十分迷信，每逢有重大軍事行動時，必先占卜問卦，才有視日官這項應運而生的專業官職，在秦朝之前，視日官在軍隊中極有影響，甚至可以參與軍隊決策。

周文跟隨項燕時，曾打敗過秦將李信率領的二十萬大軍，是個見過大場面的人。陳勝反秦時，需要派一員大將率領軍隊直指咸陽，可秦國兵力依舊強盛，沒人敢接下這項擺明去送死的任務，只有周文勇敢地站出來，擔起西征大任。

不料，陳勝竟只撥給周文三千兵。

三千兵就想攻入咸陽城，無疑是天方夜譚，不過，陳勝也沒辦法，那時是創業艱難期，他能給三千人已經很夠意思。

可貴的是，周文對此毫無怨言，他鬥志昂揚地說，「三千兵夠了，出發。」

這份自信，不是來自陳勝的三千士兵，而是腐敗無能的秦政府。

他相信，天下苦秦已久，怨聲載道，只要領兵一路往西打，己方軍隊肯定會像滾雪球般越滾越大。

果不其然，周文朝著咸陽城一路殺過去，途中許多活不下去的人風起雲湧地跟隨他打向咸陽城，當周文抵達函谷關（河南省靈寶縣東北）時，已擁有戰車千輛、步兵數十萬人，變成反秦起義軍中陣容最強大的軍隊。

接著，周文繼續向咸陽方向推進，駐軍在戲水（陝西省臨潼縣東北）。

戲水離咸陽城不到五十公里的距離，大軍當前，咸陽開始搖搖欲墜，然而，他卻一改過去凌厲的進攻作風，按兵不動地駐在戲水。

這也是沒辦法的事，周文行軍進度大為超前，弄得陳勝其他各部軍都沒跟上，回頭一看時，才發現自己竟成了一支孤軍。

孤軍長線作戰可是大忌，儘管王離軍不在咸陽，可咸陽城外還駐紮著一支秦軍，必須先等待陳勝的各支部隊集合。

此時，還有一個很重要的後勤問題令周文極為頭痛——軍隊缺糧。

這支軍隊之所以壯大得如此迅速，就是因為很多人沒飯吃，一聽說參軍打仗不但有飯吃，還可以搶東西，甚至能到秦宮搶美女或金銀珠寶，便屁顛屁顛地從家裡拿著鋤頭扁擔趕過來，一路上打到哪裡吃哪裡。

投奔的人越來越多，搶來的糧食卻總不夠吃。幾十萬的軍隊啊，沒有飯吃，這仗還怎麼打得下去？

士兵急，周文更急。他只好撫慰士兵道：「大家再忍忍，麵包馬上就會有的。」

周文在等陳勝送糧食過來，只要其他軍隊會合，大家吃飽喝足後萬軍齊發，暴秦必亡，誰知，還沒等到後方補給，章邯就從城裡打出來了！

城外的人在等麵包，城裡的人則嚮往城外的自由。

驪山腳下二十幾萬勞改犯早受夠被關禁閉、被奴役的生活，現在恰逢章邯奉令特赦，立刻滿懷渴望地跑上戰場，好呼吸呼吸外頭的新鮮空氣。

一支幾十萬精神抖擻爲自由而奮戰的軍隊，和一支幾十萬面黃肌瘦只想吃飯的軍隊作戰，結果可想而知。儘管兩邊都是雜牌軍，但臨時應戰，哪管什麼雜牌正牌，能打勝就是好牌，章邯這手猛牌把周文的爛牌打得落花流水，敗逃而去。

章邯是個不折不扣的窮打落水狗的狠人，他一路追著打周文。周文一跑再跑，最後發現沒地方跑，也跑夠了，只好拔劍自殺，章邯才算就此罷兵。

接著，他又調頭追著陳勝狂揍，哪知陳勝王也不禁打，在逃亡汝陰的路上不幸被自己人幹掉，一命嗚呼！

這時，胡亥的心終於放下，決定讓章邯在前面好好打，自個在後宮玩好好，一轉身又跑回阿房宮與一票寵物玩樂。

回頭看看，秦朝這套官僚制度還眞不錯，秦二世是揮手的，趙高是舉手的，李斯拍手，眞正動手的卻只有章邯一個。

大秦後宮淫聲浪語，長夜縱歌酒，而前線的章邯櫛風沐雨，不知日夜地衝鋒陷陣，眞不愧受大秦體制訓練出來的動物。

他像頭從山頂上俯衝而下的餓虎般威猛，勢不可擋，幹掉陳勝主力軍後，下一個目標馬上鎖定魏國。原因很簡單，魏國是秦軍東出北擊的瓶頸，只要掃平魏國，秦軍便前可攻退可守，多麼理想。

西元前二〇八年，六月，項梁把新任楚懷王扶上台沒幾天，章邯已兵臨魏都臨濟（河南省封丘縣東）。

天下誰人不知章邯是個狠角色，連周文那幾十萬軍隊都被他打到沒剩幾個人，這麼一個如狼似虎的人要來打魏國，魏都就算不被滅掉，也至少會被打得半身不遂！

魏咎一聽章邯大軍駕到，不由得兩腳抽筋，馬上找上周福商量對策，商量出「大敵當前，只得反抗」這項辦法，立刻命周福率兵出擊，魏咎則同時向齊楚請求兵力支援。

古老破舊的城市上空，啪啪啪地刮過肅殺的風，狗趴在門口一動不動，一隻孤雁飛過城池正向遙遠的深處遁逃。

魏咎站立在城上，發現整個城市都被死亡的空氣緊緊包圍，雙眼充滿悲涼地望著這座城市，明白形勢一點都不樂觀。

死亡的感受從來沒有像今天來得這麼強烈！

當魏咎絕望地等待諸侯救援時，齊王田儋第一個出馬，他出兵的原因很複雜，一半是因爲恨，一半則是因爲害怕。

天下苦秦已久，諸侯好不容易盼個日出雲破，無論如何都不能讓秦朝東山再起，再說，章邯滅魏後，按地緣關係看，下一個目標恐怕就是齊國，救魏其實也是在救自己。大家活在這亂世，唇亡齒寒並不是什麼稀奇的事。相對來說，地盤偏南的楚國救魏的積極性顯然差得遠，楚國地下老總項梁只派項佗帶上一支隊伍。

齊楚兩軍戰馬高嘶，鑼鼓喧天地集結在臨濟城下。魏咎從城上望著遠道而來相救的朋友，露出一絲欣慰的笑容，天助不如人助，大魏必存！

事情發展當眞會如此嗎？

第7章

當牛人遇見猛人

章邯站在隊伍前打了一個手勢，

秦軍像飄在空中的幽靈般立即停下，

悄無聲息地齊齊注視著前方那個龐大的獵物，

當中最想拿下的，便是項梁。

此時，臨濟城外的章邯冷冷盯著兩方援軍和魏國會合，情緒出奇冷靜，甚至帶點恐怖的味道，所領的一票秦軍紀律極好，毫無一絲喧嘩，任風輕輕吹過，樹葉刷刷地響。章邯在等，等黑夜到來。

夕陽緩緩移動，最後落在臨濟城西邊，現下已沒有一點風，夜幕終於降臨，天上暗得沒有半點星光。

此時，齊楚兩軍駐紮在臨濟城角下，圍成一道堅強的人體屏障，像銅牆鐵壁般保護著魏都，連飛鳥都難以飛入魏城。

在無比黑暗的夜裡，駐紮在城外的章邯主動出擊，命眾秦軍銜枚夜襲臨濟。當諸侯軍正高枕無憂地做著美夢時，萬萬沒想到，滿山遍野的秦軍已密密麻麻地爬到軍營外。秦軍以狂風暴雨之勢衝進齊楚陣營，有些還沒來得及拿起兵器就被秦軍斬首，更多的人還沒明白到底怎麼回事，就倒在夢中，夢中沒有明月，只剩永遠的黑夜。

銜枚戰術並非章邯首創，最早出現在周朝。枚就是行軍作戰中防止士兵高聲喧嘩的工具，形似筷子，夜襲敵軍時，爲免士兵行軍過程中交頭接耳，便把木棒咬在嘴裡，木棒兩頭繫兩根繩子繞到後頸綁緊，是爲銜枚。

當時還沒發明口罩，沒被水泥塊文化侵蝕的古代大自然最不缺的就是樹，隨便折一根樹枝都可以當作棒棒糖咬在嘴裡，方便快捷又奏效。

章邯利用銜枚戰術，在最短的時間內以最快速度大破齊楚兩軍，成功地把田儋和周福斬首於亂軍之中，待天色微亮時，秦軍已把臨濟圍得水洩不通。

魏咎登城遠望，魏都已變成一座孤島，一切都無可挽回了……為免秦軍屠城，他自願投降，與章邯約降後，又斷然做出一個令衆人意外的決定，自焚。

熊熊烈火燒起滾滾濃煙，蒼涼的風吹起雄勁的戰歌，在這個萬馬齊喑的時代裡，不是只有兵戎相見才是戰鬥，在烈火中得到永生，也是一種英雄的戰鬥姿勢！

魏咎死後，其弟魏豹和楚軍將領項佗逃回項梁處。

項梁和劉邦聽到章邯攻破諸侯聯軍的消息，不由驚愕不已。

楚懷王芈心馬上又撥了好幾千士兵給魏豹，並安慰道：「人死不能復生，節哀順變，請你擦乾眼淚，繼續投入戰鬥！」

魏豹匆匆跪謝楚王後，立即率兵殺回魏國。

其實，章邯此次破魏的最大收穫，不是拿下魏國，而是接著幹掉齊王田儋。

田儋死了，他的親弟田榮收拾殘兵餘將，勉強退守東阿（今山東省陽谷縣東北阿城鎮）。章邯發揚咬人咬到底的精神，不屈不撓地追著齊兵狂毆。

讓田榮絕望的事還在後頭，齊國人聽說田儋戰死，馬上立舊齊王田建之弟田假為王，田角爲國相，田角之弟田間爲齊將。

前有追兵，後有叛兵。田榮被逼得離死不遠了。

七月，秋。大雨連綿不止。

章邯一次次得手，項梁憤怒了，他和劉邦聽說章邯那條瘋狗還追著田榮，立即放棄攻打亢父（今山東省濟寧市南），調兵急奔東阿。

項梁大軍一到，立即包圍章邯。田榮聞聽項梁趕到，突然也變成一條瘋狗，調頭狂咬章邯。

章邯本來是包圍方，突然間卻變成一塊夾心餅，外邊是打狗老手項梁，裡邊是被逼得快瘋掉的田榮。撐了一陣終於頂不住雙方淩厲合攻，直接往濮陽（今河南省濮陽市）方向逃去。

如果說章邯是一條瘋狗，那麼項梁就是不折不扣的天生愛痛打落水狗的狂人，他命劉邦和項羽從另一路打城陽（今山東省鄄城縣東南），自己則一個人抄傢伙去追章邯。

劉邦和項羽不費吹灰之力把城陽屠個精光後，便立即調兵與項梁在濮陽東集合，對章邯發起新一輪的攻擊，看你往哪裡逃！

章邯終於嘗到被人追打的滋味，只得再一次敗退，逃進濮陽城內。

逃回濮陽的章邯無異於走進鐵籠，項梁帶兵追圍章邯，準備關門打狗，可惜，他高興得太早了。

章邯一逃回濮陽城內，馬上動手做了兩件事，不但得以保存性命，還以此重新振作。第一，緊急調動各路秦軍集結濮陽；第二，挖決河堤灌水圍繞濮陽城。

這麼一來，外頭的項梁想吃掉章邯，除非多長了一張鐵嘴，不然就別碰這個滾燙不討好的熱鐵餅。

果然，項梁無奈了，濮陽城外有護城河，城內有集兵，只能在城外望城興嘆，要想把章邯蒸死在鐵籠子裡，僅靠目前這些兵員鐵定不夠。

不過，一方有難，八方相助，這是諸侯們苟且於亂世中的遊戲規則，於是項梁向田榮和趙國兩處發出派兵援助的請求。

然而，現在的田榮不是過去的田榮。

項梁救了田榮後，田榮馬上率兵回老家打田假，新齊王田假沒正式做幾天王，就被他踢出齊國，逃到楚懷王那裡避難。國相田角則逃到趙國，田閒也留在趙國不敢回來。

於是乎，齊國王位重又落到田榮家族手中。

接著，田榮立田儋之子田福爲齊王，田榮本人任國相輔佐田福，田榮之弟田橫任齊國大將軍，率領齊國所有軍隊。

項梁求助，田榮沒有馬上答應，而是先對項梁提出一個條件，「要打章邯可以，但你得答應我一個小小的要求。」

項梁道：「什麼要求？」

田榮答道：「只要楚趙兩國砍下田假、田角、田間三個人的頭，齊國就馬上出兵攻打章邯。」

「簡直就是放屁！如果沒有我項梁，你田榮早被章邯這條瘋狗撕成人肉絲了，還好意思跟我講這種無恥條件？」項梁斷然拒絕田榮的要求。

項梁不砍田假，田榮也就當眞不肯出兵，而章邯依舊躲在濮陽城內。

不能因爲三個人頭，放走好好一個獵物啊！

項梁再次派使者向田榮說好話，並且要求派兵。

可氣的是，田榮不管項梁派來的是什麼人，說什麼動聽的話，他還是那個執著的態度——出兵可以，拿三田人頭來換。

田榮的態度眞快把項梁逼瘋，求不得，哄不得，更打不得，這下怎麼辦呀？

這時，楚懷王出來說話了。

他對田榮說道：「田假是我們盟國的君王，走投無路的時候才來向我們請求政治避難的，殺掉他沒有任何道理。」

楚懷王這段話不僅是爲田假說的，其實也是爲自己發聲，他也是王，保不準哪天落難，是不是別人叫你砍我就隨便砍掉了呀？

然而，田榮卻反駁楚懷王道：「您這話大大錯矣！我打個比方吧，秦國就像一條毒蛇，我們諸侯就像一個人的身體。毒蛇咬到手就應該砍掉手，咬到腳就應砍掉腳，為什麼？因為如果不砍掉的話就會危及全身。」

「現在田假、田角、田間三個人對楚、趙兩國來說，沒有半點手足親戚關係，為什麼不肯砍掉？再說，現在秦國還很強悍，萬一再鹹魚翻身據有天下，恐怕我們那時不但要丟命，連祖墳也要連根被挖掉了！」

這傢伙，兵都捨不得派出一個，卻只會打比方想報私仇……項梁憤怒了。

「田榮，你有種！當初章邯打你時，我二話沒說立即撥兵去救你，現在叫你派批人，竟然哼哼唧唧地講那麼多廢話！大不了我不要那些爛兵了，你給我記住，以後別再指望我項梁會幫你！」

項梁說話算數，他不帶頭殺田假，趙國自然也不敢殺田角和田間，這麼一拖，城中的章邯又慢慢恢復元氣。

東方不亮西方亮，失去最佳的攻擊時機後，項梁轉向另外一個目標，定陶。

項梁決定兵分兩路，他本人率軍打定陶，另一邊則命項羽和劉邦去攻打雍丘（今河南省杞縣）。攻下定陶時，項羽和劉邦也正巧在雍丘斬了三川郡郡長李由，他是李斯的兒子。

這步棋走對了，楚軍攻定陶、斬李由，一城接著一城接連拿下，戰績讓項梁有些飄飄欲仙。只是，項梁一驕傲，宋義就膽顫心跳。

宋義，楚國令尹，項梁所封，負責輔佐楚懷王。他怕的不是項梁得志，而是章邯那條瘋狗，他認為，章邯龜縮養兵，並不等於軟弱無能，瘦死的駱駝比馬大，秦朝還不至於馬上到死亡的境地，只要胡亥有能力保障章邯，楚軍就不能高枕無憂。

宋義懷著無比深沉的憂慮報告項梁，「項將軍，奉勸你不要太驕傲。你一驕傲，士兵就會偷懶，偷懶的軍隊一定失敗。更要注意的是，章邯那條瘋狗正在養精蓄銳，一天天地茁壯，小心他會反咬一口。」

項梁聽完，臉上立刻露出不屑，「章邯的事不用你操心，不如替我去齊國一趟吧，勸勸田榮，看他什麼時候想通，就帶兵過來一起打狗分肉。」說來說去，他還是對田榮念念不忘。

宋義只好出使齊國，半路遇見從齊國出使到楚國的使者，問齊使者道：「你是要去見項梁？」

齊使者道：「是啊。」

宋義嘆道：「我估計章邯很快就會打到楚國去，勸你還是慢慢走，說不定還能保住一條命，如果走太快，到時可能連逃亡的機會都沒有。」

齊使者一臉不相信地看著宋義。這人憑什麼斷定自己走快了就沒命？莫非他就是章邯的內奸？不過，看宋義滿臉怨氣，倒也不像是內奸，難道是受項梁排擠？人命關天，還是寧可信其有，不可信其無吧……

齊使者帶著宋義不安的預言磨蹭著上路，沒想到這一磨蹭，當眞撿回小命。

躲在濮陽城的章邯又迅速完成軍事緊急調動，一切準備就緒後，決定發動一場絕地大反攻。

出奇制勝是章邯的拿手好戲，他決定把攻打魏國的夜襲好戲再重演一次。

一個黑沉沉的夜裡，濮陽城內整軍待發，忽明忽暗的火光之下，章邯像閻羅王般審閱著這群密密麻麻的牛鬼蛇神。沒有人敢喧嘩，章邯也沒有廢話，只說了一句簡短有力的話，「出發！」

城門打開，章邯的銜枚軍快速朝城外奔出，今晚他們只有一個目標：定陶。

當章邯這支軍隊趕到定陶時，看到一派秋夜景象。

燈光下，城防鬆懈可見一斑，城門連條狗都沒有，軍帳內篝火點點，士兵們彷彿不是來打仗，而是出來遠足野炊，全都睡得東倒西歪。

章邯站在隊伍前打了一個手勢，秦軍像飄在空中的幽靈般立即停下，悄無聲息地齊齊注視著前方那個龐大的獵物，當中最想拿下的，便是項梁。

章邯張了張鋒利的牙齒，突然猛吼一聲，「殺！」

這是一場可怕的戰爭，項梁還正做著吃狗腿喝大酒的美夢時，章邯就殺進城裡，把楚軍打得滿天流星。

一代猛將項梁於此役中戰死，化成定陶城夜裡最閃亮的一顆流星，消失在了蒼茫的夜空中。

西元前二〇八年七月至九月，大雨連續兩月未停。

長刀所向，英雄殞命，老天又流淚了，這場連綿大雨是爲魏咎而流，更是爲項梁流。

章邯幹掉項梁後，聲勢囂張，前所未有。

這時，劉邦和項羽正在進攻外黃（今河南省民權縣西北內黃集）卻久攻不下，只好掉頭轉攻陳留（今河南省開封市東南），一聽見項梁戰死的消息，軍營上下不由得軍心大亂。

項梁完了，楚軍離滅亡還遙遠嗎？恐懼像濃雲一般死死籠罩在楚軍頭上，劉邦和項羽也無心戀戰，腦海中只有一個念頭：跑，跑得越遠越好。

劉邦和項羽帶著楚懷王向東逃，把楚國都城從盱眙搬到彭城（今江蘇省徐州市），又布陣嚴防，防止章邯那條瘋狗隨後殺到。

楚軍將領呂臣守彭城東，項羽守彭城西，劉邦守碭縣（今河南省永城縣東北），形成一個完美牢固的鐵三角，定能抗住章邯。

就算鐵三角守不住章邯，楚軍也還不至於那麼絕望，因爲一名盟友魏豹正在西邊密切注意章邯軍隊動向。

前面講過，魏王咎被章邯幹掉後，楚懷王羋心分給魏咎之弟魏豹五千兵回去復仇。

魏豹果然是好漢，沒有愧對祖宗賜給自己的勇猛名字，在魏國一路橫衝直撞，不消幾個月，又從秦軍手裡奪回二十幾座城市，功勞不小。

見魏國後繼有人，重振威風，楚懷王立即任命魏豹爲魏王，同時命諸侯們各就各位，屏氣凝神，都在等著章邯。

章邯，這次你膽敢放馬過河，定把你夾得叫爹爹不來，叫娘娘不親。

不料，章邯並沒有發揚一向緊咬狂咬的作風尾追楚軍，而是調頭北上，不是因爲楚軍布狗夾子陣勢讓他頓覺畏懼，而他根本不屑打楚魏這狗屁不如的夾子軍。

在章邯看來，楚軍最牛的將軍項梁都被我幹掉，魏國也被我滅過一回，跟你們這群手下敗將再玩下去還有什麼意思？

驕傲的章邯立即轉身，找到了一個好玩的對手，趙王歇。

趙王歇是誰？天下那麼多諸侯，章邯爲何偏偏想要跟他玩？

其實，趙王歇不過是被別人扶持起來的傀儡，章邯想徹底幹掉的，是趙王歇的後台，兩位有頭有臉的老闆，張耳和陳餘。

王侯將相寧有種乎

這一席話，彷若冷水般潑醒武臣沉睡的心。
王侯將相寧有種乎？這是你陳勝教我們的，
你當得了張楚王，我憑什麼當不得趙王？
武臣立即行動，自立為趙王，
封張耳為右丞相，陳餘為大將軍。

第1章

提著腦袋當名士

張耳和陳餘本來就不是平庸之輩，

同時娶了富家女，又是生死兄弟，

於是兩人的名聲遠播，越傳越遠，

甚至傳到秦國那裡去了。

張耳，出生年不詳，魏國大梁（今河南省開封市）人，年輕時曾做過魏國公子無忌的門客。

在這裡需要說明一下，在春秋戰國時期，並非人人都能當門客，如果沒有一技之長，到哪都不會有人要。

所謂「一技之長」的定義範圍極廣，不管是雞鳴狗盜之徒，還是胸藏韜略之輩，只要能用的都照收不誤，如果啥都不會，那就自捲舖蓋滾蛋。

另一邊，門客也不是一種固定職業，就像公司員工一樣，等級不相同，也較自主，心情不爽可以馬上走人。

張耳就是如此，不知怎的心情不爽，門客做沒多久就跑到外黃謀生。

「謀生」是一種委婉的說法，事實上他是逃出來，至於究竟得罪何方人物，現已無證可考，只知道當張耳跑路到外黃時，碰上一件大大的好事，從此生活有了極大轉變。

改變張耳命運的是一樁婚事。

當時，外黃有個富豪生了個漂亮的女兒，長大後就嫁人了，那時候的戀愛並不自由，嫁好嫁壞一半由天，一半由父母之命，可惜富家女父母眼光特不好，讓她錯嫁一位平庸之徒。富家女不想一輩子幸福葬送在別人手裡，直接跑到曾在她父親門下做過賓客的人家裡藏起來。

巧的是，這賓客跟張耳是好朋友，就告訴這個逃婚美女，「妳待在我這裡也不是辦法，老哥幫忙介紹個好人家吧，我有個朋友叫張耳，很有才能，妳可以考慮一下。」

美女逃婚就是爲了嫁個優秀男人，一聽張耳有才，立馬嫁過去，後來爲張耳生了個厲害兒子，娶的就是劉邦的女兒魯元公主。

美女達成願望，張耳也受益不少，女方家送給張耳不少錢財，憑著這筆不薄的嫁妝，張耳廣結天下豪傑，還當上外黃縣令，名聲鵲起。

陳餘，出生年月不詳，也是魏國大梁人，好儒術。

所謂儒術，就像孔孟二人到處奔波出售王者之道一般，陳餘算是孔子的信徒，也有過一段到趙國遊說的經歷，由於心智非凡，被某戶富家看中，把女兒嫁給他。

在認識張耳之前，陳餘便十分仰慕張耳，就像星星仰慕月亮一樣，總想拜其門下，後來，終於帶著無比崇拜的心去見張耳。

張耳愉快地收下了他，兩人相識恨晚，立即祭天拜地，結爲刎頸之交。

張耳和陳餘本就不是平庸之輩，同時娶了富家女，又是生死兄弟，兩人的名聲越傳越遠，甚至傳到秦國那裡去了。

正所謂人怕出名豬怕壯，秦滅魏幾年後，不知動了哪根筋，突然要懸賞捉拿張耳和陳餘，懸賞價格分別如下：張耳一千金，陳餘五百金。

不管秦國是要殺頭，還是要收買他們，總之，外黃不能再住下去了。張耳和陳餘不得不改名換姓，躲到了陳縣一個街道辦事處謀生，不幸中的萬幸，他們竟然還能在街道辦事處這種破單位謀到一個破職業——街道管理員（裡監門）。

那時候的街道管理員，不像今天的街道辦事處，有事沒事，東家串串，西家走走，到處找人嘮嗑，嘮嗑完年底還會發獎金。張耳和陳餘可沒這麼好，他們的工作就是天天面對面地替人站崗。

有一次，陳餘不知是犯了什麼錯，被長官抓起來用笞刑痛打一頓。

這還了得，想當初老子在外黃混的時候，你們還不知道在哪個旮旯裡呢！再說，我的頭顱值五百金，你們的能值五百文嗎？竟然敢打我？

名士的尊嚴像岩漿般在陳餘的心裡湧動，彷彿一觸即發，心裡默默數著，你們不要逼人太甚，敢再多抽我幾下，我就立即跳起來殺人了。

當時，張耳就站在陳餘身邊，眼睜睜看兄弟被抽，心都在痛啊，可是又有什麼辦法，正所謂小不忍則亂大謀，無論多痛，兄弟都一定要堅持到底。

豈知，陳餘的忍耐早已到極點，突然擺出一個想反抗的姿勢。

張耳一看這架勢，就知道大事不妙，立即踩了陳餘一腳，把人重新壓到地上，一直等到鞭笞陳餘的小吏離開，才拉著陳餘走到桑樹下。

他不但沒有半句安慰，還數落陳餘道：「你忘了我當初怎麼跟你說的了？連個小小的恥辱都受不了，將來怎麼幹大事？」

陳餘忍著痛，不無愧疚地連連點頭，「大哥說得對，小弟會把您的話刻在心上，時刻忍耐。」

茫茫前路，還眞不知要忍到猴年馬月。流年不利，諸事不順，痛苦的忍耐使他們不能過上好日子，竟然也不能使秦朝放棄懸賞捉拿。

秦政府捉拿他們的佈告又傳到陳縣的大街小巷來了，這次還下令，要每個街道辦事處認眞做好宣傳工作，一發現情況立即報告官府。

眞是無巧不成書，負責向居民宣佈配合政府捉拿張耳和陳餘的工作，恰恰落在張耳及陳餘身上。秦朝這招眞是整人整得夠猛的，讓犯人去做宣傳捉拿本人的工作，肯定只有一個下場：送死。

處在這種危險境地，換成是別人，早就安全第一，溜之大吉了，可如果小看張耳和陳餘的膽量，他們就不是傳說中的名士了。

他們也想逃，可天下哪塊地盤不是秦朝政府的，逃得掉嗎？正所謂，最危險的地方也是最安全的地方，他們決定不但要留下來繼續工作，還要陪秦政府玩捉賊的遊戲。

於是，張耳和陳餘就拿著官府懸賞佈告挨家挨戶地宣傳：父老鄉親們，你們聽好了，官府要捉拿兩個逃犯，一個叫張耳，一個叫陳餘。捉住陳餘賞五百金，捉住張耳賞一千金，加起來就是一千五百金，大家如果想賺錢的話，就趕快團結一致，千萬別錯過好機會啊！

張耳和陳餘利用高分貝的心理戰騙過所有人，好生忙活了一段時間，不但出色地完成工作任務，人身安全還得到徹底的保障。

牛人永遠都是牛人，老天如果要屈他們一輩子，鬼都不信。果然，沒多久機會就來了，陳勝吳廣造反起義。

話說，當年陳勝造反後，牽軍打回老家陳縣。張耳和陳餘聽說陳勝軍經過陳縣，立即前往投奔。陳勝早就聽說過張耳和陳餘的大名，讓他意外的是，他們竟然就潛伏在老家的官府眼皮底下，果眞是高人啊，如獲至寶地收了這對活寶貝。

好景不長，張耳和陳餘以陳勝稱王問題爲開端，和陳勝鬧得不歡而散，進而走向一條敵對之路。

情況是這樣的，陳勝不是喊過「王侯將相寧有種乎」嗎？當時陳縣的豪傑及父老緊緊地抓住了這話，力爭遊說陳勝，強烈要求他稱王。

稱王當然正合陳勝心意，他把張耳和陳餘召來，裝模作樣地問他們對陳縣人遊說他稱王這事有什麼看法。

張耳和陳餘是名士，只要兩人公開表態支持，眾望所歸的情勢自然就成了個人野心的粉飾品，自立稱王就會成為在太陽底下，經得住陽光檢驗的大好事！

這個算盤打得實在是太美妙了，可惜美妙的泡沫往往經不住陽光的考驗，首先，他過不了張耳和陳餘這一關。

張耳和陳餘一致認為，陳勝這招急功近利之術，只能滿足陳縣百姓那種一人得道雞犬升天的心理慾望，如果真要走向自立稱王之路，接下來付出的代價將是殘酷的失敗。

張耳和陳餘擺出名士的遠識卓見，建議陳勝「緩稱王，廣結友，待時而動」。

理由很簡單，陳勝起義反秦，當然是舉國同慶之事，但是，現在天下還很亂，勝敗無法定下，他就自稱為王，恐怕天下人觀感不佳。不如慢一點稱王，引兵殺向咸陽，徹底掀掉秦朝的老鐵鍋。

同時，尋找六國後代，立他們為王，就多多為秦國樹敵，為敵人樹敵，就是替自己增加力量。人多肯定好辦事，只要敵寡我眾，那麼天下就可以控制在手裡，那時候陳勝想稱什麼王都是不成問題的。

張耳和陳餘這番話，沒有愧對他們頭上那頂「名士」的帽子，後來的事實也證明，他們的見解十分正確。

但不信邪的陳勝立即否定張耳和陳餘的建議，倉促稱王，倉促被滅，曇花一現，開了中國歷史上農民起義「首舉必敗」的先河，形成一道可怕的歷史魔咒。

可惜歷史從來都是當局者迷，旁觀者清，張耳和陳餘見首計不成，就知道大事不妙，既然陳勝靠不住，只能另立山頭。

可問題是，另立山頭得有兵，沒兵當然得想辦法借，就看會不會編藉口。

對張耳和陳餘這種一等一的謀士來說，藉口就像樹上的楊桃，摘甜摘酸都是舉手之勞。這次張耳大哥先靠後站，讓小弟陳餘登台表演。

第 2 章

忽悠成就人生

張耳和陳餘一聽到這個消息，

當即興奮得跳了起來——真是天賜良機，

陳勝大勢已去，報仇的機會終於來了。

陳勝，你就等著瞧吧！

小弟陳餘提著一顆所謂赤誠效勞的心，對陳勝又獻上一計，「大王，您只顧率兵向西攻打咸陽，可是黃河之北的大片土地還沒有收復，我曾經在趙國生活過，瞭解那裡的情況，如果您願意給我一些兵力，我願爲您北上拿下趙國。」

陳勝一聽，笑了，對陳餘說道：「這才是領導的好員工嘛，要懂得急領導之所急，想領導之所想。好樣的，你的設想和思路都很不錯，符合當下歷史潮流，更主要的是符合根本利益，我馬上派人指導你完成這個工作。」

陳餘一聽登時傻了，陳勝王這是什麼話？自己出謀劃策，想的就是要當一個分管一方的領導，而且趙國的情況我最熟悉，爲什麼還要派什麼人來「指導」？

陳餘想得太美，以爲陳勝是個只想吃熱豆腐的張楚王，其實，陳勝早就看出張耳和陳餘這兩人不是善類。

陳勝知道，秦政府能捨得花一千五百金買他們的人頭，絕對不是白花，要對付這等所謂名士，不能殺也不能趕，只能和他們搞好人際關係，並且死死控在手裡，讓對方翻不得，更跳不得。

陳勝馬上動手擬出攻打趙國的計劃，在選派將領方面也精心安排——任命心腹武臣爲將軍，邵騷爲護軍，張耳、陳餘則爲左右校尉。

所謂校尉，就是部隊長之意，是個中等軍官職。

陳餘一聽，暴跳如雷，計謀是我出的，要的就是將軍令，搞到最後竟然變成打雜？好，既然你陳勝把我們當外人，也休怪我以後不把你當自己人，咱們就走著瞧！

話說回來，以武臣爲首的北伐軍運氣實在太好，一路上根本不用打，只靠一招就把諸縣秦兵統統收下。

武臣的陰招，就是恐嚇，技巧難度不大，卻相當管用。

每到一個地方，他就派人到城下大喊：「城裡的人聽著，暴秦無道，天下造反，陳勝自立張楚王，派我們的吳廣及周文大將軍帶著百萬大軍攻打咸陽城去了。現在咸陽城都自身難保，還有誰會來救你們？識時務的話，就趕快投降，不然你們就等著挨刀吧。」

這高音喇叭一傳出話，趙國便有十來個城市馬上開城投降，武臣像撿死魚一樣接收降城的所有軍隊，湊到最後竟有數萬兵馬，眞是賺到了。

手擁重兵的武臣終於嚐到造反的甜頭，氣焰囂張地向前推進，待行到范陽（今河北省定興縣）時，發現恐嚇的法寶突然不靈了，不管怎麼喊話，范陽令就是不睬不理，最重要的是，他還不降。

武臣鬱悶不已，既然恐嚇不行，就休怪我動手了，接下來便是一番調兵遣將，準備攻城。

然而就在這時，有個人突然從城裡奔出，要求立即和武臣面對面聊天，他是蒯通。

蒯通，本名蒯徹，後來爲避漢武帝之諱而被改成通，縱橫家學派出身，個性簡單易懂，誰給錢，就幫誰辦事。

蒯通不是范陽城特地派來的使者，也不是出逃的叛徒，而是以獨立身份前來投奔，一見到武臣，頭句話就是勸他不要出手。

武臣聽得一陣陰笑，哼道：「只要范陽城一天不投降，我就一天不收手，這是天經地義的事，不然我大老遠跑到北方來幹嘛？再說，造反的本職就是見城攻城、見人搶人，叫我不打，豈不是違背我的職業道德嗎？」

蒯通搖頭道：「將軍，您誤解我的話了，我叫您不要動手，不等於我不動手。我的意思是，只要您肯聽我一計，包準讓您一次賺翻天。」

武臣又笑了，「難道你有什麼妙計？」

蒯通心有成竹地說道：「妙計當然有，心裡沒有一點貨，我敢來向您拍胸膛吹牛嗎？這范陽令叫徐公，此公我最瞭解，不過是一貪生怕死的汙吏，然而如果您強行攻城，後面會引起連鎖反應，燕趙的其他城市非但不會投降，反而會一個勁地拼命守城，那麼北伐軍想征服趙國可就困難許多。」

「所以，目前對范陽令的唯一辦法就是收買他、搞定他、利用他。當然，對付他的具體辦法很簡單，就是封他官職，送他好車，讓他坐著我們的馬車當活榜樣四處宣傳，這麼一來，趙國其他城市肯定也會紛紛跟進投降。」

武臣一聽喜道：「此話大有道理，就照你說的辦。」於是便派好車一百輛，好馬兩百匹，帶著一個侯印，讓蒯通立馬前往遊說徐公。

不出所料，這叫徐公的縣長大人一看到好東西，立刻乖乖地做了北伐軍的前導車，到處宣傳不戰而降的好處。這麼一催票，燕趙之地立刻有三十多座城向北伐軍投降。

武臣高興得差點沒飛起來，縱橫家果然是寶，以天下最小的成本，做天下最大的生意，簡直比陶朱公還神！

然而，就在武臣賺了好幾手後，西邊卻傳來一個不幸的消息，周文的西征軍主力有十多萬，竟被章邯打得落花流水，毫無反抗能耐。

張耳和陳餘一聽到這個消息，當即興奮得跳了起來——眞是天賜良機，陳勝終於大勢已去，報仇的機會來了！陳勝，你就等著瞧吧！

張耳和陳餘二話不說，立即跑去遊說武臣，內容很簡單也很驚人，是之前陳勝也十分熟悉的話：「自立爲王！」

武臣一聽愣住，「眞不知道你們打的是什麼主意，攻趙之前你還勸陳勝不要稱王，而且我不過是陳勝的高級打工仔，你卻叫我自立為王，這不是拿我尋開心嗎？」

兩人繼續忽悠道：「這當然不是拿將軍您尋開心，這叫天予不取，必受其咎。我們都是陳勝部下那又怎麼樣？當初陳勝還是秦朝的一個基層打工人員呢，還不是順應時勢迅速崛起？我們以前勸陳勝不要稱王，自有不稱王的道理，然而計劃趕不上變化，今日陳勝失勢，機不可失，如果不抓住，將來連後悔的機會都沒了！」

這一席話，彷若冷水般潑醒武臣沉睡的心。

王侯將相寧有種乎，這是你陳勝教我們的，你當得了張楚王，我憑什麼當不得趙王？武臣立即行動，自立為趙王，封張耳為右丞相，陳餘為大將軍，就在西元前二〇九年的八月中秋！

想不爽都不行，如果當初你陳勝封我們哥倆為將軍和護軍，事情就不會鬧得如此不可收拾。好啦，現在一切都已是既定現實，接著慢慢整吧。

此時，遠在西邊的陳勝聽說武臣另立山頭，氣得暴跳如雷。他本能的反應就是，殺掉武臣全家，再發兵進攻趙國。

陳勝還真不是普通的愚蠢，章邯幹掉周文幾十萬大軍後，下一個瞄準的就是他張楚王，但陳勝不管秦軍的虎狼之師，竟想清理門戶，增加衆人負擔，不就是做事連主次都不分了嗎？

幸好，陳勝糊塗，他的屬下可沒傻，當陳勝派人把武臣全家人捉到面前，準備揮刀以儆效尤時，一旁的相國蔡賜急攔住他，「大王萬萬不可殺武臣一家，此時秦國還沒有滅亡，你殺掉武臣等家人，等於替自己樹立一個像秦國的惡敵，萬萬不妥。我們不如順水推舟，成全他稱王，倒過來利用他去攻秦，一旦天下太平，再弄他也不遲。」

什麼叫江湖，這就是江湖啊！

陳勝一聽，大夢初醒，相國這才叫高招嘛，怎麼自己一時腦袋充血就沒想到呢？便依相國之計，立即釋放武臣一家，並送到老家陳縣的皇宮裡供養，順便還巴結張耳，封張耳的兒子張敖爲成都君。

接著，陳勝又派使者前往趙國，祝賀並承認武臣稱王之事實，又以諸侯共擊暴秦之名催促武臣，立即派兵前來西部前線助戰。

這招軟硬兼施，殺傷力極強，武臣還是靠陳勝派給他的三千兵發家的呢，況且陳勝待你家人如同手足，面子都給足了，你武臣敢不來嗎？只要他敢來，不管有功無功，都別想提著腦袋回趙國！

可惜，陳勝得意得太早了，像武臣這等智商不怎麼樣的人，估計會上當，可如今輔佐趙王的是大將軍陳餘和右丞相張耳，兩兄弟心眼多得很。

陳勝出的這道難題，不但沒有難倒張耳和陳餘，反而被他們一眼洞穿。

陳勝的使者前腳剛走，張耳和陳餘馬上圍住武臣說道：「大王千萬不要上當。您當上趙王，並非出自他的本意，而他不惜千里派人前來祝賀，不過是緩兵之計，一旦他滅掉秦國，那麼步秦國後塵的就非趙國莫屬。」

武臣一聽立即傻掉，吶吶道：「沒想到陳勝的用意竟然如此陰險，可是我都答應他要出兵擊秦了，那你們說我怎麼辦，而且我們的親屬都還在他的手裡呢！」

兩人很淡定地說道：「大王不要著急害怕，臣下已經爲您想好應付的招。方法很簡單，直接不理不睬，隨他折騰就好。爲什麼會這麼說呢？首先，如果大王願意在鞏固趙國革命根據地的基礎上，先行拿下燕、代兩地擴充實力，到時就算張楚打敗秦國，陳勝也不敢遠道冒犯。其次，如果張楚勝不了秦國，理所當然就得倚重趙國，到時趙國趁著兩國鬥得死去活來時，打他個措手不及，想得到天下也不是不可能。」

內訌是一場遊戲

為了斷絕張耳和陳餘的談判念頭，

韓廣見趙國使者來一個就殺一個，

來來回回至少殺了十多個。

碰上這只要江山不要老母的無賴，

張耳和陳餘可是一點轍都沒。

實事求是地來考證張耳和陳餘這番話，裡面相當有水分。

比如說，如果陳勝打敗秦國，就不敢北上冒犯趙國，這話簡直就是低估了陳勝的勇氣和魄力。要不是相國攔路，他早就幹過來了，還要等到打敗秦國才來收拾你嗎？

話說回來，張耳哥倆這話也不完全錯，他們憑著敏感的政治判斷力，料定陳勝必敗。

想想都知道，張楚軍的主力已被打散，陳勝憑什麼打敗章邯那二十幾萬瘋了似的勞改犯？況且除了章邯之外，王離還有三十萬兵在那裡等著呢，陳勝左顧右望，能顧得了那麼多嗎？

武臣一聽立即明白，其實趙國只要有充分的籌碼，不但不怕陳勝威脅，甚至還能在無形中威脅張楚……如此看來，擔心家人安全簡直是項多餘濫情的行為。

武臣說幹就幹，準備放開手腳，擴大地盤。

所謂擴大地盤，通俗點說就是搶土地，又或者說是武力圈地。在中國歷史上，歷代戰爭歸根到底都是土地戰爭，諸侯連年戰火不息，無非就是要爭當個大地主。

張耳和陳餘設計的這項搶地計劃，如果成功，不僅能滿足武臣的大地主夢，更能滿足張耳哥倆爭霸天下的野心。

武臣馬上派兵四處圈地，韓廣負責搶燕代之地，李良負責搶常山（今河北省正定縣）

之地。然而，計劃趕不上變化，到頭來還是出問題了。這次，出問題的是執行計劃之人。韓廣和李良，儘管一點也不起色，但引導歷史河流改變方向的，往往不是一流知名人物，而是像韓廣及李良這種老鼠屎跑龍套演員。

韓廣，出生年月、籍貫及家庭出身等個資皆不詳，唯一知道的是，他曾經在趙國當過一枚小官。好玩的是，韓廣可說是武臣的翻版，順利拿下燕代兩地時，屬下馬上擁戴他自立爲王。

擁護韓廣稱王的不是某個人，而是一群人，他們有一個共同的名字，叫「豪傑」。

無論在電影中，或是文學作品中，豪傑出現的機率實在是太高了，而且這個詞在現代生活中很多時候是拿來當褒義使用。

千萬不要被生活的經驗蒙住雙眼，在秦末動亂時期，所謂豪傑多是一些流氓癟三及地痞，平日仗著人多勢衆打劫霸市，倚仗武力，遂成鄉里或某地一霸，才被稱爲豪傑。

鏡頭看回來燕代之地，豪傑們擁護韓廣稱王的理由很簡單，既然楚國和趙國都已立王，那麼燕國也要，這塊地盤雖然小了些，過去畢竟曾是萬乘之國，在這裡稱王準沒錯。

在燕國這塊土地上，曾經有過光榮偉大的歷史，當年嬴政統一六國時，如果不是燕子丹派荊軻刺秦，估計還可以多活幾年，如今燕地蒼勁仍舊，土地仍舊，只要肯紮根，必然可以重振戰國雄風。

韓廣也深深被這番動人遊說打動，生在亂世，哪個男人不想黃袍加冠，登上大位？正所謂歷史造諸侯，人生能有幾個機會，如果讓機遇擦肩而過，到時遺憾的就不止自己一個。

可問題又來了，此時韓廣的母親還留在趙國，要是倉促反水，萬一武臣要殺掉老母，同時發兵攻打燕國，不是得不償失嗎？

豪傑們笑了起來，「韓將軍，您還眞多慮，趙國也是倉促稱王，連腳跟還沒站穩，西邊憂秦，南邊憂楚，自身難保下哪還有力量和心情跟我們鬥？再說，以陳勝之強，都不敢殺武臣一家，以武臣之力，又豈敢動您母親一根汗毛？」

韓廣心裡暗想，這群人說得倒也沒錯，我韓廣搶的土地又不是你趙國的，給趙國是情，不給是理，如果你趙國要殺我母親，憑的又是哪門子理由？

王侯將相寧有種乎！這是陳勝王教我們的，你武臣稱得了王，爲什麼我韓廣就做不得呢？最後，韓廣果然打消顧慮，另起山頭，這座山頭的名字就叫燕國，一個蒼勁而美麗的名字。

如果說韓廣是武臣的翻版，那麼武臣就是陳勝的翻版了。

武臣一聽說韓廣分兵裂土，當即也怒得跳了起來，罵道：「我負陳勝王合理，你韓廣憑什麼背叛我？打！不打你狗日的，老子還眞無法洩掉心頭這口悶氣！」

這時候，張耳和陳餘也出來說話了。

這倆傢伙可不像陳勝的相國蔡賜那樣好言相勸，看法和武臣也相當一致，同聲道：「打！一定要好好教訓教訓韓廣這小子！」

張耳和陳餘爲什麼主張打？

道理是很顯然的，之前陳勝如果要打趙國，還得兼顧章邯，兩頭作戰，這可是戰爭大忌，現在趙國可沒有這種顧慮。陳勝和秦兵正在交纏，根本就沒空理睬趙國，正可以集中兵力一心一意打燕國，讓韓廣知道厲害！

取得共識後，張耳和陳餘便同時出擊，沿著燕國的邊界搶奪土地。

就在這關鍵時刻，武臣不知哪根筋出了毛病，竟然獨自騎馬出來玩耍，正要到得意忘形之際，被巡防的燕軍逮了個正著。

這下子輪到韓廣得瑟，他給張耳及陳餘放出風聲，「你們趙王就在我這裡，想要人就立即把趙國土地割一半給我，不然你們就等著喝人肉湯吧。」

韓廣這招眞不是一般的狠毒，這年頭，什麼東西都好說，就是土地不能亂割。土地是諸侯的立業之本，沒有趙王可以再立一個，可一旦沒了土地，想再搶回來就難上加難。

不過，張耳和陳餘不能因爲可以立別人爲趙王，就要放棄武臣，至少先得動用外交手段解決。再說，趙國這邊也不是沒談判籌碼，至少韓廣的母親還在趙國手裡呢！

張耳和陳餘商議既定，便派出使者，向燕國談判。

韓廣一看到趙國使者便冷笑不已，「你張耳和陳餘就別想只用我老娘就換回趙王，沒有那麼便宜的事。我還是那句話，想要人，就拿一半土地來。」

更毒的還在後面，爲了斷絕張耳和陳餘的談判念頭，韓廣見趙國使者來一個就殺一個，來來回回至少殺了十多個。

碰上這只要江山不要老母的無賴，張耳和陳餘可是一點轍都沒，沒想到，就在張耳和陳餘急得焦頭爛額之際，趙國的救星出現了。

更令人驚訝的是，這個救星不是什麼外星人，也不是什麼縱橫家，而是一名趙國的炊事兵（養卒），連名字都沒留下記錄。

這名神秘的炊事兵一聽趙王被擒，就和舍友討論起來，「我想要替張丞相和陳將軍去遊說燕國，你們覺得怎麼樣？」

炊事兵舍友一聽，哄室全笑，「你是想升官想瘋了吧？燕國都砍掉趙國十幾個使者了，除非派神仙去，不然誰去都要送死，你這不是自我尋死嗎？」

炊事兵很嚴肅地說道：「這倒未必，不信你們等著瞧。」說完，就直接找上張耳和陳餘，要求主動出使燕國。

有人主動請纓，張耳和陳餘當然樂意，可又謹慎地對炊事兵說道：「你就去吧，路上小心一點，遊說的時候也要多多察言觀色，如果形勢不對，能跑就跑，跑不掉就是自殺也比被他們砍了強。」

炊事兵聽得心裡很不爽，看來兩位大人還是不太相信自己能力，不過，沒關係，結果才是最重要的，他們將會看到我和趙王一起乘馬車返回趙國的畫面。

炊事兵帶著萬分自信出發，也順利地見到韓廣，頭一句話便劈頭就問，「請問大王，你知道此時張耳和陳餘在趙國想著什麼嗎？」

韓廣哼道：「當然是想讓我儘快把趙王還回去啊！」

炊事兵搖搖頭，「錯！你根本就不瞭解張耳和陳餘的爲人，其實，他們現在最想的不是得到武臣王，而是自立稱王。」

韓廣訝道：「他們敢？」

炊事兵笑道：「你以爲他們不敢嗎？張耳和陳餘豈會甘心一輩子就做那個丞相和將軍？我明白告訴你吧，他們早就想稱王了，只不過趙國初定，不敢三分趙國而已，加上武臣王比他們年長許多，無奈之下，只好按輩分來扶他稱王。」

「現在，趙王落在你的手裡，他們表面上看總是想爭回趙王，其實內心恨不得你早點殺掉趙王。可是，請你注意，一旦你殺掉趙王，後果將會更嚴重，因爲到那時，張耳和陳餘趁機把趙國的土地各分一半，各自稱王，並且掛著替趙王報仇的名義討伐你，到時你眞能受得了嗎？」

韓廣一聽，神經突然緊張起來，腦中不停轉動。

炊事兵分析得沒錯，像張耳和陳餘這等老江湖，丞相和將軍之位哪能滿足他們的胃口？不要說一個趙國，就算把十個燕國塡進他們肚子也不見得就飽了。

看來索地的事還是算了吧，把趙王還回去，把老母要回來，兩國之間從此兩清，所謂小心使得萬年船，至於將來形勢怎麼發展，就走一步算一步吧。

第4章

歷史重複上演

李良之所以反叛，目的就是想稱王，

只不過就算他意氣風發地在邯鄲自封趙王，

一旦張耳和陳餘兩人找出一名趙國後裔上台，

李良自然就成了假貨。

韓廣答應放趙王回國，而炊事兵也實現出使前的想法，駕著馬車和趙王一起返回趙國。一場由韓廣惹出的鬧劇，就此平安落幕。

然而，歷史劇從來都是你方唱罷我登場。就當韓廣剛走下台去時，李良就接著登台了。不過，他不只是在唱戲，簡直就是在玩命！

李良，個資狀況不詳，只能從後來秦軍送來的一封信中，看出此人曾在秦朝任過基層小官。

當時，李良搞定常山後，回到邯鄲城覆命，武臣又命令他去攻打太原，也就是今天的山西太原市，然而，當他走到石邑（今河北省石家莊市西南）時，突然一支秦國軍隊擋住他的去路。

這支軍隊的首領不是什麼陌生人，而是曾經在秦朝蒙恬大將屬下任過副將的王離。王離這哥們來頭挺大，爺爺是秦國名將王翦，自己也當上秦朝駐守西北的三十萬邊防軍的大將軍。

嬴政駕崩後，趙高假詔秦始皇遺詔，逼蒙恬自殺，並且把軍權交給副將王離，王離一夜之間成了秦朝最大的將軍，對秦朝還是有著舉足輕重的影響。

王離本著為趙高服務到底的報恩精神，率軍從西北出發，準備進攻趙國，在路上首先碰上李良。

王離一看到李良就樂了，對方是名老相識，還不用急著動手，趕快先給他寫封信問好，信中大概內容如下：阿良呀，你曾經事奉過我，是我提拔，你才變得顯貴。沒想到你居然背叛我，實在太不厚道了，不過，你放心，現在後悔還來得及，只要你背叛趙國，歸附大秦，那麼以前做過的一切都一筆勾銷，我還會讓你更加顯貴，權勢倍增。

落款人寫的是「嬴胡亥」三字，很明顯的，這是封勸降書，這還不打緊，更可怕的是，這封信完全沒有封口，分明是挖洞讓對方跳的詭計！

眞假姑且不論，就算李良無反意，萬一旁人偷看此信後反向趙王告密，他跳進黃河也洗不清。

這招可不是一般的狠毒，用意也非常明顯，王離想逼良為娼。

收到信後，李良一顆心七上八下，說不出的難受，不管是進是退都很要人命，權衡利弊後，決定權從謹愼，返回邯鄲向趙王覆命，同時自清。

沒想到，軍隊還沒回到邯鄲，就在半路上先反了。

造反雖然不用看日子，不過，李良這樁反水行動實在來得突然，到底怎麼一回事？

原來，當李良帶著軍隊走到邯鄲城外時，突然遠遠看見一支擁有上百隨從的儀隊也向趙國首都馳近，排場浩浩蕩蕩。

排場這麼大，肯定是大王出遊或是赴宴歸來吧？

李良來不及多想，急忙下馬，在道旁伏地拜謁，沒想到這一拜，卻出了個大糗。當儀仗隊走到跟前時，衆人才發現，坐在皇室車隊裡的不是趙王武臣，而是趙王那早已喝得爛醉如泥的姐姐。

更讓人鬱悶的是，這個一身酒氣的女人居然沒認出李良，以爲跪在地上的只是一般將領，根本懶得下車還禮，只派一名騎兵過來叫聲「請起」，隨後立即離開，留下兩旁臉色漸漸轉黑的軍士。

這下面子丟大了！一國將軍上跪天、下跪地；出則跪君主，入則跪父母，膝蓋頭可是金貴得很，如今不明不白地對個醉酒的女人家下跪已經是施禮過重，對方居然還不親自前來請起，教李良這張老臉怎麼擱得下？偏偏跪都跪了，他又能有什麼辦法？

李良站起身來，無比慚愧地看著從官。

果不其然，有一個軍官站出來，憤怒地對李良說道：「現在全天下背叛秦國的人當中，有能力的都已紛紛自立爲王。想當初，趙王的地位還曾在將軍之下，現在卻連個女人家都不肯下車向將軍還禮！她算個什麼東西？將軍，讓我追上去把她殺了吧！」

這話一出，從官們彷彿炸開了鍋，個個義憤填膺，全吵著要殺掉那個無禮的女人，以報怠慢將軍之仇。

虧軍官們想得出來，殺一個醉酒又無禮的女子還不簡單？可問題是她是趙王的姐姐，砍她就等於砍趙王的心，那不等於造反嗎？

其實，從官們想做的就是造反之事。

這下子，眞是搞得李良腦袋都大了，暗忖道，前有秦軍招降書，後有婦人之辱，現在從官們又都跳著發牢騷，莫非反趙乃是天意？

韓廣都敢反，我爲什麼不能反？現在就是不反，將來也要反，晚反早反一個樣，不如現在就反！

李良愈發腦熱，發出一個指令，「既然大家想替我報仇，那都聽好了，給我追上去把那個女人殺了，然後血洗邯鄲！」

接下來，軍隊便二話不說，追上方才那個女人，一刀斬首，然後襲擊邯鄲。

一切彷彿做夢般，城中的趙王武臣根本不明白發生什麼事，就被李良一刀剁掉，邯鄲城破。

或許有人會說，武臣死得實在太冤，可在筆者眼中，他死得一點都不冤，之前，武臣也有類似其姐姐出遊的習慣，才會落到韓廣手裡，生死一線。

韓廣和李良都曾經是武臣的人，誰都沒想到，他沒死在先前聲勢逼人的韓廣手裡，卻倒在回國報到的李良刀下，形成一種莫大的諷刺。

值得一提的是，在這次突襲行動中，張耳和陳餘兩人位高權重，耳目衆多，一聽李良造反，立刻腳底抹油，從牆角悄悄溜出邯鄲城外，幸運地全身而退。

兩人站在城外，望向漸漸滿目瘡痍的故城，滿腔憤怒，氣得破口大罵：「李良，你等著，蒼天作證，如果我們不讓你從邯鄲城裡爬出來，天打雷劈，滅子絕孫！」

爲了東山再起，莫名淪爲逃難者的張耳和陳餘，帶著無比悲憤的心情收拾散兵，竟然還有數萬人——李良，你的死期到了！

正當陳餘準備攻打李良時，有一個門客突然登門拜訪，提出一個好主意，及時敲醒張耳和陳餘衝動發熱的大腦。

門客提出一個重點，張耳和陳餘都是客居在趙國的外地人，想讓趙國百姓聽兩人話做大事，難度不是普通的高，若是換個想法，先空出趙王之位，讓趙國後裔上位，事情自然水到渠成，難度也減至最低。

張耳和陳餘這兩個聰明人一聽立刻明白，這是爲了表面政策順利而立個傀儡趙王的優秀計劃，也是他們之前曾經「指導」陳勝的大絕，果眞是當局者迷、旁觀者清啊！

無論從哪方面看，立趙國後裔都對張耳和陳餘大大有益。李良之所以反叛，目的就是想稱王，就算他意氣風發地自封趙王，一旦張耳和陳餘兩人找出趙國後裔上台，李良自然就成了假貨。

眞王率軍殺假王，可是理直氣壯得多，全趙國的士兵及百姓也會站在眞趙王的立場上，爲故國家園奮起殺敵。

張耳和陳餘立即動手尋找趙國後裔，果然在信都（今河北邢台）找到理想中的傀儡，也就是一開始說過的趙王歇。

當身在邯鄲城的李良聽說又突然冒出一個趙王時，立刻氣得七竅生煙。

這張耳和陳餘下手可眞快，自己都還沒正式稱王，馬上就被搶走名號，叫我無名無實地怎麼混下去？一山不能容兩虎，不把他們打個稀巴爛，我在趙國哪還能睡好覺？開打吧！

於是，李良率兵氣勢洶洶地向信都殺過來。

張耳和陳餘一看李良這副架勢，立馬樂壞地打起小算盤，小樣的，我們不發飆就已經很不錯了，還敢主動送上門來？既然來了就好好招待你，咱們新仇舊恨一起算，讓你知道什麼叫君子報仇，血債血還！

信都城外瀰漫著濃重殺氣，一個是爲了搶王，一個是爲了守王，廝殺之聲漫山遍野。

早就憋了一肚子火的陳餘，像火山爆發一般把所有怒氣和鬱悶統統撒向李良。

兩軍相觸下，主動出擊的李良像一隻喪家之犬，一路被陳餘追著打，連邯鄲都回不去了，只好直接向章邯投奔而去。

章邯當然歡迎李良，這個年頭，多一個朋友少一個敵人，那可是比什麼都強。既然你來了就是客，以前背叛秦朝的事，過去了就算了，重要的是目光要朝前看，大家誠心合作才是最重要的事。

第 5 章

兵臨城下

絕望不已的張耳，只好向天下諸侯發出江湖求救信，

同時選派兩員幹將悄悄溜出城外求見陳餘，

下死令吩咐兩人不管使出什麼手段，都得逼陳將軍出兵！

繞了一大圈，我們終於看清楚，原來章邯率軍北伐攻打趙國這件事，跟李良的投奔有著極大關係。

不過，李良事件也只是誘因，章邯攻打趙國這件事，終究是椿必然發生的發展。就軍事利益的角度來看，六國中，章邯唯獨沒有跟燕趙兩國交鋒過，加上王離也正率領二十幾萬大軍準備進攻趙國，此番北上也是符合秦國利益的行動。

從更長遠的目光考慮，只要掃平燕趙兩處北國，大秦就可以殭屍附魂，東山再起。見勢，陳餘不由得暗暗叫苦，沒想到打跑李良這條惡狗，反倒引來章邯這頭惡狼。可憐的趙國根本就頂不住章邯的進攻，章邯以凌厲之勢渡過黃河，一路斬殺，勢如破竹地攻入邯鄲城。

章邯打下邯鄲後，做了兩件讓張耳和陳餘傷心欲絕之事，首先是「搶民」，將趙國的百姓強橫遷到黃河北岸，斷絕趙國人力資源；再來是「毀城」，將邯鄲城夷爲平地，徹底擊碎趙國招牌。

趙王歇眞是個苦命人，好不容易被人扶上王位，卻被人家一鍋端去，剩下的唯一任務便是逃命，被張耳帶上，一起逃入鉅鹿城。

只不過，面對章邯這類狂人，抵抗和逃命永遠不是最好的辦法，魏咎和田榮就是最好的例子。

在他眼中，趙王歇像隻無助的肥羊，對方逃到哪，他就咬到哪，可趙王歇和張耳已經逃進城裡，還怎麼咬？

章邯早已想好，既然王離已到趙國，他也不想搶功勞，直接把機會讓給對方，暫時當王離的後勤部長，當個後備支援的角色，也落得輕鬆。

章邯和王離兩邊軍隊加起來至少有四、五十萬，而趙國才區區幾萬人，十倍圍之，三倍攻之，這是孫武先生教大家的，下一步行動除了圍打鉅鹿還有別的嗎？

王離大軍徹底圍死鉅鹿，除非孫悟空附身，不然誰都別想翻出這座城。

張耳做夢也想不到會有今天，眞是剛逃出狗爪，又陷入狼嘴，幸好，他也不是完全沒希望，還有一根救命稻草正在城外，那個人就是他的刎頸之交，陳餘。

陳餘被章邯打得狼狽不堪後，直接轉身逃去常山，很快又湊到一支幾萬人的軍隊，往鉅鹿而去。

只是，當他看著鉅鹿城前一片黑壓壓的王離軍，還有後頭正虎視眈眈的章邯雄兵，駭得根本不敢靠近一步，只得在安全距離之外駐軍觀望。

這時，張耳呼救的聲音就從城裡傳到他的耳裡來，帶著無比悲愴的聲音對陳餘高喊道：「兄弟，快來救我啊！」

陳餘一臉痛苦無奈，眼見兄弟有難，自己當然不能袖手旁觀，問題是對方太過強大，手下幾萬人活像群肥羊似的，一衝上去，立刻會被章邯和王離這兩頭貪欲無度的餓狼撕得屍骨無存！

陳餘保持冷靜，任張耳在城裡要死要活地呼救，就是不肯出兵，甚至還派人悄悄傳了段話給張耳：明知山有虎，何苦向山行？大哥你就算被攻得再急，也要先忍一忍吧，別忘了，這可是當初我被鞭笞時你告訴我的做人之道。

陳餘這番見死不救的「懇談」，使張耳哭笑不得，當初陳餘是受到打屁股的侮辱，多忍個幾下沒問題，可今天王離二十幾萬人圍著自己打，正常人能忍多久？

沒辦法，既然兄弟靠不住，只能靠自己拼！

張耳一邊面對王離野蠻暴力的軍隊，同時忍受陳餘見死不救的痛苦，在對死的畏懼和對生的渴望兩相衝突下，爆發出無窮頑強毅力，不斷頂住王離大軍一次又一次的強猛進攻。

這下子又輪到王離鬱悶，無論怎麼努力進攻，秦兵就是打不進鉅鹿城，更讓他鬱悶的是，軍隊開始少糧了。

王離遠遠瞪著鉅鹿城，半天說不出一句話來，眞是活見鬼，打也打累了，糧食也快沒，然而前煎後煎就是整不死那張耳，這下怎麼辦才好呢？

到最後，他只好向章邯求助，「章將軍，你上吧，我的糧食沒了，不能打呀！」

章邯笑道：「兄弟別擔心，功勞註定是你的，你就放開打吧，我負責供糧給你！」

章邯說到做到，他從黃河渡口修了一條路直抵鉅鹿，源源不斷地爲王離送去糧食。

張耳從城上望下來，看到章邯修成的露天地道，絕望得心都要滴出血來。

絕望不已的張耳，只好向天下諸侯發出江湖求救信，同時選派兩員幹將悄悄溜出城外求見陳餘，下死令吩咐兩人不管使出什麼手段，都得逼陳將軍出兵！

兩員幹將一個叫張黶，一個叫陳澤，之所以派這兩個將領而不是手無縛雞之力的使者出城，表明張耳已有一定程度的覺悟——如果陳餘當眞死活不肯出兵，就直接跟陳餘徹底翻臉，逼他借兵支援鉅鹿。

爲了逼迫陳餘，張耳已經想好一大堆狠話，以下是他的兩員大將替他向陳餘傳達的話：陳餘，我和你是多年生死之交，眼看我和趙王被王離當骨頭湯熬，你擁兵數萬卻不肯救助，眼裡到底還有沒有我這個大哥？如果你當眞信守承諾，爲什麼不直接跟秦軍決一死戰？況且出戰未必就是失敗，只要咱們裡應外合，至少會有兩成機會。

張耳這番話，可謂字字如刀，刀刀穿心腸。

不料，陳餘見到張黶、陳澤，只一個勁地解釋道：「我沒有去救張大哥和趙王，不是因爲怕死，之所以遲遲不出兵，是想等待機會報仇，如果你們非逼我出兵，這幾萬人打上去，雙雙滅亡又有什麼好處？」

兩人一聽，立刻氣樂了，虧陳餘還能說出如此推託之辭，說什麼「等待機會爲大哥報仇」，戰爭的機會難道是靠等就能等到的嗎？再說秦軍攻勢迅猛，如果一味等待，鉅鹿城裡的人肯定會被活活困死！

張黶、陳澤繼續揪著「生死之交」不放，態度堅定地對陳餘說道：「將軍不要再說了，如果你眞是位講信用的人，就請出兵，至少能與大哥同歸於盡。」

陳餘這下眞是無話可說，什麼「以死證義」？估計世界上再也找不出如此狠毒的話，兄弟相扶相幫從來都是兩廂情願，哪有落難後還想拖兄弟下水的大哥？

張耳，你不就眼紅我手裡這幾萬兵嗎？既然咱們也有舊交情在，就派幾千人給你做人情吧，不然傳出去，天下人還當眞以爲我陳餘是個忘恩負義之徒。

陳餘無奈地對張黶、陳澤說道：「不如這樣吧，我給你們五千兵先衝上去探探路，後頭我再去接應你們。」

想當然爾，什麼「接應」的，肯定是胡扯，這路根本不用探，王離那二十幾萬人足以圍成一個大沼澤將五千人困死。

更何況，王離的軍隊全是正規軍，他們可是長年在大西北擊匈奴、修長城，頂著凜冽的大風成長過來的。陳餘這幾萬人，不過是臨時湊起來的雜軍，沒有豐富的作戰經驗，說白了不過是五千隻羊罷了。以五千隻羊去試幾十萬隻狼，這不是癡人說夢嗎？

只是，救人心急的張黶和陳澤，哪有空管那麼多，他們像多年不摸兵的心癢之人，一領到兵就立即拉到戰場衝刺。

果然不出所料，他們帶走陳餘這五千兵，就像帶著五千個肉饅頭去打狼，結果路沒探到，這兩人也統統被王離的大軍吃掉。

這下輪到陳餘麻煩。

說得簡單些，張耳罵陳餘是土財主不肯借錢（兵），好不容易借了五千大洋讓張黶、陳澤帶回去，怎料錢還沒到手裡，就被秦軍搶去當酒錢，要是張耳反而說陳餘沒借錢，反而把他的人殺掉，他縱有一千張嘴也說不清！

此時，各方諸侯收到張耳的江湖呼救，紛紛發兵救趙，首先是燕齊兩軍，接著包括張耳的兒子張敖也帶著一萬軍隊趕往鉅鹿。

沒想到，當他們抵達鉅鹿城外，竟沒有一個敢出手，還造就出「作壁上觀」的成語典故。

諸侯們共同看法是，面對章邯和王離互相倚重的強大秦軍，誰先動手誰先死，唯一的辦法就是像陳餘所說的，等待機會。

張耳跑上城去，看到城外的諸侯們都按兵不動，急得眼淚都快掉下來，城外的人在等，城內的人也要等，這樣等來等去的到底在等什麼啊？大夥等的，是一位力挽狂瀾、技壓群雄、奮勇當先、席捲天下的大英雄，他的名字就叫項羽！

項羽雄起

項羽聞聽英蒲二人組破壞順利，立即率軍渡過黃河追擊。軍隊剛登岸，項羽又做出一個驚人之舉，他命令全軍將船隻鑿沉，煮飯的瓦罐也全扔到黃河裡，只許士兵帶上三天乾糧。

第1章

莫名其妙的救援

天氣越來越冷，

宋義帶領的楚軍還在一直莫名所以的等待，

北來寒風吹得露宿原野的戰士心裡陣陣發寒，

沒人知道何時才能殺敵，或是返家。

我們先前講過，章邯幹掉項梁後，認爲楚國不足爲懼，放心領軍北上，攻破邯鄲，和王離會圍鉅鹿，想逼迫趙國走向末路。

怎知，章邯這步棋卻走錯了，他的大軍前腳才剛走，被打敗的楚國後腳竟迅速恢復元氣，一夜之間還冒出天底下最難對付的兩個人，一個是項羽，另一個叫劉邦。

項梁死後，屬於項氏家族的軍權沒有直接落在項羽手裡，也沒有跑到劉邦手中，反而「回到」一個徒有虛名的人身上，也就是那位被項梁扶上位的傀儡，楚懷王。

照理來說，傀儡之所以能當上傀儡，是因爲身邊有強勢人物控制，所以有些人當了一輩子的傀儡，想翻身都不行，沒想到，楚懷王恰恰是個反例。

項梁一倒台，楚懷王便趁項羽毛還沒長全時，迅速俐落地把楚國大權牢牢抓在手裡，他知道，要想走得更穩更遠，就必須先做兩件事：一件是打壓項羽，千萬別讓他有任何反動機會；另外一件則是迅速培養自己人，建立起專屬的勢力圈。

基本上，這兩件事楚懷王都做得不差，他先是召開軍事研討會，決定兵分兩路打擊秦軍。原因很簡單，秦朝兩支主力軍隊都在攻打趙國，張耳和趙王歇危在旦夕，爲了不讓秦朝勢力擴大，楚國無論如何都得派軍北上支援，另一支非主力軍則向西攻打咸陽，順利的話，還能伺機抄掉秦二世的老巢。

這是一個完美的軍事計劃，問題是，誰能擔任這兩支抗秦軍隊的主帥？

關於將帥人選，其實楚懷王早就有底，負責北上救趙的大將軍是宋義，負責西進攻打咸陽的是劉邦，項羽的任務就是當宋義副手，隨軍北上抗秦。

宋義之所以能迅速崛起，要歸功於一個朋友，那人就是他替項梁出使齊國時，半路上遇見的齊國使者。齊使者，尊號高陵君，名顯，姓氏已不可考，人稱高陵君顯。

當初章邯襲擊項梁前，他在路上聽了宋義那番「悠著趕路好避禍」的高論後，半信半疑地晃到楚國，發現事情不出宋義所料，項梁戰死，楚軍上下一片驚慌，連國都都搬到彭城去。

這個高陵君，或許是宋義救了他一命，又或許是實在佩服宋義之遠謀及才幹，當他聽說楚懷王要選拔楚國的大將軍時，立即發信推薦宋義。

推銷的前提，當然是懂得幫人打廣告，高陵君替宋義向楚懷王打出的廣告詞也很簡單：還沒等到雙方交戰，宋義此人就能看到失敗的徵兆，分明是位眞正掌握兵法的軍事家，既然楚懷王想做大事，宋義必能為其建功立業。

這牛皮吹得夠大，但人證及先前教訓俱在，叫人不服都不行。

當芈心同學聽到高陵君這番話時，心裡更加有數。宋義和自己一樣，在項梁手下都是被排擠控制之輩，同病相憐，如果宋義眞那麼有才，那麼兩人聯手對付項羽，豈不是兩全其美？

於是，芈心同學立即把宋義召來面試，所謂面試就是兩人席地而談，一問一答，內容為當今天下軍事大計。

沒有人知道他們具體談了什麼，只知道一席話後，芈心同學心情大悅，任命宋義為楚軍總司令（上將軍），項羽為副司令（次將），范增為參謀（末將），其他部隊一切將領也都歸宋義領導，號「卿子冠軍」。

可以這麼說，宋義率領的這支隊伍是全軍最厲害的，楚軍最厲害的部隊全都拉去救趙，宋義才幹如何姑且不論，芈心此舉的重點在於顯現決心，勢在必得。

在過去歲月中，他一直活在項梁陰影下，如今項梁死了，他得拿出畢生政治資本豪賭一把，同時以此向各方諸侯證明，我芈心可不是什麼無能的王，不僅有掃遍天下的雄心，還有一股堅強如鐵的戰意，有著氣吞山河的王者之氣。

宋義的靈魂就是芈心的靈魂，宋義的命運代表著芈心的命運，一榮俱榮，一損俱損，成敗榮辱只在此舉。

西元前二〇七年，十月，冬，宋義率軍在新年伊始時出發了。

芈心站在彭城之上，望著宋義遠去的背影久久無法平靜，耳際彷彿聽到宋義自信十足的承諾。

宋義向芈心揮一揮衣袖，雄赳赳氣昂昂地向北挺進，待楚軍行至安陽（今山東省曹縣），便命令軍隊就地駐紮，聽候調遣。

安陽離鉅鹿直線距離只有二百四十公里，全軍做好心理準備，都相信決戰的時刻即將到來。想不到，一連四十六天過去，宋義竟遲遲未發任何指令，急得身處鉅鹿城內的張耳差點沒大叫宋義「乾爹」。

就算宋義不顧張耳，也要顧一下楚軍狀態，時序正值冬天，士兵們全都露天宿野，糧食不夠吃，衣服也穿不夠，快被凍成魚乾。

楚軍上下，除了宋義自己外，沒人知道他到底想幹什麼，卻也沒人敢罵宋義一句不是，項羽終於忍不住大發雷霆。

其實，項羽他老早就開始怒火悶燒，不只是針對主帥宋義的優柔寡斷，也對別有用心的芈心同學不滿。

出征前，楚懷王與諸將約定，先入關中者爲王，造成項羽不願北上的心態，甚至主動要求和劉邦一起西進擊秦，以報秦國殺伯父項梁之血海深仇。

不料，當芈心與幾位老臣交換意見後，一致得出決定：項羽殘虐，曾坑殺過襄城全城父母，不宜西進；劉邦仁厚，咸陽城正處在胡二世水深火熱的煎熬中，或許能帶來降勢，還是讓他去吧。

項羽愈發不滿，好處就只給劉邦，開會討論？先前任命宋義爲上將軍時他又跟誰開過會了？現在叫宋義牢牢控制住我的行動，還美其名曰「救趙」，救趙就救趙，偏偏一個多月過去還沒半點動靜，分明是故意拖延時間，想讓我比劉邦後入關中，封不了王。該死！羋心該死，宋義該死，一切擋我路者統統該死！

愈想愈急，項羽帶著滿腔怒火衝進大將軍帳營裡，對宋義喊道：「將軍如此消極怠戰是不行的，趙國都快被秦軍逼瘋了，如果我們現在引兵渡過黃河，諸侯與趙軍裡應外合，秦軍一定頂不住攻擊！」

宋義當即被項羽的莽撞激怒，指著項羽冷笑道：「你懂個屁？秦趙相爭，秦勝兵則疲，我趁其疲憊的時候打過去。秦敗則國無救，我就擊鼓西征一舉滅了秦朝。這招就叫以逸待勞，坐收漁翁之利，懂不？衝鋒斬敵，我不如你；運籌帷幄，你不如我。你還是回去吧，以後別再跟我唧唧歪歪。」

宋義三兩句話把項羽打發走後，又隨即在軍中頒佈一條鐵令：凡是桀驁不馴，不服從命令者，殺無赦。

很顯然，這條律令是衝著項羽來的。

在宋義眼中，只有鐵律才能讓項羽變乖，他伯父項梁就是因狂傲自大，不聽勸告才會送命，楚國絕不能因這種狂人再次斷送未來。

項羽終於看清宋義嘴臉，在這個黑暗的時代，只要楚軍中有姓宋的一日，姓項的就永遠別想有出頭之日！

天氣越來越冷，宋義帶領的楚軍還在一直莫名所以地等待，北來寒風吹得露宿原野的戰士心裡陣陣發寒，沒人知道何時才能殺敵，或是返家。

然而，寒冬中的宋義完全感受不到人世間的蒼涼，正準備遣兒子宋襄去齊國當丞相，甚至不顧領導形象地大擺宴席，爲寶貝兒子餞行。

宴帳外，冷冷的天上正下著寒徹入骨的大雨，項羽和戰士們一起忍受著冰雨的侵蝕。這對大部份士兵來說，是一個無情的重擊，大夥遠道而來，受凍受餓都是爲了誰？難道只是爲了你宋義頭上那頂不知天高地厚的帽子？

雨不聽使喚地直直落在蒼茫的曠野裡，項羽心底那座火山終於爆發了！

他站在雨中，昂起高貴的頭顱，像是一具凹凸立體的巨大浮雕，揚手指向宋義那頂暖和又傳出歌聲歡語的軍帳，對將士們喊道：「我們本是正義之師，聯合趙國攻打暴秦，沒想到主帥宋義卻自以爲是，久滯不發，還說要以逸待勞，坐收漁翁之利……狗屁！現在秦軍如此強大，趙國肯定頂不住三兩下攻勢。秦軍打敗趙國只會更加強大，何來士氣疲憊？我的伯父打了敗仗，楚懷王便把楚國全部軍隊交到宋義手上，他卻沒半點危機感。如今天寒地凍，軍隊缺食短衣，他不去救趙取糧，卻花心思為兒子大擺宴席，這樣的人分明該死！」

項羽這一席話，直接說到全營將士的心坎上。

是啊，要是不剷除宋義，大夥就只能繼續被北風吹，此人多留一天，將士就多受一天苦，好，殺！

第2章

一戰震天下

在死亡面前，羊可能會變成狼，

猛獸也可能變成任人宰割的羊。

楚軍氣壯如山，喊殺之聲驚天動地，

如惡狼入羊群，以一擋十，

秦軍一時哀號遍野，血流成河。

殺將奪權，項羽不是第一回幹，這次殺宋義還比上次殺殷通更加從容。

十一月的某天清晨，宋義召集諸將開早會，正準備發話時，只見項羽像隻兇猛的老虎撲到宋義面前，劍光一閃，宋義的頭顱便像豬頭般被項羽砍下。

一時間，空氣都彷彿將凝結窒息，諸將個個呆若木雞，彷若做夢一般。

項羽提著宋義的頭顱對諸將說：「大家不必驚慌，宋義與齊國相謀反楚，楚懷王秘密派我來幹掉他！」

這眞是個好得不能再好的藉口，從盤古開天闢地以來，無論是誰，只要被當權者扣上謀反大帽，必死無疑。

不過，項羽替宋義安的罪名卻非胡編亂扣。當初項梁向齊國請兵共打章邯，田榮死不答應，如今他才做上將軍幾天，兒子就能去齊國當丞相，肯定兩人之間不知達成什麼密不告人的協定，這不是謀反罪是什麼？

諸將全被項羽威服，沒有一個敢說話，當初吳中豪傑擁戴項梁為會稽郡守的一幕又再度上演。

只見諸將全部站起來擁護項羽，「當初扶持楚懷王上台的，是您項將軍一家人，如今誅殺亂臣賊子也很應該。上將軍已殺，還請項將軍當我們頭頭，統領全軍。」

項羽一聽，嘴角不由得露出勝利的微笑，自己要的正是這句話。

有一個問題要注意，項羽要想合法坐上這個位置，必須得到楚懷王點頭並且簽字同意才行，沒得到楚懷王正式答覆之前，他只能暫時自稱代理上將軍，也就是所謂的「假上將軍」。

項羽現在顧不上那麼多，砍掉宋義後，下一個目標就是把宋義的兒子宋襄連根拔起，立即派兵追殺宋襄。殺手一直追到齊國境內才把宋襄追上，可憐的宋襄連齊國相印還沒碰到，就被人家一刀送上了天。

除掉後患，項羽終於可以放心地辦理他的上將軍轉正手續。

楚國軍權重又落回項氏家族手裡，不管楚懷王同意不同意，項羽一定要名正言順坐上大將軍寶座，如果膽敢不依，只有兩個字：換人。楚國貴族後裔可不只芈心一個，只要項羽願意，找出一萬個類似身分的人也就是一句話而已。

要流氓的項羽派人去叫楚懷王下詔書，派去的使者不是別人，就是傳說中的流氓大亨桓楚，也就是當初殷通企圖通過項梁尋找共同舉事的對象。

當初殷通看得起桓楚，就是因爲桓楚是個聞名吳中的大流氓。果然，桓楚人才到，還沒開始耍流氓，接獲消息的楚懷王就哭了，封項羽爲眞正的上將軍。

人生如戲，剛剛台上坐的，如今台下哭；剛剛台下鬧的，如今台上笑，當楚懷王重新做回傀儡，他頭頂上不但沒有一絲暖意，反而感覺到全身有一股透心的陰涼。

十二月，項羽幹掉宋義後，大刀闊斧地向鉅鹿挺進。

諸侯們看到項羽，並沒有掌聲雷動表示歡迎，而是以奇特的眼光看著他。

項羽一看到諸侯們畏戰的模樣就開始冷笑，戰場如考場，你們是想考考我的勇氣嗎？既然如此，我就打一仗給你們看看，讓你們知道我這新任楚國大將軍不是白當的。

項羽之所以還能笑得出來，憑的不是膽勇，而是自信，因為他看出章邯和王離這兩隻龐然大物並非不可戰勝，只要搗中軟肋，依然必死無疑。

秦軍的軟肋，正是章邯為王離修的輸糧用的通道。

項羽認為，王離的力量來自這條糧道，只要切斷糧道，立馬變成無米下鍋的餓兵，任他王離再怎麼慓悍，只有被動和挨打的份。

退一萬步來說，章邯大軍就算傾巢而出，為王離守護糧道，只要楚軍時不時騷擾他，章邯不但守不住，還會分散兵力，成為楚軍的攻擊新目標。

出戰！

項羽先派出兩個人上陣探路，正是人口販子英布和不知為何只留下一個姓傳世的蒲將軍，帶上二萬兵馬，命他們直接去搗王離軍隊的命根子，糧道。

這兩人搞正經建設不行，搞起破壞來卻綽綽有餘，橫衝直砍地，一下子斷了王離的糧道。果然不出項羽所料，楚軍一切斷糧道，章邯就分兵守護和修理。英布天生是個破壞大王，章邯修東牆，他就拆西牆；你修西牆，他就拆東牆，弄得章邯頭都大了，就是有三頭六臂也應付不了這兩個搗蛋分子。

此時，項羽見英蒲二人組破壞順利，立即率軍渡過黃河追擊。軍隊剛登岸，項羽又做出一個驚人之舉，他命令全軍將船隻鑿沉，煮飯的瓦罐也全扔到黃河裡，只許士兵帶上三天乾糧。

很顯然的，若是楚軍無法在三天之內擊敗王離，結局就只有死。

鉅鹿城外，項羽陳兵列陣，身後全是士兵們神色莊嚴的仰賴目光，他神情悲壯，家仇國恨像雷電般在胸膛裡激盪。

在這個荒謬的時代裡，抗爭是唯一的出路，王離，你爺爺滅我爺爺，今天我爺爺的孫子也要滅你爺爺的孫子！

當項羽準備痛擊王離時，在鉅鹿城外屯兵的各路諸侯有十來個軍營，然而他不求諸侯一個兵，也不向任何一位諸侯打招呼，自己帶著敢死隊衝了出去！

在死亡面前，羊可能會變成狼，猛獸也可能變成任人宰割的羊。

楚軍氣壯如山，喊殺之聲驚天動地，如惡狼入羊群，以一擋十，秦軍一時哀號遍野，血流成河。項羽前後與秦軍大戰九個回合，章邯抵擋不住，只得率軍後退。

這時，一直作壁上觀的諸侯們終於大夢初醒，紛紛率軍下場助陣。

王離大軍，曾經是秦始皇消滅六國、北擊匈奴，無往而不勝的鐵軍，此時卻像是一頭笨重的大象，不斷被撕咬分擊。

鉅鹿一役，王離二十幾萬大軍全部覆沒，王離被俘，以項羽爲首的諸侯軍贏得勝利，此戰過後，大秦的光榮和夢想不復存在。

擊敗王離後，項羽在將軍帳下召見各路諸侯，他坐在將壇上，高傲地俯視芸芸衆生。當諸侯們走到楚軍軍營大門外時，無人不手腳發軟，全都跪在地上，把頭貼到地面，匍匐著爬到項羽面前磕頭高呼：將軍萬歲！

在諸侯擁護下，項羽從楚軍上將軍躍升爲諸侯上將軍，統率各路諸侯。

這時，張耳和趙王歇足足被圍困了三個來月，終於走出了圍城。

望著天上藍藍的天，張耳都想哭了，感謝項羽和諸侯兄弟，你們又再次讓我呼吸到城外新鮮的空氣，讓我看到了活著的希望，及困境中的恥辱！

一想到恥辱，他就到處找人，自然是找陳餘這傢伙，一見到陳餘，立刻劈頭蓋臉地罵道：「你爲什麼不來救我？」

陳餘道：「誰說我不沒救您，這不是來了嗎？」

張耳哼道：「放屁，如果不是項大將軍先打過來，你是不是會繼續在一邊涼快，看我被活活折磨死？」

陳餘嘆道：「大哥不要說得那麼難聽，我按兵不動不正是等待機會爲您報仇嗎？」

張耳氣呼呼地質問道：「我問你，我派張黶、陳澤來找你，他們人到哪去了？」

陳餘老實地回道：「……他們死了。」

張耳驚道：「死了？他們是怎麼死的？」

陳餘道：「我給他們五千兵去救您，沒想到肉包子打狗，一去不回。」

張耳翻了個白眼，「鬼才相信，是不是你把他們殺了？」

陳餘大喊道：「我敢對天發誓，那是絕對沒有的事。他們眞的是爲您戰死了！」

張耳道：「我更不信！你肯定是把他們倆殺了！」

兩人大吵不休，一個說對方殺了人，一個說自己根本沒殺人，爭來爭去地互不相讓。

就在這時，陳餘突然內急忍不住，乾脆把將軍印解下來丟給張耳，憤怒地說道：「你以爲我忍辱負重，就爲了你這顆將軍印嗎？既然你不信，我現在就還給你！」說完，便直衝茅廁而去。

其實，陳餘的憤怒不滿也有其道理，當初張耳被圍時，他的兒子也在現場，也沒來救人，爲什麼對方偏偏只罵自己一個？

看來，陳餘憤怒是眞的，但還將軍印這動作卻是假的，不過想嚇唬嚇唬張耳，以爲憑著彼此多年交情，張耳再怎樣也不會做出奪走兄弟將軍印的蠢事來落人口實。

不料這時，還沒等張耳發話，有門客湊上來對他說了一句話，立即改變張耳和陳餘兩人命運，使他們徹底決裂，從此走向敵對。

都投降了還打？

項羽兵分兩路，一路以蒲將軍帶兵日夜渡過黃河，

從側面進攻，一路是以項羽為主力軍從正面窮追猛打。

這一打真讓章邯有苦說不出，

到底是怎麼回事，我都認輸了你還要打？

門客是這樣說的，「天予不取，必受其咎。既然將軍印都落到你手裡了，就應該收下，不然，反天不祥！」

「好一個『反天不祥』！陳餘，既然你昨日不仁，就怪我今天不義！」

張耳一聽，二話不說地把將軍印佩上，走出大門把陳餘的部隊全數收下。

一泡尿工夫後，陳餘走回大廳，卻發現人去樓空，立馬一個激靈全明白了，張耳居然假戲眞做，把自己掃地出門。

好呀你個張耳，老子辛辛苦苦救你出城，你連個謝字沒有，還奪我將軍印，兄弟做到這份上，咱們走著瞧！

項羽幹掉王離後，休整軍隊與章邯對峙，暫且休戰。

然而，王離戰敗的消息已傳到朝廷，狗皇帝秦二世聞聽秦軍戰敗，大發雷霆，連夜派人前來罵道：「大秦幾十萬大軍，竟然連個小小的趙國都拿不下，你們到底是幹什麼吃的？」

章邯一聽就悶了，眞是站著說話不怕腰酸，皇帝整天在後宮喝酒聽音樂，根本不瞭解眞實情況，戰爭又不是靠人多就能鐵定打贏。

再說，當初打敗周章、陳勝及項梁等人時，你連個獎狀都不賞給我，一打敗仗就立刻派人來指東罵西，什麼道理嘛！

章邯滿腹牢騷，但也無可奈何。

沒辦法，做員工的就是這樣，有時領導眼裡總看不到底下人的苦，只一個勁地往差勁處看，人家趙高在宮裡憑著一張舌頭就高權在握，自己在外面拼死拼活不說，還要挨罵，眞是同人不同命，幹得好不如混得好啊！

爲了讓秦二世瞭解前線戰況的特殊性，章邯只好派司馬欣回朝廷彙報工作。

司馬欣，秦朝官員，除此之外，諸多情況不詳。當初，秦二世派兩名政府大員前來輔助章邯打擊陳勝，司馬欣是其中之一，另外一位爲董翳。

算起來，司馬欣離開咸陽城已有一年半載，這些日子以來，只知在前線賣命，根本不清楚秦宮裡早已發生天翻地覆的變化。

首先，趙高聯合李斯整死蒙恬後，李斯又被趙高整得家破人亡，三族被屠。接下來，趙高憑著一條巧如彈簧的舌頭，把學生嬴胡亥搞得服服貼貼，言聽計從，輕輕鬆鬆地竄到一人之下、萬人之上的地位。

對司馬欣來說，朝廷裡誰整誰都不重要，重要的是不要牽扯到他，保住飯碗和一條小命就得了，現在唯一關心的是，趕快見到趙高本人，以便向他通報北方戰況。

司馬欣一回到咸陽城就去求見趙相，卻被告知稍等片刻，他也只好在宮外稍候。奇怪的是，這一候就是三天。

按理說，司馬欣既不是回來探親，更不是來行賄受賂，哪需要受這下馬威的震懾？再者，自己身負戰情，北方戰場瞬息萬變，丞相即使有天大的事，也得騰出時間商議國事才對，不然若是打進咸陽城，大家全喝西北風去了。

司馬欣越想越怪，心頭湧起了一股不祥！

畢竟之前在咸陽城混過，他憑著官場經驗和生存的本能，嗅出一絲奇異的不對勁，不動聲色地派人四處刺探，才知道原來趙高正醞釀一場陰謀，準備謀害自己。

這招叫作「殺人滅口，推辭責任」。

原因也很簡單，嬴胡亥不喜歡聽壞消息，每次聽到戰敗，不是砍掉敗將腦袋，就是責怪丞相，既然趙高還想保住丞相職位，便只能往上報喜，絕不報憂。

可偏偏門外求見的司馬欣為報憂而來，他不死，難道要叫趙高送死嗎？

眼見再不逃就來不及了，司馬欣立刻拔腿往城外跑，領著原先候在城外的隨行隊伍向北逃回去。

果不其然，司馬欣前面才剛走，趙高後頭就派人緊緊追上，幸好見機察先，司馬欣最後還是成功地甩脫追殺人馬。

司馬欣之所以能逃掉，不是因為他跑得快，而是他多留了一個心眼，不走故道另擇他路逃亡，而趙高的人則是沿著舊路道狂追，才會撲了個空。

司馬欣一回到軍營，立刻對章邯哭訴道：「如果我不是逃得快，早就成爲趙高的刀下亡魂！現在朝廷被趙高掌控，都是他一個人說了算，今天我們如果戰勝，他肯定嫉妒您；戰敗則必死無疑。戰是死，不戰也是死，將軍您要考慮清楚啊！」

章邯驚訝地看著司馬欣，半天說不出一句話來，胸膛有千層浪洶湧澎湃，起伏不休。趙高太令人寒心了，仗讓我打，功勞歸你拿倒也不打緊，可現在我才有點閃失，你就想拿我開刀，我章邯哪點對不起你了？

這時，章邯收到一封意外的勸降信，來信人不是項羽，而是前任趙國大將軍，陳餘。陳餘被張耳炒掉後，沒有另找工作，只帶著一幫兄弟遊蕩江湖以打魚爲生，正所謂人在江湖心繫諸侯，於是給章邯寫了這封信。

不得不說，這封勸降信寫得太有才了，連章邯都不得不服，筆者特別將其翻成白話擺出來，以饗讀者。

章老弟，你知不知目前形勢對你極度不利？

戰國時，秦國大將白起南征北戰，趙國四十萬兵被他打趴在地上，從此再也不敢跟秦國叫板。然而白起如此功高之人，後來仍然被賜死。還有蒙恬將軍兄弟，北擊匈奴，修築萬里長城，卻被人活活砍殺。

你知道白起和蒙恬爲什麼會淪落到如此慘忍的地步？因爲他們功勞太大，皇上無法酬報，只好找個藉口把他們幹掉。

你當將軍也快有三年了，三年來，在你手上死亡的士兵也不止十萬。可是打來打去，反秦的諸侯卻越來越多，不是徒勞無功嗎？

再回頭想想，那趙高是拍馬屁升上丞相之位，他現在發現你頂不住了，又怕秦二世殺他，一定會想用法子把你幹掉，重新換將軍，藉此推卸責任。而你長期在外征戰，卻不知道朝廷內部已危機重重，所以現在才落得有功被殺，沒功也被殺的窘樣。

大夥都知道，秦朝滅亡是遲早的事，你卻還一個人在外苦苦爲朝廷賣命，難道不覺得悲哀嗎？爲什麼不反戈一擊，與諸侯結盟一起打回咸陽殺了趙高？

這樣一來，不僅可以報仇，還可以被封爲王，比起你即將趴在砧板上被腰斬，妻子被殺，哪樣會好一點呢？

與其說這是一封勸降書，倒不如說是一封救命書，陳餘這隻政治老狐狸就是有水準，分析問題入情入理，曉以利害，令人佩服。

章邯看完，心裡不由對陳餘升起一股敬意，心底也開始動搖，決定派人秘密跟項羽談判。結果，項羽竟兵分兩路，一路以蒲將軍帶兵日夜渡過黃河，從側面進攻，一路是以項羽為主力軍從正面窮追猛打。

這一打眞讓章邯有苦說不出，到底是怎麼回事，我都認輸了你還要打？

章邯不得不再次派人去跟項羽說：「我都向您求饒了，求求您不要再打了好嗎？」

項羽一聲冷笑，「當初你殺我伯父項梁時，眼睛都不眨一下，不打你教我如何出得了心頭這口惡氣？總之，我就是打你這狗日的，即使求饒了也要打。」

由於表面上的談判破裂，接下來，章邯只好一個勁地求饒，項羽則是一個勁地暴打猛追。這一戰，項羽打得太解氣了，不但將秦軍徹底打趴，同時使自己聲威愈發壯大，直到打累解恨了，才終於宣布休戰。

他召開臨時軍事會議，對謀士們說道：「軍中糧食剩不多，不如接受章邯投降吧？」

大將軍都發話，其他人還有什麼好說的？

衆將士異口同聲道：「好，就按您說的辦。」

西元前二〇七年六月，項羽選好日子，在洹水（今安陽河）南岸舉行受降儀式。舉行盟誓過後，章邯一見到項羽就立刻痛哭流涕。

項羽奇怪地看著章邯，「我都不打你了，還哭個屁呀？」

章邯一把鼻涕一把眼淚地把趙高迫害自己的經過娓娓道出，又說當初是趙高命令他率軍出來打諸侯的，所以項梁戰死一事，罪魁禍首都是那死太監趙高。

項羽長嘆一聲，「行了，我知道了。」

如果說，項羽最後打章邯打出水準，那麼章邯最後對項羽這一哭，也是哭出前所未見的高水準。這一哭，項羽不但原諒章邯殺項梁之仇，甚至還封他為雍王。

不過，項羽也聰明地剝去主力軍權，將秦軍二十萬俘虜兵交給司馬欣，命他為先鋒殺向咸陽。

一場歷史的巨大風暴即將朝咸陽襲去！

第 4 章

天下奇人何其多！

就像喝醉酒的人總愛說我沒醉，

瘋子也是一樣的道理，

說自己不瘋的人有兩種：

一種是真的瘋了，另外一種可能是世外高人。

那個十月的冬天，宋義和項羽率軍北上救趙，往西的劉邦軍也整裝出發，目標是秦都咸陽。對劉邦來說，此次開向咸陽，與他曾經以亭長身份帶著徒隸去咸陽時的心情大不相同。

楚懷王說，先入咸陽者爲王，今天，他要告訴全世界，咸陽不再是凡人眼中的海市蜃樓，而是一劑催發男人舒展自我、出人頭地的興奮劑，也是亂世英雄建功立業的必爭之地。咸陽城，你等著，我劉邦就要來了！

千萬不要以爲楚懷王當眞偏愛劉邦到命其自領一軍前往咸陽，其實，劉邦只是他棋盤裡的一顆棋。

可以看出，楚懷王讓宋義率領的這支精銳部隊「北上救趙」，暗地實是想狠狠打掉章邯，同時西入咸陽，成就帝業。

楚懷王的如意算盤很簡單，只要帝業能成，以劉邦之仁，封他個秦王也就行了，大局上自己依舊拿捏得住，若換成狼子野心的項羽，天曉得還會鬧出多大的事。

對劉邦來說，有一個問題比封不封王更需注意，楚懷王把精銳部隊全派給宋義，只留給他一支無關緊要的部隊，戰力明顯有差，也讓劉邦這條咸陽之路走得極爲艱難。

秦二世又不是劉邦哪位親戚，怎麼可能不聲不響地讓他進城？

想當初，以周章之勇，率二十幾萬兵，近在戲水都打不進咸陽，除非老天爺幫忙，否則劉三何能何德進城？

通往咸陽之路可能是條帝王將相之路，同時也是一條煉獄之路，前途未必絕對光明，道路卻必是無比曲折，既然如此，只能賭上一把！

人生就是賭博，劉三本是草莽出身，爛命一條，如果輸了當不上諸侯王，大不了帶著老婆孩子回碭山當猴大王！

冬天，劉邦從碭山出發，運氣不算太差，一路上遇魔斬魔、遇妖砍妖，幾場不大不小的戰役後，已從秦軍那裡奪得幾千兵，元氣大增。

到了春天，劉邦進攻昌邑（今山東省金鄉縣西北），上天還送來一個眞男人，彭越。

彭越，出生年月不詳，字仲，昌邑人，起初在昌邑一帶的湖泊中以捕魚爲生，許是利潤不夠，還兼職做起強盜。

當陳勝、吳廣率先起義時，有人勸彭越道：「天下豪傑已紛紛背叛秦朝，我們也來效仿他們吧，好幹出一番驚天動地的事業！」

然而彭越只淡淡一笑，「別急，兩龍相鬥，還是先等等吧。」

彭越眞不愧是打漁出身的，所謂「兩龍相鬥」，就是諸侯鬥秦朝，「等等」的深義就是想坐收漁翁之利，不料這一等，一年多的時間就沒了。

後來，最先勸說他的那幫少年再也坐不住，聚集一百多人前來遊說彭越，「你還在等什麼呀？請趕快做我們的首領吧。」再等下去，黃花菜都涼了。

怎知，彭越還是那句話，「你們要幹就自己幹，我不跟你們蹚渾水。」

一幫小青年急了，「爲什麼不跟我們幹，你到底是嫌棄我們嘴上沒毛，辦事不牢，還是覺得時候未到？」

彭越擔心的正是那幫小青年，他們的確是一幫嘴上沒毛的傢伙，不是什麼做大事的料，實在不牢靠。

只是，正所謂人在江湖，身不由己，彭越總不能做一輩子的水上強盜吧？

那幫少年不斷強烈要求彭越當頭，口徑一致地鼓吹道：「彭叔叔，您別再推辭了，除了您，昌邑這塊地方哪還有人能當我們的頭頭？還有，您也不要嫌我們年輕不懂事，世界是你們群雄的，也是我們年輕人的，你不帶我們長大，叫我們找誰去呢？」

幾番勸說下，彭越終於被打動，仍試探性地說：「老實說，我不願跟你們一塊造反的主因是我年紀老了，怕扯你們後腿……不過，既然諸位執意選我，我們便在此立下約定，明天早上太陽升起時，所有人都必須到此處集合，遲到者斬。你們意下如何？」

只要彭越答應當頭，什麼事都好說，那幫小青年異口同聲地說道：「好，我們就按彭大叔您說的辦！」

第二天一大早，彭越便站在約定地點等候，不料，太陽升到一個長竿子高時，現場才陸陸續續地來了十來個人。

彭越先前擔心的沒錯，這不過是幫沒組織、沒紀律，不知天高地厚，以爲造反只是純鬧著玩的傢伙，如果不讓他們嘗點苦頭，這幫人根本不知道什麼叫眞正的造反。

一等再等，一直等到大中午，一百多人總算到齊。

彭越臉色陰沉地看著衆人，問道：「我昨天的話還算不算數？」

小青年齊聲喊道：「當然算。」

「好。」彭越冷冷道：「我昨天說過，今日早上遲到者，按令當斬。但是你們大部分人都遲到，不可能全都斬首，就拿最後一個遲到者斬首示衆，以示軍威。」

衆青年一聽，立刻哄然大笑，「彭大叔，還是算了吧。下次我們不遲到就是了。」

「還笑！立即給我殺。」

彭越下了鐵命令，殺掉最後一個遲到者，隨即設壇祭祀蒼天，正式宣佈起義。衆人發現彭越動眞格的，個個戰戰兢兢，如履薄冰，瞬間敬畏得連頭都抬不起來直視。

從此，彭越拉著這支軍隊四處搶地盤，一邊征戰，一邊收編各路諸侯零散兵馬，收著收著，竟也拉起一支上千人的軍隊，又見劉邦攻來，便乾脆投到對方旗下，爲他說明該如何攻打昌邑城。

彭越投劉邦，正如當初英布投項梁一般情景，只是上千兵士跟當初英布的上萬兵馬卻是差了好大一截。不過，話說回來，劉邦跟當初的項梁比，不也差了一大截？

昌邑是彭越的故鄉，對劉邦來說，能有一個免費導遊帶著一千多人爲自己開路，天下去哪裡找這種好事？

有肉大夥一起吃，劉邦聯合彭越攻打昌邑，沒想到打了半天，這塊肉擺明是塊硬骨頭。劉邦鬱悶了，順風順水地打到昌邑，一路上從未遇過對手，這昌邑的牙怎麼像是石頭做的，想硬敲都敲不掉？

想了一陣後，劉邦決定放棄昌邑，不想因昌邑這粒芝麻而丟了咸陽這個大西瓜。

二月，劉邦丟下彭越，揮師繼續西進。

他的運氣還眞是不錯，經過高陽（今河南省杞縣西南）時，上天又送來兩個人，是酈食其和酈商兩兄弟。

從某種角度上說，酈氏兄弟、彭越，以及劉邦後來的所有弟兄，都是一票野心賭徒，在亂世中拼足幹勁，想從秦朝那裡分到一碗鹿肉。

酈食其，出生年月不詳，高陽人，曾做過街道辦事處守門員（裡監門吏），平素愛好酗酒和讀書，人稱「高陽酒徒」，又稱「狂生」，個性狂傲，連高陽豪傑都不敢隨便欺負他。

其實，酈食其這裡監門吏的工作和前面張耳、陳餘在陳縣站崗的地位差不多。張耳和陳餘兩人忍辱負重，是要等待出頭機會，見陳勝打回老家，才迫不及待地投奔；同樣地，酈食其也是在等出頭，只是經過高陽的諸侯將領不下十個，他卻一個都沒瞧上。在酈食其眼中，經過門前的那些諸侯不是剛愎自用、迂腐無知，就是做人不夠大度誠懇，等等吧，他不在乎大小，是金子總有發光的一天。酈食其相信，天將降大任於斯人也，必先苦其心志，總有一天自己會實現跳龍門的豪情。

這一天，當酈食其聞知劉邦要經過高陽，沉睡的雙眼突然大放光芒，平素醉醺醺的腦袋也變得異常清醒，直覺告訴他，自己這輩子一定得跟定劉邦！

劉邦的屬下有一個軍官，正好是酈食其管轄地盤裡的人。

酈食其找到這位軍官說道：「我蹲在高陽這麼久，從高陽經過的諸侯不止十個，卻盡是些齷齪之徒，沒一個看得上眼。聽說沛公待人平易親切，又識雄才大略，能不能麻煩你去告訴他，我願意把自己賣給他！」

「我教你這樣在沛公面前給我打廣告：我同鄉有個老頭子六十多歲了，長八尺（約一米八）。人人都說他是個瘋子，但他自己卻說自己不是瘋子。」

就像喝醉酒的人總愛說我沒醉，瘋子也是一樣的道理，說自己不瘋的人有兩種：一種是真的瘋了，另外一種可能是世外高人。

不過，懂得幫自己做廣告的人會是瘋子？他肯定是隱藏民間的高人，現在正是用人之時，劉邦聽此，立刻想召見他。

然而，劉邦屬下的這位軍官卻好心地對酈食其說道：「酈伯伯，您有所不知。沛公不但嗜酒好色，還特別不喜歡讀書人。有次一個戴儒帽的讀書人去見他，沛公還把他的帽子摘下來當尿壺撒尿。我勸您老人家別招惹他啊！」

這位好心的老鄉說得一點沒錯，在諸多職業中，劉邦最討厭的就是讀書人，因爲讀書人動不動就子曰子曰，曰什麼曰！來者如果一開話就是曰的，立即叫他滾蛋！

別把天下的讀書人都歸爲一類人，酈食其還算不錯的，因爲他學的不是孔學，也非法學，而是掌控天下的縱橫術。

第 5 章

咸陽不是夢

捨近求遠也不全是壞事，劉邦軍隊兵不強馬不壯，

資本不夠雄厚踏實，多走幾段路，

路上不但能多打掉幾座城騙騙人氣，

還可以多搶些兵草米糧，在攻打咸陽城前做好保障。

說到縱橫術，門派的開山鼻祖是鬼谷子，門下有兩個得意門生，一是蘇秦，另外一個則是張儀。

縱橫家和法家一樣，都是學帝王之術，賣身於帝王之家，爲了「掌天下」的共同夢想，他們不惜捨棄同窗情誼，砸毀對方飯碗，像張儀砸掉蘇秦同學招牌，李斯端掉韓非子同學的飯碗，都是鮮明的歷史證據。

酈食其有一萬個自信：得到我酈食其，是你沛公的福氣，失去我酈食其，是你一生最大的損失。

後來，酈食其帶著無比自信對那位軍官老鄉說道：「你別管沛公會怎麼對我，快按照我說的去做吧。」

該說的都說了，劉邦屬下那位軍官見酈食其堅持，只好按他教的去跟劉邦報告。

果不出酈食其所料，劉邦聽說有個高陽酒瘋子求見，便跑到高陽驛站招待所，派人傳酈食其過來。當酈食其懷著興奮的心情去見劉邦時，只見他正坐在床上，閉著眼享受著腳底按摩，幫他按摩的還是兩個可愛動人的美女。

這副德性實在太刺激人了，軍營可不是娛樂場所，擺出這副架勢，豈不是太不把我高陽酒徒當正經人看了？

此情此景，換成酸儒，或許早就拂袖而去，但酈食其自有對付招數，他只是拱一拱手，語氣僵硬地對劉邦說道：「你是來幫秦國打諸侯的，還是幫諸侯打秦國的？」

此話果然有殺傷力，劉邦當場勃然大怒，拍著床頭大聲喝道：「天下被暴秦欺負，諸侯才聯合起來打擊它，你卻說我幫秦國打諸侯，腦袋是不是進水了？」

酈食其狂妄一笑，又拱手作揖道：「沛公別擔心，我腦袋好得很，既然你是率仁義之師打無道暴秦，就更不應該以這種惡劣的態度傷害長者。」

劉邦一聽，頓然醒悟自己不該以此場面會客，連忙把兩個小妹打發出去，自己穿上衣服，恭恭敬敬地請酈食其入座。酈食其得意地笑著，既然自己是來求職，得見好就收，他已經準備好自薦材料，講的正是師門的專業知識，縱橫術。

酈食其一番滔滔不絕的縱橫術，讓劉邦聽得又高興又亢奮，向來不屑讀書的他終於明白，天下還有一種厲害的讀書人，叫縱橫家。

劉邦帶著無比欣賞的心情，爲酈食其擺出一桌好酒，席間又問道：「我現在這個樣子，你有什麼好辦法教教我嗎？」

酈食其先喝了一口酒，才說道：「老實說，你目前手中不過是一幫烏合之衆，人數還不過萬，憑著這麼丁點人就想打進秦國，無異於把頭伸到老虎的嘴巴裡。」

劉邦臉色一沉，自己好不容易搶來好幾千人，對方居然說是烏合之衆？

酈食其看出劉邦不爽，卻我行我素地說道：「依我看，目前將軍必須把一個重要的地盤搶到手，也就是陳留（今河南省開封市東南）。此處爲天下要塞，連接四面八方，並且城中糧多。我跟陳留縣長關係還不錯，請派我前去勸降，如果他不降，我就直接幹掉他，裡應外合，陳留勢必會被我們拿下。」

「好一個裡應外合！」劉邦臉上陰霾一掃而光，當場對酈食其允諾，「只要拿下陳留，我封你爲大使。」

酈食其噴著酒氣滿意笑著，一個願出謀出力，一個願封官封爵，買賣成交。

於是，信心十足的酈食其就去見陳留縣令。雙方都是老相識，酈食其一開口便說出「抵抗無用，叛秦是唯一出路」的政治理論。

沒想到，陳留縣令聽完，只對酈食其吐出四個字表達立場：投降，沒門！

見此，酈食其立刻不由分說就抽刀而出，砍掉陳留縣令的腦袋，並且把人頭丟到城外。城外的劉邦撿起陳留縣令的人頭，對著城上的士兵大喊道：「陳留縣令已被我們幹掉了，再不開城的話，我們就攻進去直接把你們的頭砍了！」

見大勢已去，其他人只好開城投降。

這時，酈食其又遊說其弟酈商，於是乎，酈商不知從哪帶來四、五千人，也投向劉邦。劉邦果然履行承諾，封酈食其爲廣野君，負責外交；封酈商爲將，負責守衛陳留。

此時，勝利的春風正吹過劉邦那躊躇滿志的胸膛，這個浪漫的春天，似乎將結束他陰暗的歲月。他喜滋滋地想著，自己還不算太老，眼下也離咸陽城越來越近了，看來封王的夢想即將慢慢變成現實。

三月，劉邦繼續向西挺進，在開封西邊打了一場勝仗，進到四月夏天，劉邦突然領軍南下攻擊潁川（今河南省禹州市），然後做下一件讓人跌破眼鏡的事情——屠城。

屠城這事說小了是人口問題，說大了是政治問題。要知道，當初楚懷王之所以讓劉邦獨自西進，正因爲相信他是忠厚長者，如今滿城人都被這位長者殺光了，無異告訴世人，楚懷王派出來的根本不是什麼仁義之師，活活是匹披著羊皮的狼。

春夏之初，天氣乍冷乍熱，心情不爽算正常，可是劉邦無緣無故地屠城，爲的又是哪樁？有這麼一說，當初張良和韓王成回韓國搶地盤，卻反被人家打成游擊隊，一直在禹州到處亂晃，所以這次劉邦中途放棄西進，先轉向南邊，正是爲了張良才血洗禹州，好造勢助威。

不管這是不是眞正理由，確定的是，可劉邦和張良哥倆終於又在亂世中相逢，眨眼間兩人分別已有十月之久，小孩子都能生出來了。

劉邦問張良道：「兄弟，你過得還好嗎？」

張良無語搖頭，嘆道：「如果我過得好的話，還用得著您大老遠跑來救我嗎？」

劉邦又關切問道：「兄弟，看你跟隨韓王成被打成這樣，我都心痛了，你還是回來跟我混吧，跟我混就有肉吃！」

張良長嘆一聲，「我如果走了，丟下韓王成一個人怎麼辦呢？」

劉邦道：「你怎麼老對韓王成念念不忘呢？」

張良道：「一日爲臣，終身賣命，這是人之常情。」

劉邦點點頭，「難得見到像你這般忠孝之臣，那我借你點兵好回去搶老家地盤，以全你一片忠孝之心。記住，無論什麼時候，有困難就找劉三！」

聽完這番肺腑之言，張良感動得不知道說什麼好，現在唯一能做的就是率軍殺回韓國，早日完成韓國統一，以此報答沛公的知遇之恩。

張良和劉邦再次告別，準備齊全地率兵回國搶地盤。

然而，張良前腳剛走，劉邦後腳就收到北邊一個壞消息，有人想搶在他前面入咸陽。眞是吃了豹子膽，誰敢搶我劉三的生意來了？難道是項羽那廝？

劉邦趕緊派人打聽，原來遠道跑來搶咸陽的根本不是項羽軍，而是趙王歇旗下的一個小癟三。

這說來也奇，當時項羽已打敗王離，趙王歇是擺脫圍城困境沒錯，可章邯還有二十幾萬軍隊虎視眈眈，他不想著自家安危，竟敢膽大包天地打起咸陽主意來，真是貪心到欠揍啊！

這支軍隊欠揍的領頭人是趙國一個不出名的將領，司馬卬。

劉邦邊聽軍情邊瞇眼，發現趙將司馬卬帶兵的進攻路線非常明確，打算先順道渡過黃河，攻破函谷關，然後進入咸陽城……想得可真美，他司馬卬算什麼東西，也想來打我鍋碗裡東西的主意？絕對要狠狠暴打一頓，最好把人打回老家去！

劉邦立即調頭向北進攻平陰（今河南省孟津縣），切斷黃河渡口，並且在河邊擺開陣勢，殺氣騰天。

當司馬卬的兵馬趕到黃河北岸時，看見劉邦軍氣勢洶洶的模樣，心登時涼了半截，直接隔著黃河對劉邦喊道：「你走你的陽關道，我走我的黃河路，攔我路幹嘛？」

劉邦冷笑道：「你要搶我生意，我當然要攔你。」

司馬卬不滿道：「誰規定咸陽城就只讓你姓劉的獨吞？」

劉邦哼道：「是老子規定的，不服就上來打一架再說。」

司馬卬道：「你人多，我怎麼打得過你？」

劉邦道：「你知道就好。你現在有兩個選擇，要嘛咱們直接開打，要嘛從哪裡來的就乖乖回哪裡去！」

聞言，司馬卬頓時無語，碰上這麼個流氓加無賴，簡直比倒了八輩子楣還慘，可是好不容易打到黃河北岸，怎麼能說走就走？

趙軍當下也駐軍紮營，死活賴在北岸觀望南邊，兩軍不打不鬧，就這樣僵持著。

只是，南岸的劉邦沒時間再這麼耗下去，他先是派人守住渡口，又自個率軍，調頭攻打洛陽東邊……有人會說，劉邦老兄為何不揮師西去攻打函谷關，繞那麼多周折打回來做啥？

其實，劉邦也是無奈，如果現在馬上攻打函谷關，前有守軍，後有重兵，司馬卬又在北岸虎視眈眈，貿然動作，立刻只剩死翹翹的命運，要想高枕無憂地進入咸陽城，就必須先把後方秦軍清掃乾淨才行。

即使劉邦判斷無誤，這一戰卻仍打得十足鬱悶，越打越不利，再打下去可能連褲子都會被人扯掉……想來想去，他再次忍痛放棄，穿過轘關繼續往南繞。

恰巧這時，張良引兵助劉邦來了。

劉邦看到張良時又驚又喜，指揮作戰是張良特長，劉邦近來四處打仗，頭腦早就不夠用，自然期盼張良能為自己指明一條通往未來的正確方向。張良也不負盼望，為劉邦指出「先打南陽，後破武關」的行軍方向，只要能入武關，便可直指咸陽。

想進入咸陽，近在咫尺的函谷關當然是條捷徑，可問題是，函谷關深險牢固，如果沒有絕對強勢的兵力，想都別想去碰那個關。因此，張良為劉邦鋪的路便是曲線突圍，遠是遠了點，卻可保平安無誤，讓劉邦捨近求遠。

其實，捨近求遠也不全是壞事，劉邦軍隊兵不強馬不壯，資本本就不夠雄厚踏實，多走幾段路，路上不但能多打掉幾座城騙騙人氣，還可以多搶些兵草米糧，在攻打咸陽城前先行做好後勤保障。

六月，劉邦大破南陽，南陽守將退守宛城（南陽郡政府所在地，今河南省南陽市）。如果說南陽是座碉堡，宛城就是無足輕重的小碉堡，大碉堡都破了，小碉堡算個什麼？完全不需要認真應對。為了早日拿下武關，劉邦決定不打宛城，繞過去直接撲向武關（今陝西省商南縣西南），不料正準備調兵攻打武關時，張良突然把劉邦喊住。

「沛公且慢。」

劉邦奇怪地看著張良，「你又發現有什麼不對勁了？」

張良說道：「您想，如果我們不攻宛城直接打上去，前面武關人多，難以一時攻克，要是宛城秦軍忽然在後頭放火，豈不是十分危險？」

劉邦心頭一震，張良說得對，自己差點又走彎路了！可問題是，但現在軍隊已經走

過宛城，要是大張旗鼓地往回走，肯定會驚動獵物。

待夜幕落下，劉邦便命令全軍把大旗悄悄收起，從另外一條小道返回宛城，將宛城前後密密麻麻地圍了三圈，任城內人縱使有千雙翅膀也飛不出來。

南陽郡守一夜醒來，發現外面的世界到處是紅旗，自己除了投降已無其他退路，只好乖乖地派人遞約投降。

拿下宛城後，劉邦重新向武關挺進，沒想到從宛城到武關之間，劉邦根本不用出兵攻打，其他縣城看到宛城投降，便紛紛跟著交兵。

劉邦樂得將各縣軍隊統統收編，全部打包帶走，一路哼著小調，輕鬆地打到武關。只要攻破武關，便能抵達傳說中的帝都咸陽，這是當時地球上最繁華的大都市，也是所有鄉巴佬都渴望進去的偉大皇城。

今天是劉三已非往昔劉三，他懷著偉大的夢想前來征服咸陽，將讓關中頂上目前慘澹無光的天空，散發出天底下最強烈的希望之光！

鴻門

項伯快馬趕回鴻門，
他到軍營的第一件事就是直奔項羽帳下，
把他拉下床來，
添油加醋地告訴項羽他今晚搞定劉邦之事。
項羽一聽，不發一言。
項伯見狀，又是一番添油加醋。

指鹿為馬的大騙子

胡亥心裡真夠鬱悶，先前才剛發生鹿馬不分的事，

現在又有人獸不分錯殺無辜之災，

難道自己神智錯亂真不是普通嚴重？

為改過自新，只好再次裝模作樣地祈福去……

自從章邯率軍走出咸陽城後，咸陽城內一直沒有停止過自殺式的政治鬥爭，在一系列的劇烈鬥爭中，唯一的贏家是趙高。

他從一個小小的宮廷奴才爬上今天的丞相之位，靠的都是非正常手段，這種行為若用生物學的專門術語稱呼，就叫作「變態」。

一個變態的人肯定有顆變態的心，以及十足變態的夢想。趙高在過足丞相癮後，異想天開地想換工作，還是老前輩李斯一生不曾想過的位置，皇帝。

如果李斯還活著，聽到趙高有如此膽大妄為之想法時，不知會不會吐血身亡？

他拜荀子為師學帝王之術，內修政治、外擊諸侯，輔助秦始皇終成帝王之業，如此赫赫功勞，都不敢有非分之想，趙高一個太監何德何能要當皇帝？

當然，如果趙高親耳聽到這般牢騷之言，肯定不屑一顧，因為終李斯一生，都過得很傻很天真——他傻在不懂時勢，不知韜光養晦；又天真地自以為功勞了得，無人可敵，誰想終究還是落得家破人亡的悲慘結局。

這個世界上，最強的未必是活得最好的，在趙高眼中，人間的道德法律都是狗屎，唯有一樣東西值得眾生奮鬥：權力。

權力對李斯來說像是一劑毒藥，一不小心沾上，便家毀人亡，但對趙高來說，權力卻像是顆搖頭丸，吃了就像神仙得道，想做什麼就做什麼。

現在的秦朝，已被趙高穩穩捏在手裡，還有什麼是他想要卻沒辦法得到的呢？

爲了試探自己權力的極限，趙高決定弄一個實驗，地點就在秦朝宮殿，主要實驗對象則是胡亥以及朝廷百官。

這天，胡亥難得上朝，百官齊聚，趙高叫人牽了一隻鹿送到殿上，接著轉頭稟告胡亥，「皇上，我特地爲您獻上一匹寶馬，請笑納。」

胡亥一看，不由笑了起來，「丞相，你開什麼玩笑，怎麼能把鹿當馬來獻給我？」

趙高理直氣壯地說道：「皇上，這分明是一匹馬，不信您問問在座的文武百官？」不待二世回話，又回頭不冷不熱地問著百官，「同意是馬的請舉手。」

沒想到，當場竟有一大片人舉起手。

胡亥眼睛當場瞪大，暗忖道，難道是自己長期泡在皇宮，熬夜喝酒又泡妞的日子太傷身體，以致眼睛昏花嗎？

趙高這時又說道：「認爲是鹿的請舉手。」

舉手的人寥寥無幾。

多數人認同是馬，少數人認同是鹿，根據舉手表決結果，趙高獻給胡亥的便的的確確是一匹馬。

如果採用無計名投票，趙高這項實驗肯定失敗，然而他卻故意在光天化日之下踐踏皇權，強迫眞理爲他傾斜，又迫使舉手證鹿者統統淪爲刀下亡魂。

這就是趙高，一個膽大包天、卑鄙無恥的騙子，惡毒行徑前無古人，後無來者。

在趙高一手遮天的權勢下，可憐又可悲的嬴胡亥五竅全部失靈，被一騙再騙，還老老實實地做人家的墊腳石，替趙高鋪開一條閃閃發光的大道。

胡亥在金鑾殿上被趙高耍弄之後，以爲是自己腦袋進了水或是被神靈蒙蔽雙眼，百般苦悶下，只好找來太卜來占封。

太卜對胡亥說：「您頭昏眼花，完全是因爲您春秋兩季祭祀上天時態度不虔誠所致，如果想恢復正常人的五感，就得找個地方齋戒。」

這明顯又是一番鬼話，可胡亥信了，還鄭重地搬進上林苑齋戒。上林苑是皇家後花園，要胡亥這種人獨自躲在花園裡虔誠齋戒，那無異於比登天還難，於是，他整天無所事事，就在上林苑裡打獵消磨時間，也爲自己鋪就了一條通往地獄之路。

某天胡亥正高興地逐鹿打獵時，忽見個行人無意間闖入上林苑遊蕩。

上林苑可是皇帝齋戒的地方，哪能容得外人來騷擾，況且要是有人看見皇帝打獵，那胡亥他偷懶不齋戒的事不就會被捅出去了？

於是乎，胡亥想也不想地一箭就把行人當獵物幹掉。怎知才剛殺人，就有人跑來彈劾，是趙高的女婿咸陽令閻樂先生。

從這位彈劾先生的身分可以看出，這又是趙高刻意安排的陷阱。

有人或許就奇怪了，趙高一出生就被人閹掉小弟，怎麼可能會有女兒？難道他是個冒牌假太監？

趙高被閹，在史書中有確實記載，在絕子絕孫的情況下，他只剩認子爲親這條路。在中國歷史上，有許多太監都收養過孩子。但太監生理有缺陷，心理難免也會有變態，一般的正常人並不會認太監爲父，如果有如此愛好者，那他們也完全是衝著太監手裡的權力而來。

權力有時眞不是東西，它就像毒品，不是搞得你家破人亡，就是把人搞得喪心病狂，趙高的女婿閻樂大約屬於後一種。

他故意這樣對胡亥說道：「皇上，不知是誰殺了人，還把死屍埋在了上林苑呢！」

胡亥奇怪地說道：「人是我殺的，怎麼了？」

這時，輪到趙高說話了。

趙高對胡亥說：「小亥呀，天子無故殺人，這是上天所不允許的。這樣鬼神不但不會接受您的祭祀，而且還會降臨災禍，您最好遠離皇宮去別的地方祈福消災。」

什麼話到了趙高嘴裡都會變味。說老實話，這胡亥又不是第一次殺人，當初殺皇家兄弟姐妹、蒙恬兄弟還有李斯時，他從不喊一聲，這次才殺了一個路人，反而就急匆匆地奔上來喊冤，到底安的是什麼心？

胡亥心裡可眞鬱悶，先前才剛發生鹿馬不分的事，現在又有人獸不分錯殺無辜之災，難道自己神智錯亂眞不是普通嚴重？爲改過自新，只好再次裝模作樣地祈福去。

胡亥問道：「這次是去哪裡呢？」

趙高道：「地方都幫您安排好了，望夷宮。」

被訓練得乖如貓咪的胡亥只好從上林苑搬到望夷宮，那是個遠離權力中心的地方。

在這個荒謬的年代，胡亥先是拋棄了善良正義，最後也被那些不善良不正義不講君道的人一步步推入地獄，成爲活生生的皇朝棄兒。

騙走胡亥後，趙高立即把弟弟趙成及女婿召來，說道：「我們騙胡亥太久了，紙包不住火，現在只能把他幹掉，不然就會被他幹掉。」

其他人猛點頭，反正刀已磨亮，還有什麼好說的，直接砍吧。

趙高升爲丞相後，曾頗有智慧地安插自己人當郎中令，這時便讓對方做內應，再命閻樂打先鋒，率軍殺進望夷宮，抵抗者格殺不論！

在閻樂衝進宮前，爲求萬無一失，趙高竟把閻樂的母親劫到自己家裡當人質，徹底掐滅閻樂突然後悔的可能——連自己女婿都不相信的人，還有什麼事情做不出來？

想當然爾，接下來將會是場毫無懸念的戰鬥。

胡亥在望夷宮戒齋的第三天，閻樂帶著一千多士兵殺到望夷宮，閻樂在宮門處責罵守衛官，「有賊跑到宮裡了，你爲什麼不阻止？」

守衛官疑惑地說道：「哪裡有賊？我怎麼沒看到？」

「胡亥就是最大的賊，殺的就是他。」閻樂喊道，還沒等守衛官明白過來，立馬一刀將人砍死，接著又揚手一揮，身後士兵們立即衝進宮裡，追殺胡亥及其他宮人。

直到此時，胡亥才恍然大悟，趙高藉自己名義殺盡忠良，爲的就是奪權。

沒多久，望夷宮裡的人跑得精光，只剩一個太監還守在胡亥身邊陪死。胡亥不禁悲傷地問著太監，「你既然都知道我會有今天，爲什麼不早點告訴我奸人凶險呢？」

太監也很悲痛地回道：「如果我早告訴您了，現在還能保全性命守在您的身邊嗎？」

這時，閻樂衝進寢殿，舉刀對著胡亥喊道：「胡亥，你罪孽深重，爲世人所棄，還有什麼打算？」

死到臨頭，還有選擇餘地嗎？

胡亥霸道一世，糊塗一世，死亡對他或許已是最好的解脫，不料在他臨死前，竟還留下一段窩囊至極的對話，讓往後各朝帝王引以爲恥。

胡亥對閻樂說：「我可以見丞相一面嗎？」

閻樂冷笑，「不可以。」

胡亥道：「既然當不成皇帝了，可以讓我當王嗎？」

閻樂哼道：「做夢。」

胡亥道：「那當萬戶侯吧。」

閻樂氣樂道：「你想都別想。」

胡亥道：「我和我妻子願做普通百姓，這樣總可以吧？」

閻樂終於不耐煩了，罵道：「像你這樣的人還有臉面活在世上嗎？你作孽太多，連鬼神都不想幫你，趕快受死吧。」話一說完，便直接下令讓士兵們上前砍殺胡亥。

然而，還沒等士兵動手，胡亥就自殺了。

權力野獸的末日

子嬰心裡欷歔不已，趙高不死，我大秦忠魂如何瞑目？

趙高不死，我嬴氏祖業又怎能奪回？

趙高不死，我子嬰全家性命又哪能保全？

趙高，我也要讓你嘗嘗陰謀的滋味！

逼得胡亥自殺後，閻樂便帶著胡亥的玉璽回去向趙高稟報。

趙高把玉璽佩在身上，當衆對百官宣佈，胡亥已破產，現在該輪到他趙高登台坐莊，隨即命百官著手準備隆重的登基儀式。

沒想到登基那天，文武百官竟然沒有一個人願意跟趙高上殿去。

眞是太奇怪了，那些指鹿爲馬的人呢？當初怕趙高像老鼠怕貓一般，怎麼關鍵時刻都不吭聲了？

趙高故意擺出唬人的姿勢，對百官道：「皇印在我腰，皇權在我手，難道你們眞的不怕死？」

衆官默然，齊齊擺出正義凜然的態勢，「有皇印又怎麼樣？我們不擁護你，看誰說的話更算數！」

權力是一場遊戲，之前怕你是爲求自保，可現下駐軍城外的劉邦幾乎就要打進來，反正大家都會死，幹嘛還聽你的話，硬湊這堆不忠不義的渾水？

衆人任趙高左哄右嚇，依舊不爲所動，可以說秦朝官僚們最富有正義感的一次集體行動，以殘存的正義高尚，阻止這位史無前例的卑鄙無恥小人。

爲了這一天，趙高不知殺了多少攔路者，現在怎能因爲衆人阻攔而放棄？不！絕對不能放棄！

趙高眼看百官無人響應，只好一個人挺身上殿，一步一步地朝前走。

每一個台階彷彿鋪滿鮮血和無辜者的屍體，每一步都彷彿如鉛灌般沉重，然而不管前路多麼坎坷，只要能上位，我所做的一切又算得了什麼？

滑稽的一幕於此產生——百官在後頭看，趙高在前面哼著小調走呀走，只要走上金鑾殿上，他就是九五至尊。

還沒走多遠，趙高突然感受到宮殿地板正劇烈震動，不由得奇怪地停了下來，回頭看看秦朝百官。

皇宮怎麼會突然震晃？不管了，繼續前進吧。

趙高正準備抬腿，然而宮殿竟又再次搖晃不休，還比上次晃得更厲害，四周建築物彷彿都搖搖欲墜。

趙高又一次被迫停住步伐，吃驚地看著天空，難道連上天也要擋我的路？如果上天真有正義，為何自己殺蒙恬和李斯時都不放個屁，現在好不容易搞到這麼一個皇位就來湊熱鬧？

見地表停住，趙高偏不信邪，又繼續往前走，遺憾的是，他每走一步，大地便會顫抖，宮殿彷彿即將崩垮，反覆多次後，趙高不得不害怕退縮了。

百官不願跟隨，老天又不爲他，趙高無奈地打消念頭，按原路一步一步退回殿前，不再妄動。

古人云：「天予不取，必受其咎。」換個角度說，如果老天爺不給你，你強奪硬搶就肯定要受上天的懲罰。

這段故事被司馬遷記載在《史記．李斯列傳》裡，我們不相信鬼神，也不相信有上天感應說，趙高碰到如此奇異之事只有一種解釋，當時可能出現地震。

如果真是這樣的話，只能怪趙高運氣太背，選個好日子都不會！

自己當不了秦王，趙高只好扶持秦王室的人來接班，找到的就是子嬰。

子嬰，秦始皇之弟，嬴胡亥的叔叔，曾經挺身而出為蒙恬說過一句公道話。

趙高不要臉地昭告天下，說明子嬰仁慈甚得民心，扶仁滅暴是順應天意，特命子嬰齋戒，準備擇日到嬴氏祖廟前祭祀祖宗接受印璽。

這當然是鬼話，其實趙高擺明了就是欺子嬰軟弱好控制，扶他上台可以保自己平安且不失權。

子嬰被迫齋戒到第五天時，終於開始害怕起來。

蒙恬、李斯、胡亥，甚至是曾經的右丞相馮去疾及將軍馮劫，哪一個不是趙高的犧牲品？這個雙手沾滿鮮血，愛權如命的劊子手，會甘心把天下之位讓給自己嗎？

答案當然是否定的。

子嬰心裡欷歔不已，趙高不死，我大秦忠魂如何瞑目？趙高不死，我嬴氏祖業又怎能奪回？趙高不死，我子嬰全家性命又哪能保全？

趙高，侄子胡亥曾經不懂你的權謀而喪命，如今我也要讓你嘗嘗陰謀的滋味！

子嬰悄悄把兩個兒子叫進宮密謀，對兩個兒子說道：「趙高在望夷宮殺掉胡亥後，害怕天地不服，百官群起攻之才立我為王，假仁假義。我聽說，他已經秘密與劉邦達成協議，要把秦宗室全部幹掉後自立為王。等我去祖廟接印時，他肯定會趁機把我幹掉，我要將計就計，故意稱病不去宗廟，趙高那廝一定會親自過來，等他一來，我們父子三人就把他幹掉！」

子嬰提出的計謀籌謀確實很有技術含量，成功機率也大。

種種跡象表明，趙高當時對子嬰不怎麼設防，子嬰突然出擊打他個措手不及，成功率極高。再者，謀殺地點無懈可擊，因為秦王齋戒之所，常人不能隨便入門，更不能攜帶兵器，趙高一個人赤手空拳，子嬰父子還怕撂不倒他？

到了受璽封王這天，子嬰果然稱病不出。

趙高聽說子嬰患病不來，果然親自來請。

他對躺在床上的子嬰說道：「嬴老弟呀，趕快起床吧，封王這麼重要的事，你怎麼能不去呢？」

還沒來得及說第二句話，子嬰便已一躍而起，一刀刺穿趙高的喉嚨，轟然倒地。

接下來，子嬰血債血償，夷滅趙高三族，以慰一千亡魂在天之靈。

劉邦發財了！

在樊噲眼中，如今關中動盪不安，

百姓流離失所，劉邦這種一夜暴發，

就得意忘形貪圖享樂的思想十分要不得，

若是只圖享受，會更快跌進地獄。

西元前二〇七年，八月，劉邦順利地攻下武關，並且又做了一件缺德事，屠城。

這件事再次證明，老劉三根本是隻披著羊皮的狼，我們也終於看清楚，當初楚懷王公開宣揚沛公之仁，其實是種刻意矯情的包裝行銷。

在這個亂世中，所有的仁義道德都經不住火與鐵的考驗，弱者自有弱者的生存哲學，強者自有殺人的理論。

在中國歷史上，沒有不沾鮮血的英雄，沒有不喊不幸的百姓，屠城對敵軍來說殘忍不義，可若不屠，卻無法完全消滅後顧之憂，殺或不殺，不僅僅只是道德仁義的問題，更牽扯到軍事控制和政治效果等事。

劉邦屠掉武關後，還要通過一道重要的關卡，才能進入咸陽城。

嶢關，與函谷關一樣，是易守難攻的要塞。

攻關技術有兩種，一是硬來，一爲軟施，加起來就叫雙管齊下。然而硬攻的成本太大，歷來攻關者大多選軟施，一齊坐到桌面上談判。

還沒等劉邦開口，當時還是秦朝丞相的趙高就秘密派人來跟劉邦談判，談判價碼則是封他自已爲秦王。

這要求著實搞笑，他當劉邦一路千辛萬苦打到咸陽來爲的是啥？不就是想當一地之王嗎？要是答應談判，讓趙高搶走秦王封號，叫劉邦喝西北風呀！再說，趙高老奸巨猾，還是戒慎行事爲上。

於是，一半是因爲劉不信任趙高，一半是因爲趙高無恥抬價，雙方談判破裂。

劉邦準備強攻嶢關時，張良突然對劉邦說：「不到萬不得已，就不要隨便開打，問題還沒有到僵死的程度，我們應該做好兩手準備。」

劉邦充滿期待地問道：「怎麼個兩手準備法？」

張良道：「一手備戰，一手談判。」

劉邦立馬喊道：「談判都破裂了，還談個屁呀？」

張良說：「跟趙高談不妥，就跟守關秦將談。我們兵力是不強，可若能在山上插滿旗幟，虛張聲勢擊破對方心理防線，肯定能成功。」

劉邦恍然大悟，立刻派人到山上插旗，還派了兩個口齒伶俐的辯士去談判，一個是酈食其，一個是陸賈。

兩人帶著劉邦的期望出發，沒過兩天就帶回一個好消息，表示秦將願意停戰講和，並接受劉邦提出的所有條件。

張良果然是大師啊，料事如神，連隻蒼蠅都難逃他的火眼金睛，既然談妥，就該兌現承諾，開兵進城吧！

不料這時，張良又對劉邦說了一句，「沛公且慢。」

劉邦奇怪地看著張良，「張大師，難道這次還有什麼地方不對勁嗎？」

張良笑了，「既然秦將同意講和，說明他們早有背叛趙高之意，不如我們一不做，二不休，趁他們放鬆警惕時直接打進咸陽城去。這就叫見招拆招，依此計，還可省下原本約定的糧食和黃金！」

劉邦聞言大喜，決定不履行談判之約，進攻咸陽。

進攻前，張良又教劉邦一計，山上插滿的紅旗不用撤，用以迷惑秦軍，然後帶著主力部隊繞過嶢關，越過蕢山，直接攻打守在咸陽城外的秦軍。

這一招絕不亞於現代戰爭中的空降兵，守關秦兵還沒來得及明白後頭發生什麼事，劉邦的兵馬已一路乘勝追擊從藍田（今陝西省藍田縣）南打到藍田北，徹底攻破藍田。

這時咸陽城像一個毫無反擊能力的人，完全暴露在敵軍的攻擊範圍之內，秦軍除了投降，別無選擇！

西元前二〇六年，十月，又是新的一年，史家稱其爲漢高祖元年。

原因很簡單，子嬰認命地坐著馬車，帶著衆人浩浩蕩蕩地走出咸陽城，準備在西安市東北投降迎接新王，也就是駐軍灞上的劉邦。

投降者的頭頭當然是要親自出城迎接新主，除此之外，爲了顯示出投降的誠意，子嬰乘坐的馬車還必須打扮得像喪車一樣，脖子上還套著一根繩子，示意自己是俘虜，當然那些重要的東西，比如皇帝用的玉璽、符節……等，也統統都要整理好。

劉邦欣然接受子嬰投降，一個舊王朝就此宣告結束，一個新的王朝即將來臨。

從秦始皇稱帝以來，秦朝歷經兩屆皇帝，一個王（子嬰自稱秦王，而非皇帝），總共十七年，誰也沒想到，秦朝這個名震六國的皇朝，竟會如此倉促地謝幕。

秦朝之短命，古往今來衆說紛紜，有兩篇文章在總結秦朝崩盤上很有名，一個是漢代賈誼的《過秦論》，一個是晚唐杜牧的《阿房宮賦》。

賈誼認爲，秦國曾經不懼諸侯百萬軍隊，然而秦朝建立十五年後，只因陳勝一人振臂高呼發難，就不堪一擊而破被天下所恥笑，這是爲什麼呢？主因是秦仁義不施，攻守之勢便如此顚覆。

杜牧的觀點與賈誼略有不同，他老人家認爲，一切朝代的滅亡皆歸根於內部的徹底混亂，滅亡六國的是六國自身，不是秦國，同樣的，滅秦國的主要也是秦國自己，並非紛亂起義的天下人。

如果再給秦朝一次機會，主事者卻仍是仁義不施、朝綱不正，任趙高這般小人當政握權，那麼就是再多十道函谷關和嶢關，再多十個像章邯這般的名將，也擋不住萬民攻擊。

不管怎麼說，劉三終於進入咸陽城了，他在進城前後做了兩件事：

第一，諸將建議劉邦殺掉子嬰，劉邦果斷拒絕這個愚蠢的請求。殺降不祥，古已有訓，加上劉邦被楚懷王冠以仁義之師的名號，不管先前在關外怎麼胡作非為，屠殺無辜，只要一入咸陽城，便不得不走個過場，作秀給天下人看，不然以後怎麼向其他諸侯交代？

第二，分兵搶劫。

參加革命為啥？為的就是打入咸陽城搶劫。秦王朝的財物是搶六國的，搶劫犯又是來自於六國之民，重新搶回似乎也是合情合理。

當初，周章的三千兵能聚集到二十萬軍隊，憑的就是打進城去好好搶一把的誘惑，只可惜他實力不夠，如今輪到劉老三這一票人，自然毫無顧忌地東搶西奪。

在衆搶犯當中，獨有一個與衆不同，那就是蕭何。

蕭何入城後不奔國庫，不奔後宮，獨獨奔向丞相府，想找的是那些看似不中用的國家地圖以及人口戶籍檔案。

在兩千多年前，這些國家資料大有用處，可以幫助帝王瞭解天下地理及人口分佈、糧食產地、軍隊佈防之具體強弱位置。也正因靠著蕭何手裡這些破爛玩藝，劉邦才能對天下形勢瞭若指掌。

一個人如果鼠目寸光，就會只有尺寸之利；如果高瞻遠矚，就會有長遠之益。沒想到回頭一看，劉三還眞犯錯了。

劉邦進城後，深深迷戀上咸陽城裡的繁華景貌。他愛那巍巍連綿的宮殿，愛後宮那婀娜多姿的美女，愛那香鼻飄遠的佳釀，愛那堆積如山的珠寶，愛那至高無上的皇權。

劉邦其實也是一個很簡單的人，像所有百姓一樣，渴望在咸陽安家落戶，生根發芽，繁衍後代。

然而，在樊噲眼中，如今關中動盪不安，百姓流離失所，劉邦這種一夜暴發就得意忘形、貪圖享樂的思想十分要不得，會更快跌進地獄。

於是，當劉邦準備留在秦宮過夜時，樊噲立刻闖進秦宮拉住劉邦，勸道：「沛公是立志得天下呢，還是只想做一個暴發戶？」

劉邦奇道：「這是什麼話？一路拼死拼活，當然想得天下。」

樊噲道：「既然想得到天下，您就應該暫時撤出咸陽城，動作越快越好。」

劉邦道：「這就奇怪了，好不容易才進城一趟，憑什麼叫我退出去？」

樊噲嘆道：「造成秦國滅亡的正是您眼前這些奢華之物，您難道願意爲了這些無用之物而喪失身家性命嗎？」

劉邦搖頭，「之前楚懷王說得清清楚楚，先入咸陽者為王，我遲早是秦王，又何必走人？」

樊噲一看，心裡更急了，不知劉邦是假糊塗，還是真犯傻。「我不是叫你真走人，只是暫時撤出咸陽城，這叫作秀，懂嗎？這些基本政治常識還要人教嗎？」

劉邦再次搖頭微笑，「作什麼秀？該作的秀都作完了。好了，你哪兒涼快哪兒歇去吧，別來煩我。」

見劉邦不聽勸，樊噲只好去請張良勸說。

張良立即隨樊噲奔入秦宮，告訴劉邦，千萬不要得意就忘形，不要被眼前利益迷失方向，應該立即退出咸陽，維持功德名聲，以後做什麼事都好辦得多。

劉邦一聽，「張大師，你這不是和樊噲一樣叫我作秀嗎？」

張良輕笑，「現在作秀是為了將來不再作秀，您才剛剛趕走秦國當家，接著就想安樂，對關中百姓來說，等於是才趕走商紂王，又來了個周幽王一般無奈。樊噲將軍說得沒錯，您如果想得到天下，就不要當一個短視近利的暴發戶！」

劉邦被張良一席話徹底說服，立即退出咸陽城，率軍回駐灞上，為了博取民心，臨走前還把秦國諸縣豪傑及德高望重的父老召集起來。

在大會上，劉三做了一個煽情的演講，以下是演講的基本內容：

親愛的關中父老鄉親們，劉三給大家拜年來了。

鄉親們，你們忍受秦王欺負已經很久，今天，我要鄭重地告訴大家，之後只要有我劉三在，就沒人敢再欺負你們。

楚懷王跟諸侯們都說過，誰先入咸陽誰就當秦王，現在我既然進來，秦王已非我莫屬，只是目前咸陽城秩序不是很好，敵人之心未死。為了穩定大局，我們應該發揚以愛護關中為榮，以毀壞關中為恥之精神，軍民共同建立起和諧關中。

我想跟大家約法三章：第一，殺人者處死。第二，傷人的按情節輕重論罪。第三，搶劫的也按情節輕重判刑。除此之外，廢除秦朝一切酷律，官吏及百姓各司其位，保持行政機能不變。

最後，我再強調一次，我打進關中是為了解放父老鄉親，你們千萬不要害怕，等會我就先撤軍返回灞上，等楚懷王來了再計後步，謝謝大家。

老劉三發言完畢，台下掌聲如雷，百姓們眼泛熱淚，盼星星盼月亮，終於盼來好秦王劉邦了。

演講結束後，劉邦把約法三章進行公示，並派工作隊下鄉宣傳，秦民奔相走告，無不歡躍而歌，紛紛殺牛宰羊，載歌載舞，把心中最誠摯的謝意獻給劉邦。

面對關中百姓滿腔熱情的擁護，劉邦決定將光榮而偉大的作秀做完，再度以無限謙虛和謝意的態度發表重要談話：父老鄉親們，你們的好意我心領了。劉三軍即使糧食短缺，也絕不拿群眾一針一線，你們受苦多年，掙這麼點食物也不容易，況且軍中還有多餘糧食，還是拿回去吧。

秦民一聽，大受感動，劉邦再次獲得雷鳴般的掌聲。

項羽來了，項羽來了

一席話聽得項羽火上加油，

劉三頭上的天子氣，就是他肚子裡脹得慌的怒氣，

不打心裡怒氣難消，命令諸軍吃飽喝足，準備天亮開戰！

這兩場經典作秀被完整載入史冊，成爲後世政客的最佳範本。流氓與聖人之間，差的不過是一張嘴，昨天是搶劫犯，今天也可能搖身一變，成了替天行道的好君王。

中國古代是農業社會，農業社會最大的特徵就是安土重遷。戰爭對於飽經流離失所之苦的百姓來說，只要沒有戰爭，誰家出將入相，誰家雞犬升天，誰家富貴天下，都無關重要，這是處於苦困時代的百姓們最基本的生存哲學。這也難怪劉邦只與諸縣父老約法三章，便把關中百姓統統收服。說得更明白些，劉邦之所以能夠穩住關中，功德不在於他及張良等人，而在於天，所謂時勢造英雄是也。

就在劉邦搞定咸陽城時，戰勝項羽正浩浩蕩蕩地帶著六十萬大軍從北方朝函谷關撲來，然而就在半路上，這支號稱百萬的軍隊竟出了毛病，特別是秦軍二十餘萬的俘虜兵中瀰漫著一股不安。

事情是這樣的，項羽率領的這支諸侯軍士兵，有很多曾經是從咸陽逃亡回來的人，他們可能替秦朝當過苦工修長城或是築過墓，也可能服過兵役，無一例外的是，都被秦兵欺負過。

十年河東十年河西，過去那些被欺負的六國之人，現在輪到他們去欺負秦兵了。

在古代，當俘虜和做奴隸沒什麼區別，要人權沒人權，因此在被俘虜的秦軍與諸侯軍之間，存在一種巨大的階級矛盾。

秦軍白天被人欺負，晚上便回來互相訴苦，說著說著，不由得忿忿不平起來，不但怨恨諸侯軍，也恨投降的章邯。

如果章邯不投降，二十萬打四十萬，憑著必死的信心去打，未必能輸，現在大家被弄得生不如死，有一天沒一天地活著，眞是窩囊。

既然有人發牢騷，就有人聽牢騷。

這些牢騷不幸地被英布等將領聽見，如實向項羽報告：秦俘虜都說他們後悔跟著章邯投降，如果諸侯軍能打進關中，還能救下老婆孩子，如果打不回去，還會被楚軍帶回江東，和在關中的老婆孩子天涯各一方，這是何苦？

很明顯地，俘虜們這些可不是氣話，簡直等同造反前的輿論造勢活動。

項羽聽到這話，大爲震驚，麻煩大了，二十萬人一發作，簡直比山洪爆發還要恐怖，這可怎麼辦才好呢？

項羽秘密地召開軍事大會商討對策，大夥討論來討論去，得出一個結果，就是把二十萬俘虜兵全部殺掉。坑殺秦兵俘虜的理由如下：

第一，諸侯軍馬上就要攻打函谷關。

要是當楚軍集中全力攻關時，這二十萬俘虜兵在後頭造反，想後悔都來不及，以此言論推斷，他們就算不在函谷關一戰造反，也可能會在某天爆發，十分危險。既然把這些人放掉不可能，帶在身邊又像顆危險的未爆彈，那麼只剩下一種選擇，殺！

第二，軍中已無剩糧。

項羽之所以接受章邯投降，沒有軍糧也是動機之一，他估計章邯手裡應該還有糧食，只是整批軍隊有六十萬人，天天要吃要喝，多少糧食都不夠吃，最終還是無糧爲繼。

既然養不了那麼多人，殺了也省事！

西元前二〇六年十一月，某個夜晚，項羽派英布和蒲將軍兩人趁著夜色，在新安（今河南省澠池縣）城南形成三面包圍秦軍，故意留了道出口。

秦軍俘虜半夜驚醒，不知道到底發生什麼事，只能憑著求生的本能往出口奔去。可怕的是，秦俘虜兵沿著楚軍開口，最後不由自主地逃進一處山谷，只見山上火光四起，萬箭齊發，山石滾滾而下，原來兩側早已埋伏著楚軍。

在人類互相殘殺的戰爭史上，這才是眞正的鬼哭狼嚎，叫天天不應，叫地地不靈。一夜間，章邯這支曾經縱橫半個中國的虎霸之師，居然不明不白地全化爲冤鬼！

唯三倖免於難的，只章邯、司馬欣、董翳等人──司馬欣爲秦吏時，曾救過項梁，所以項羽感恩不殺，甚至委以重用；董翳勸章邯投降有功，亦留著不殺；章邯雄武威風，是難得將才，自然也要留。

至於王離，當然是砍死告慰項梁的在天之靈。

掃除憂患後，項羽才放心前行，當他來到函谷關時，卻驚訝地發現函谷關已經關上，令人更震驚的是，派軍前來守關的不是別人，正是曾經的老搭檔劉邦。

劉邦之所以閉關，是因爲有人向他提出建議，「沛公，您好不容易攻下關中，可是聽說項羽已封章邯爲雍王，如果章邯隨項羽前來，關中肯定沒有您的份，應該派人去守住函谷關，阻止諸侯軍入關，才不會有人與您搶關中這塊肥肉。」

此建議從理論上是說得過去的，從現實上來講卻行不通，因爲劉邦碰到的對手不是別人，正是史上最牛武將項羽。

項羽像個拼命敢打的拳擊手，對方越是向他耍狠鬥強，只會越刺激他，反而會被打得一塌糊塗。

項羽封章邯爲雍王，估計是章邯投降的條件之一。章邯也是在道上混出來的，如果沒有半點好處，不可能乖乖地讓二十餘萬軍隊投降當俘虜。

劉邦現在搶了章邯的王，讓項羽怎麼下台？

退一萬步來說，就算楚懷王說先入咸陽者爲王，可你也得向諸侯通報一聲才是，突然搞起閉關自守的小動作，誰會讓你這樣白白地獨呑關中？

項羽忍不住憤怒起來，好你個劉三，既然早入關中也罷，何必如此拒人於千里之外？開打定輸贏吧，我倒要看是你守關的強，還是我攻關的人硬！

於是，項羽立即派英布去攻打函谷關。

又是英布，彷彿他臉上從頭到尾都刺著「救火隊長」這四個字，有困難找英布，有火災找英布，斷王離糧道的是他，殺秦兵二十萬俘虜的也是他，現在，攻打函谷關的先鋒還是他！

函谷關下，英布陳兵列陣，開打，硬生生攻破函谷關。

項羽則在後頭緊跟著破關直入，駐紮戲水。

戲水，曾經是章邯率軍傾城而出，攻破周章二十萬大軍的地方，如今他重歸故地，卻徹底見證了誰才是眞正的勝者爲王。

當項羽屁股還沒在戲水坐熱，劉邦的陣營中有個不怎麼出台的人物悄悄派人帶了句話給他，此人就是劉邦的參謀之一，左司馬曹無傷。

曹無傷派人給項羽傳的話是這樣的：沛公想在關中稱王，封子嬰爲國相，然後獨呑咸陽的所有珠寶。

這可是實實在在的告密！

告密者，間諜也。美國大片看得多了，就知道間諜無非分兩種：一種是吃裡扒外，曹無傷便屬此類；另一種是裡外通吃，又稱爲雙面間諜。

曹無傷是劉邦身邊的參謀官，這麼一個人告密的價値實在太過重大。

使者傳話時，除了項羽，范增也在場，兩人將話分成前後兩段理解，並且理解得相當透徹：首先，沛公想當秦王，再者，他不想和項羽分享秦朝財寶。

從劉邦自私的角度來說，第一種行爲還算能理解，因爲楚懷王早已許諾，只要誰能先進關中，就是關中王，愛提拔誰就提拔誰。

然而，後面那部分可就不像話了，劉邦哪有資格決定要不要和人分贓？秦朝是諸侯們共同滅掉的，一堆兄弟在外拼死拼活，力抗秦軍，你一個中年流氓憑什麼獨吞珠寶美女？大夥全都白忙，就你一個人賺得飽飽，誰願意做這種賠錢買賣？我們這些人不就全白忙了？

項羽和范增怒火中燒，加上先前在函谷關受的氣，立即爽快地做下決定：打！不分贓就該打，打得你連秦王都當不了。

在開打之前，項羽派人回問曹無傷，他此舉目的何在。

曹無傷也不含糊，立刻表明自己棄弱投強之心，同時希望項大將軍能封自己一個王。

項羽冷笑，一條情報就想封一個王，真虧曹無傷想得出來，想封王就等著吧，等我收拾了劉三再回頭踢飛你！

爲了激發項羽一鼓作氣滅掉劉邦，范增下了很大的功夫，拼命狠心鼓動項羽。他一下說劉邦這個人出了名好色貪財，打從進入關中後，卻突然變得不貪財也不好色，分明是政治作秀，志向肯定不小，有雄霸天下之心。又說自己曾請人觀看天象，發現只要是劉邦出現的地方，上頭都會現出五彩斑斕之氣，楚軍應該速速出擊，不然以後後悔都來不及了。

基本上，此些話並非欲加之罪，不過，後面那段天子之氣什麼的，疑似盜用人家呂雉的創意。

一席話聽得項羽火上加油，劉三頭上的天子氣，就是他肚子裡脹得慌的怒氣，不打心裡怒氣難消，於是命令諸軍吃飽喝足，準備天亮開戰！

補救再補救！

當消息傳進范增耳裡時，他立即暴跳如雷，痛罵不休。

怎麼項家出的都是些近視眼？

只看到眼前利益柔情，不看到長遠前途，

好好一個大局面，竟被敵方一桌酒菜搞得煙消雲散。

開打之前，雙方軍力先拿來比較一番，項羽有四十萬兵，號稱百萬；劉邦十萬大兵，卻號稱四十萬大軍，可見灌水這種事古人熟練得很。

項羽在趙國救鉅鹿城時，曾經一個頂十個幹掉王離，他號稱百萬雄軍還不算是徒有虛名，相對的，劉邦那十萬兵的素質可就差得遠了。

兩方軍力差距極大，不過，電影、小說看多了，便會發現這樣一種公式，當主角生死攸關時，通常會有神秘的蒙面人出手搭救。

歷史不是電影，但卻有著驚人的相似之處。兩方開戰前的某夜，一個蒙面人突然從楚軍軍營跑出，騎著快馬送信到關中去，這個人不是別人，正是項羽的叔叔項伯。

這裡要特別澄清的是，項伯並不是去救劉邦，而是爲了張良而去。之前提過，項伯欠了張良一個人情，既然知道張良死期將至，此時不還人情更待何時？

項伯趕到鴻門後，立即秘密約見張良，叫他收拾包袱趕快逃命。事情發生得太突然，張良只對項伯說：「要逃大家一起逃，我得立即把這事告訴沛公。」

項伯一聽，便急得直跺腳，「天下說大不大，說小也不小，沛公帶著十萬人能往哪裡逃？還是先把自己的命救下再說吧。」

張良又對項伯說：「我是替韓王成送沛公定關中的，現在他有危難，如果丟下他未免太不義了。」

言下之意便是，你項伯不就是為了義才來救我張良的嗎？那我為了義救沛公又有何錯？再說，劉邦對我有知遇之恩，你項伯救了恩人的恩人，不也等於報了大恩嗎？

項伯一時無語，只好任張良通知劉邦。

張良跑進劉邦帳中，把他從夢中喚醒，告訴他大事不好了。劉邦迷迷糊糊地醒來，一聽項羽這廝明早就要打來，登時嚇得手足無措，懷疑自己是不是在做夢。

看著劉邦六神無主的模樣，張良故意問道：「沛公捫心自問一下，如果明天開戰，你打得過項羽嗎？」

這不廢話嗎？如果打得過他，我還用做出如此無助的樣子嗎？群鬥不如他人多，單挑不如他力氣大，實力懸殊明擺在那，騙不了人。只見劉邦沉默半晌，嘆了一口長氣，對張良說道：「打肯定是打不過的，你說我們這下子該怎麼收場呢？」

「沛公請放心，正所謂車到山前必有路，只要有默契，這場大難肯定能夠化解掉。」張良自信地對劉邦說道：「通風報信的項伯還在我房裡，我請他進來，你告訴他，說這只是一場誤會，自己並沒有背叛項羽之意。」

聽張良一言，劉邦彷彿在黑夜裡看到了一隻閃亮的螢火蟲，興奮不解地問張良道：「怎麼項伯對你這麼好，難道他和你有什麼交情嗎？」

張良笑道：「交情談不上，不過，我曾救過他一命，所以他就報答我來了。」

劉邦心花朵朵開，頓時明白，「原來如此，請問你和項伯，誰的年紀大？」

張良道：「項伯比我稍大。」

劉邦慌亂的心總算有底，拱手道：「你幫我請項伯進來吧，我要以對哥哥一樣的禮儀對待他。」

張良馬上回帳，邀請項伯去沛公家吃酒。項伯又不是傻瓜，三更半夜喝什麼酒？答道：「喝酒就算了吧，我還得連夜趕回軍中待命呢！」

張良急了，「你想回去，那不是等於沒來嗎？不行，你一定要陪我去見沛公，天下數沛公人最厚道，不幫他幫誰去？」接著又推又拉，總算將人弄到劉邦帳下。

外面冷風呼呼地刮，劉邦已叫人速速備好一桌酒菜，臉上堆滿笑容，卻比哭還難看。酒眞是個好東西，可以消除尷尬，緩解氣氛，調養情緒，劉邦和項伯對飲幾杯，情緒莫名地緩和放鬆，不再提心吊膽。他向項伯平和地解釋一大堆，總結共有三方面：第一，沛公獨呑咸陽，純屬謠言。第二，守閉函谷關之事也是誤會。第三，沛公撤出咸陽，駐軍灞上，就是爲了等諸侯軍到來！老實說，三條理由逐條來看，每一條都無懈可擊，連項伯聽了都不得不點頭稱讚，開始認爲這應該是場誤會。

解釋完後，劉邦又是一番杯酒勸飲，夜越來越深，酒越喝越濃。

突然間，劉邦對項伯說道：「既然咱們這麼有緣，不如結個親家吧？」

劉邦這招就叫趁熱打鐵，也可以說是緩兵之計。

項伯一聽，不知他花花腸子打的哪門子主意，竟然沒怎麼反對，當即就答應下來。請注意，「劉邦和項伯約以婚姻」是一段歷史懸案，因爲從頭到尾，他們只說要結交親家，根本沒談到細節，也不知道究竟是哪方的女兒要嫁給哪方兒子，一直到劉邦得到天下後，此事仍是不了了之。

這麼說來，和項伯結交親家，肯定只是劉邦應急之謀，傻子才當眞呢！

這頓酒項伯當然也不是白喝，離開灞上前，他鄭重地告訴劉邦，「你今晚就儘管睡個好覺，不過，明早一定要親自到鴻門向項羽謝罪，否則後果自負！」

這話中聽，劉邦要的也正是這個結果。劉邦心頭像一塊大石頭落下，「親家說的話，我一定牢記心裡，明早我會帶著豐厚的謝禮前往鴻門。」

當夜，項伯快馬趕回鴻門，他到軍營的第一件事就是直奔項羽帳下，把他拉下床來，添油加醋地告訴項羽他今晚搞定劉邦之事。

項羽一聽，不發一言。

項伯見狀，又是一番添油加醋，最後語重心長地告誡道：「如果不是沛公先攻入關中，你項羽能這麼快打進關中嗎？沛公這麼一個有大功勞的人，如果殺了他，天下都覺得你不義，不如就此善待他，大家和氣生財，不也是挺好的一件事嗎？」

既然自家人都把話說到這份上，自己也賺足面子，就先算了吧。

項羽終於點點頭，對項伯許諾，「那我明天不戰了，在鴻門等著劉邦前來謝罪。」

當消息傳進范增耳裡時，他立即暴跳如雷，痛罵不休。

怎麼項家出的都是些近視眼？只看到眼前利益柔情，不看到長遠前途，好好一個大局面，竟被敵方一桌酒菜搞得煙消雲散。像劉三這種無賴，遲早是項羽稱霸天下的對手，如果不早日除之，必留後患，為什麼就沒有一個人能看到這步險棋呢？

可項羽都已放話，就算范增真想打也沒門兒。難道就這樣放虎歸山？當然不是，老虎還沒來呢，只要老虎一到，便堅決實施打虎政策，絕不手軟。

范增不死心地再次為項羽獻計，催促他只要劉邦到營，便立刻伏殺砍頭。

為了消除項羽猶豫，范增再次出言警告，「一山不能容二虎，一天不能升二日；你今天不殺他，明天他就要來殺你。千萬不要相信劉邦的謝罪，他只是一時裝弱勢，等哪天翅膀長硬，他肯定會打你個措手不及……不要說那麼多，總之，鴻門宴上你只管看我的手勢，只要我一放暗號，你就立即出手剁了他！」

有范增之謀，劉邦，你就等著挨刀吧！

史上最瘋狂的飯局

守衛一看樊噲這副殺氣騰騰的樣子，連忙把他攔住。

不料，樊噲的盾用力一撞，便把門口軍衛全撂倒，

接著完全不打招呼，

像隻出鐵籠的老虎般惡狠狠地撲進宴席帳中！

第二天清晨，只見一行人從灞上奔出，正快馬加鞭地朝鴻門進發，人數約莫上百，爲首的正是劉邦。

從灞上到鴻門有二十公里，這點路程，不消一會兒就到了，當劉邦趕到鴻門時，項羽的早餐都擺好了，但他們只安排張良陪劉邦入席喝酒，其他隨從只能在帳外喝空氣。

劉邦一入宴席，對項羽一個勁賠笑，一個勁地裝孫子，又一個勁賠罪，台詞早就編好，「誤會呀！當初我們並肩作戰，你打北方，我打南方，後來我一個不小心先入關中，正想退出來等你這邊的兵馬時，沒想到竟有人挑撥離間，造謠說我想獨吞咸陽珠寶美女！事實上，我早就把珠寶財物全封好，全等著你來拿，根本不像謠言傳得那樣無恥！」

劉邦這戲演得實在太感人了，他都一大把年紀的人了，又大老早趕來鴻門陪小弟吃酒，做人之厚道，認罪之眞誠，表演之精采，當眞無可挑剔。

項羽看著劉邦，心都軟了下來，長長嘆出一口氣，說道：「這都是你部下左司馬曹無傷幹的好事，要不然我怎麼會想帶兵打你呢？」

「曹無傷？」

劉邦和在座的張良一陣震驚，立刻暗暗瞇眼，好你個曹無傷，我前世與你無仇，近世不欠你人情鬼債，你憑什麼告我的密？

其實，在場人當中，項羽這邊的軍師范增才是最震驚的人。

他真想不到，項羽竟然愚蠢地出賣告密者，如此一抖露內情，將來別人就算脖子上裝著一萬顆人頭，也不敢來告密當間諜，真是太笨了！

范增坐立不安，既然天機已經洩漏，不如直接下手吧，他舉起手裡一塊玉佩，向項羽傳遞眼神，暗示對方動手。

范增手裡這塊玉呈半圓形，名玦，意思是讓項羽像這塊玉一樣，當即決斷，砍死劉邦，沒想到一連暗示多遍，項羽就是假裝看不見。

這下范增火了，憤然離席，退出宴席。范老人精這到底是要去哪裡，難道就此放棄不幹了嗎？

當然不會，范增並不是嘔氣棄謀，而是出門搬殺手去，也就是傳說中的項莊先生。

項莊是項羽的親弟弟，當初項梁浪跡江湖時，項莊也一直由他帶著。

這個項莊，力氣肯定不如項羽大，長相估計也不如項羽帥，但十八般武藝樣樣精通，特別是劍術，也是玩得溜溜轉沒話說。

范增召來項莊，語氣萬分焦灼地對項莊道：「你哥哥心實在太軟，對手被他捏在手裡了還捨不得殺。等會你進去後假裝敬酒，再爲衆人舞劍助興，見機行事。記住，如果無法幹掉劉三，將來我們這些人統統都要成爲他的俘虜！」說到最後，又猛地揮手往下一斬，眼中充滿殺機。

項莊領命，佩劍走進宴席向大夥敬酒，飲畢，拔出長劍道：「軍中沒有什麼娛樂節目，不如我給大家獻一段舞劍爲樂吧。」

這時，項羽不知是眞糊塗，還是假傻瓜，也立刻大手一揮，瞇眼笑道：「好！我允許你來露一手！」

項莊的劍舞起來了，殺氣若隱若現，危險當眞逼近劉邦身上了！

范增露出得意的笑容，暗忖，劉三，你就等死吧，大羅神仙也救不了你！

然而，世上無神仙，卻有項伯。

項伯早已瞧出范增的詭計，也同時看到項莊舞劍裡暗藏的殺氣，故意說道：「一個人不好玩，叔叔陪你跳幾曲吧！」接著便拔出劍來與項莊周旋。

情勢這一變，又輪到范增老頭子傻了，劉邦到底給了項伯多大好處，他爲何總是跳出來屢屢破壞？

再看回場中，與其說項伯叔侄倆在表演劍舞，倒不如說是在玩老鷹捉小雞——項莊就像一隻老鷹，時而向劉邦疾衝而來，時而旋身出擊，而項伯就像一隻老母雞，不是接招相抗，就是故意以自身保護劉邦，弄得項莊沒法下手。

充滿殺氣的刀光劍影瀰漫在整個宴會上，傻瓜都能看出來，項莊舞劍，意在沛公！

這時，一旁的張良再也坐不住，項莊的每一劍都是懸崖和地獄，如果再不搬救兵，誰也別想保住腦袋回灞上。

他當機立斷，奔到軍門外去搬救兵，這個救兵就是一代猛士，樊噲同學是也。

此時，樊噲看見張良慌張的模樣，連忙問道：「怎麼啦，是不是出事了？」

張良喘著大氣道：「是出事了，項莊借舞劍助興，沒想到全衝著沛公來。」

樊噲當即跳起，急道：「行了，你快帶我進去吧，讓我與他拚命。」接著揚起劍、盾等物，跟著張良快步向軍門內走去。

軍門口的守衛一看樊噲這副殺氣騰騰的樣子，連忙把他攔住。

不料，樊噲的盾用力一撞，便把門口軍衛全撂倒，接著完全不打招呼，像隻出鐵籠的老虎般惡狠狠地撲進宴席帳中，將所有人嚇得目瞪口呆。項羽不愧是天下第一武將，反應迅速，他下意識地直起身，摸著腰上的劍怒喊道：「你是誰？」

樊噲的模樣十分嚇人，只見他雙眼冒著怒火，頭髮直上，眼角彷彿都要瞪裂。同一瞬間，張良迅速做出反應，連忙對項羽介紹道：「這是沛公的保鏢，樊噲先生。」

項羽用欣賞的目光看著樊噲，「一條好漢，來人，賞他一罈酒。」

見人送酒，樊噲拜謝項羽，站著嘩啦嘩啦地就把一罈酒喝得精光。

「果真是好漢。」項羽又吩咐道：「來人，再賞他一個豬肩！」

旁人立刻送上一個豬肩，這不是烤好的香噴噴豬肉，而是生豬肉。

生死當前，樊噲哪管它是熟是生，只見他把盾倒放地上，把生豬肩架在盾上，揮劍砍下一大塊，直接放到嘴邊大嚼特嚼。

項羽從來沒見過如此吃生豬肉的人，簡直佩服得五體投地，又問道：「好漢，你還能喝嗎？」

樊噲豪邁地吐出一口長氣，大聲叫道：「我連死都不怕了，還怕喝酒嗎？」

他又喝了一罈酒後，終於忍不住訓話起來，氣壯如山地告訴項羽，「之前大家明明在楚懷王面前說好，先入關中者封王，現在沛公第一個破關入秦，卻什麼東西都不敢動，乖得像一隻綿羊般恭候您的光臨，你不但不賞識，竟還聽信小人之言擊殺沛公！大業尚未成功，就想誅殺功臣，這樣做跟暴秦有什麼區別？」

見樊噲英勇過人，項羽已無刁難之心，立刻揮揮手說：「不要多說了，坐下吧。」

這時，項伯和項莊也已收劍，先前劍拔弩張的緊繃氣氛總算稍稍平緩。

尷尬氣氛消失後，大家繼續喝酒吃肉，過了一會，劉邦不動聲色地站起來，對項羽道：「我內急，想去方便一下。」

這招就叫金蟬脫殼，劉邦沒辦法直接打昏項羽，只能趁機溜走，他走出宴會時，樊噲和張良也緊跟在後。

三人才剛走到隱蔽無人處，樊噲就對劉邦說道：「我們護著您，請沛公馬上離開。」

劉邦猶豫道：「不辭而別是不是不太好？」

樊噲哼道：「現在別人是刀，我們是魚肉，此時不逃，更待何時？」

這話一語中的，劉邦終於幡然醒悟，決定逃跑。

任何逃跑的人，都是不走熟路，走生路，不走大路，走小路，像當初司馬欣能逃掉趙高一劫，走的就是生路。

這次劉邦走的不但是生路，也是條小路，能節省將近一半路程，又不知誰幫劉邦偷來一匹馬，讓他一人騎著，樊噲等四人仗劍步行護著跑回去。

送走劉邦後，張良則留下來做善後工作，劉邦和他約好，等到揣測他們一行人已逃回軍中，方可重新入宴，並且把帶來的謝罪之禮呈上。

劉邦離去後沒多久，坐在帳中的項羽已經等得不耐煩，派了一個人出去催促，奇妙的是，項羽派去的人竟然是陳平同學，他的故事暫且按下，容後再慢慢表來。

等了半天，沒見劉邦回來，只見張良和陳平並肩回帳，項羽不由奇怪地問張良：「沛公在哪裡呢？」

這話問得太可愛了，言外之意彷彿是在問張良：「請問沛公還在拉嗎？」

沛公當然還在拉，不過不是拉屎，而是從小道上拉馬跑回灞上。

見狀，張良不得不告訴項羽，「沛公不勝酒力，害怕將軍責備，便先回軍中。臨走之前特命我送上一雙白璧，以此表示感謝，同時給亞父范老先生送玉斗一雙，感謝范老爲沛公安排的舞劍節目。」說完，又從容不迫地將禮物送到二人面前。

白璧送到項羽面前，項羽接下了，可玉斗的命運卻非如此。

只見范增一手把玉斗甩在地上，揮起長劍砍得稀巴爛，然後又對項羽吼道：「你這個不中用的東西，我眞後悔跟你混，以後奪取天下的必是沛公，離我們做他的俘虜之日也不遠了！」說完，便拂袖而去。

項羽像個木頭般，看著范增離去的背影，半天說不出話來。

此時，劉邦也順利逃回軍中，頭一件事就是誅殺曹無傷。

項羽和范增又是一番認真研究，
為其他人開出一張貌似完美的王侯清單，
在清單中，除了項羽和義帝的封地已固定外，
剩下土地均分成十八塊，每塊分封一王。

暴力是暴政者的通行證

一直以來，項羽不是被復仇的火焰燒亂心智，

就是被勝利的狂喜沖昏，連個善意批評的讀書人，

都要對其採取如此惡殺手段，實在是有損英雄形象。

劉邦跑了，范增從此吃不香睡不甜，活到七十來歲，他總算明白一個道理。年老未必不如人，劉邦老練，狡猾得像隻老狐狸；項羽貌似神勇，卻是個不長腦子的愣頭青。同樣是軍事教練，人家劉邦對張良就言聽計從，項羽怎麼就聽不得我范增的半句勸？

前路漫漫，項羽這條通往帝王之路，將是何其孤獨和危險？

除了范增外，項羽基本上沒有什麼忠誠又知心的朋友，一旦他離去，結果就只有一個，這頭失去馴獸師的項公牛，將不可開交地朝懸崖邊奔。

范增愈發迷惑，伴君如伴虎，隨他危險，不隨他更危險，這難道是蒼天的安排？不，只要還有一口氣在，就不能放棄抵抗，劉三，老子與你這大流氓拼到底！

苦悶的范增，又再度鼓起鬥志回到項羽身旁，老人家想通一個道理，既然前路多半黑了，乾脆直直走到底，活了這麼多年，先到那傳說中的咸陽皇城好好逛上兩圈吧！

過了幾天，范增果真隨著項羽楚軍大搖大擺地進入咸陽城。

對當時世界上最偉大最光榮的城市來說，項羽可說是場上天降臨的災禍。

在項羽眼中，咸陽城只會讓他想起那曾經不可一世的秦始皇，想起六國諸侯背井離鄉淪落異地的無助，想起驪山腳下那一群群如蝗蟲被趕往火場屠殺的血汗勞工！

滿懷仇恨的項羽闖進皇宮，第一個要殺的就是秦王子嬰，殺到後來，他更是不管好人壞人，男女老幼一律殺光！

咸陽城中霎時地獄再現，百姓的生存權再次受到前所未有的踐踏！

在這場大屠殺當中，豪華的秦朝皇宮也無法倖免於難，項羽一把火扔上屋頂，烈火迅速焚燒，火焰三月不滅。

據說，阿房宮是嬴政整修長城後的又一瘋狂傑作，每當他打掉一個國家，便立刻派人把該國宮殿複製到驪山腳下和渭水之旁。

讓我們穿越時空，先回到阿房宮最光輝榮發的那段故往吧。

阿房宮地處咸陽，以建地阿房得名，面積約有三百餘平方公里，巍峨高大、氣勢恢宏，據說宮中有宮、樓外有樓，建築精細繁複，裡頭住著六國貴族後裔及宮女。

有人或許要問，秦朝宮殿裡住著六國的人幹嘛？

原來，嬴政同學拼盡國力修建阿房宮，並非只是為了講究排場，炫富震民。自他統一六國後，國家制度起了變化，由封疆改為中央直控的郡縣制，六國貴族便從此失去封地，又為防止他們在故地伺機再起，乾脆派人把他們全遷入阿房宮養著。

於是乎，咸陽宮便出現一種光想都覺得可怕的浩大場面：早上，宮女們坐在梳妝鏡前鬆開長髮時，光線便暗得彷彿烏雲密佈，卸妝丟到河裡的胭脂更是能使渭河河面浮出一層油漬懸伏；更誇張的是，宮中氣候居然不盡相同，東邊宮女正揮汗成雨時，西邊卻可能是呼吸成風的涼寒。

看到這裡，我們不得不感嘆，秦始皇眞可稱得上是位大慈善家，要養活一大幫只會吃喝玩樂的紈褲子弟。當然，羊毛出在羊身上，秦始皇早把六國之奇珍異寶剽掠一空運入咸陽城，要養活幾個貴族型廢人，根本不成問題。

可話又說回來了，跟項羽有仇的是秦朝政權，他幹嘛跟阿房宮過不去？

其實，火燒阿房宮一事，項羽徹頭徹尾被冤了。

數年前，中國考古學家實際考古後得證，在阿宮房原址根本找不到任何火燒的痕跡，又從阿房宮遺址觀察分析，得到一個驚人事實——這阿房宮只造好一部分，根本還沒峻工。那麼，杜牧筆下的阿房宮以及司馬遷筆下的「火燒宮殿，三月不息」又到底是怎麼回事？

考古學家認爲，杜牧是文學家，筆下描繪不大靠譜，而司馬遷說的「三月不息」，估計指的是咸陽宮。

儘管火燒阿房宮可能是被冤枉，但項羽毀了秦朝宮殿是事實，身上也烙下一項無比醜陋的印記，好殺濫燒。

性格決定命運，當我們回頭再看項羽的好殺濫燒，便能發現老早有了徵兆，也和他早年經受的苦難及仇恨意識脫不了關係。

起義反秦之前，劉邦和項羽都曾在不同時間、不同地點見過秦始皇出遊，當時劉邦情不自禁地發出讚嘆，項羽卻是發出「彼可取而代之也」的怒吼。

一個是崇拜迷戀，一個則是憤恨不滿，恨不得取而代之。

同樣的咸陽城，在這兩個男人眼裡呈現出的氣象及心理暗示卻是極不相同——劉邦喜享受，留戀不捨；項羽好破壞，恨不得以火與鐵證明霸王無敵！

火燒咸陽城已經是項羽讓人極爲暈厥的一步棋，更讓人頭痛的是，他結束「殺光搶光燒光」的三光政策後，便想屁股拍拍地領隊撤出咸陽。

這時，有人向他提議，關中風光壯闊，物產豐富，是眞命天子呑雲吐氣的王地，還是留下來吧，也好立足放眼四方。

向項羽提出建議的人姓韓，名字不詳，人稱韓生——在古代，只要有讀過書，不管讀的是哪家哪派哪流，統統稱作「生」。

聞言，項羽把焦點轉回關中，發現韓生說的沒錯，關中地勢險要，易守難攻，土地也肥沃，是稱王稱霸的好地方……可問題是，早不提晚不提，偏偏燒完宮室後才提，現下的咸陽城根本是片廢墟，連住都沒個像樣的地方，留下來幹嘛？

項羽理直氣壯地對韓生說道：「如果富貴後不還鄉，就好像穿著一套漂亮的衣服在夜裡行走，這又是何苦呢？」

韓生一聽，馬上暈倒，這哪是一個縱橫四海，以天下為家的英雄所應該說的話？和短視的暴發戶說的話毫無區別！

他愈想愈氣，無法忍受項羽白癡的政治頭腦，一時腦袋充血，對項羽說出一句禁語，「哼，瞧你這猴樣（人言楚人沐猴而冠，果然）！」

「小樣的，敢罵我是猴子？」

項羽一愣，轉而暴怒，二話不說地把那位可愛可敬的韓先生丟到鍋裡煮湯！

一直以來，項羽不是被復仇的火焰燒亂心智，就是被勝利的狂喜沖昏，連個善意批評的讀書人，都要對其採取如此惡殺手段，實在有損英雄形象。

雖然韓生死得是有些冤，但項羽依舊認為，英雄也是人，有衣錦還鄉的想法是人之常情。這想法沒錯，問題是，項羽是在一個錯誤的時間、錯誤的地點，造就出一個極度錯誤的決定，撤軍東還，無形中為自己挖出一個好大的坑！

城也燒了，人也殺了，退出咸陽城後，項羽還得集中精力對付一個人，也就是逃跑大王劉邦同學。

項羽和范增經過共同研究，決定在裂土封王方面，絕不能讓劉邦占到一分便宜，兩人最後制定出一道對付劉邦的極佳策略：讓楚懷王反悔撕約，收回先前那句該死的「先入關中者爲王」。

這招是一箭雙雕的佳計，如果楚懷王收回承諾，不但劉邦無法受封爲關中王，項羽的顧忌便可消去大半，同時還能兌現先前封章邯爲雍王的承諾！

此計一定，項羽馬上派人到楚懷王那裡傳話，希望他「務必反悔」，否則就吃不了兜著走。

本以爲楚懷王會照辦，沒想到，出人意料的事情發生了。

楚懷王接到項羽的指示後，想都不想地直接回道：「說出去的話就是潑出去的水，怎麼能想收就收回來？無論如何，一切就按曾經定下的口頭協議辦。」

這眞是個不怕死的男人，小命捏在別人手裡，竟還敢做這般無畏的抗爭！

項羽一聽，立即怒拍桌子，「楚懷王是我項家封的，憑什麼不跟我們合作？滅秦功勞中我最大，一切都該聽我的才對，你又是哪根蔥？」

最後，項羽改變主意，決定在修理劉邦之前，先去修理楚懷王——既然是麻煩人物，最好直接滾出彭城，以後別再想回來了。

項羽想出了一個富有創意的損人又利己的整王方法。

首先，故意提升懷王的層級，奉其爲義帝，接著對他道：「古人稱帝者都需擁有千里土地，並且居在河川上流處，既然如此，你就回長江上游的郴州住吧，聽說那裡生態環境不錯，空氣也沒被污染！」

郴州，也就是今天的湖南省郴州市，放在兩千多年前，只是一塊未經開發的蠻荒之地，環境條件之差，直逼人間地獄，滿眼蒼山瘴霧，亦是盜匪流亡出沒之地。

自此，楚懷王不再是楚懷王，改稱義帝——這根本就不叫封帝，而是活生生的流放。

第2章

卑屈的隱忍

張良此招果然高明，

讓劉邦裝出對漢中之地貪得無厭的樣子，

越能證明他已經甘心久居漢中，

一向提防的項羽自會少了一份懷疑和防備。

在項羽眼中，既然頂上有個義帝，自己就不能稱帝，只好當王，而要當就當全天下最大的王，自封爲「西楚霸王」，定都彭城。

緊接著，項羽和范增又是一番認眞研究，爲其他人開出一張貌似完美的王侯清單，在清單中，除了項羽和義帝的封地已固定外，剩下土地均分成十八塊，每塊分封一王。

期待已久的劉邦也分到一塊，可惜的是，他沒有得到垂涎已久的關中，反而得到全天下人不喜的漢中、巴蜀兩塊鳥不生蛋的地方，還美其名爲「漢王」。

項羽封劉邦爲漢王的理由如下：我聽說巴蜀曾是秦朝流放政治犯和死囚的好地方，又聽說那裡一年四季如春，人稱天府之國。我封你爲漢王，是想讓你好好治理環境，你就在那裡安度晚年吧。

只要有點歷史常識的人都知道，巴蜀是天下最爛的一塊地，其惡劣程度，遠勝流放義帝的江南郴州，可以說是地獄中的地獄。

唐代大詩人李白曾寫過一篇著名的《蜀道難》，更在詩中發出這般哀嘆，「蜀道之難，難於上青天！」連到了唐代，巴蜀都還是高山阻絕、飛鳥難越，何況是早它一千年的秦末時期？人進去了肯定九死一生。

項羽的目的很明顯：劉三，你到了漢中就別想活著回中原！

沒想到，更絕的還在後頭，范增發揚做事做到絕的優秀風格，鼓吹項羽把關中切成三塊，賜給三個秦朝降將：章邯得一塊，封雍王；司馬欣得一塊，封塞王；董翳得一塊，封翟王。自此，關中又稱三秦之地，放到地圖上可不得了，劉邦的漢中無情地被章邯三人封地圍起，毫無東向之勢，乍一看，簡直是座天牢。

劉邦就是落水狗，三秦就像三面結實的圍籬，如果劉邦想奪門而出，估計還沒衝到第三關，項羽便已聞聲趕來，殲擊漢軍。

從純軍事角度來看，這樣的安置簡直完美得無懈可擊，即使是敵對人士，也得心甘情願地讚范增一聲，不打也不罵，單靠老天爺便能活活折磨死人。

劉三，你就認命吧，誰叫你早不生晚不生，偏偏趕上末班車，遇上整蠱大師范增。

另外，項羽仿照關中，也把齊國故地割成三塊，原來的齊王，即田儋的兒子田福得到最差的一塊，改封為膠東王；最肥之地封則給了另外一個人，即背叛田榮投奔項羽的齊國大將田都；另外還有一個不肥不瘦的是濟北王田安。

十八塊大肉，十八個王，揀到肥的笑了，那些揀到瘦的以及見者沒份的，不是忍聲吞氣，就是蒼涼上路。

在他人紛紛前往封地時，有三個人卻對這份封王名單表達出強烈不滿，分別是漢王劉邦、下崗人士陳餘，以及齊國大佬田榮。當中又以劉邦的火氣最大，本來好好一個關中王，竟被項羽搞成被關中王看管的漢王，他怎麼可能吞得下這口惡氣？

是可忍，孰不可忍，既然都欺負到頭上來了，不打都不行了。

極度憤怒的劉邦立刻下令，命諸將做好應戰準備，老虎不發威，他還以爲是病貓，同學們聽好了，我們要主動出擊！

一說要打架，劉邦手下那幫武將全都摩拳擦掌，躍躍欲試。

周勃、灌嬰及樊噲等三人更異口同聲道：「打吧打吧，我們早就受夠了！」

這廂，我們先來看看劉邦一些兄弟的簡介，之前已經在鴻門宴上見識過樊噲同學的勇武，這裡只專門介紹另外兩個人。

周勃，出生年月不詳，祖籍卷縣（今河南原陽西南），後移居沛縣，曾以編織蠶帛爲生，業餘時間替喪家吹簫，以此賺得外快，能拉強弓、打硬仗。

灌嬰，亦是出生年月不明，睢陽（今河南省睢陽縣）人，曾行商，以販賣絲絹爲主，特長勇武善騎，想來也曾以武力達成許多業績過。

以上這些人，都是以侍從官中涓身分跟著劉邦造反的。

中涓這個官，就是經常喝酒鬧事，拍著肩膀稱兄道弟的鐵哥們，若用一句話來概括他們的個性行徑，就是一群好鬥的公雞。

在這些鬥雞眼中，作戰是偉大的，進攻更是沒得說的唯一選擇。

周勃等人這種好戰如命的特點，就像動物的本能，要是讓一匹馬放棄奔跑，那牠還是馬嗎？讓一隻老虎放棄撲羊，還能當老虎嗎？換言之，讓這三個人臨陣卻戰，那他們還是武將嗎？

答案很明顯，他們寧願戰死，也不願讓項羽爬到他們頭上拉屎。

就在軍中普遍響起一片叫打聲時，文官蕭何站出來力排眾議，勸誡劉邦道：「沛公息怒，這仗不能打，一打大家肯定都要完蛋。」

周勃等人一聽就怒了，紛紛喊道：「你蕭何這是什麼話，還沒開打就悲觀，你是不是怕死了？怕死還參加屁革命呀！」

蕭何冷靜地解釋道：「沒錯，怕死就不用參加革命，只是，革命並非得要拿命到處撒野，在戰場上，冷靜並不代表軟弱，暴怒也不代表強大。在敵強我弱的情況下，最適合的戰術是保存實力，伺機而發。」

蕭何的意思無非是說，劉邦和項羽不是同個重量級的對手，最好是養精蓄銳，等待時機東山再起，否則一不小心被項羽打成殘廢，那以後想翻身就難了。

道理似乎說得很輕鬆，問題是，難道劉邦就眼睜睜地看著那個比自己小兩輪歲數的項羽撒野嗎？

劉邦不服氣地反問回去，「你憑什麼說我們不去漢中就是死路一條？」

蕭何解釋道：「這道理還用多說？事實已擺在眼前。第一，我們軍隊沒有項羽多。第二，我們兵馬不如項羽強。所謂知己知彼，明明知道打不過別人，你硬要去打，不是找死嗎？」

這話聽起來實在刺耳，卻一下子擊中劉邦軟肋，讓他說不出話。

劉邦雖然拾回理智，仍嘆道：「有一個問題，如果不打，大家便一輩子都被關在漢中這鬼地方，我這個當頭的實在難以向屬下兄弟交代！」

蕭何笑了，「事情當然不是這樣子的，我們現在不打，不等於將來不打，現在只不過是忍辱負重，暫時退守漢中，只要衆人團結一致，努力開拓地盤，收攬民心，廣招天下賢士。時機成熟，便能趁機奪回關中，到那時，漢王您雄視天下自然指日可待。」

劉邦一聽，欣然接受蕭何建議，安順地承認漢王稱號。

劉邦動手組閣，任命蕭何爲丞相，至於張良，因爲他不得不回韓國覆命，只能改賜黃金珠寶以爲酬謝。

張良一轉身，就把劉邦賜給自己的財物全拿給項伯，當然，這錢絕不是白送，他希望項伯能替劉邦對項羽說情：如果霸王願意把漢中郡全部土地劃入漢王名下，漢王當然更加樂意長久蹲守漢中，老死不與外界相往來。

張良此招果然高明，讓劉邦裝出對漢中之地貪得無厭的樣子，越能證明他已經甘心久居漢中，一向提防的項羽自會少了一份懷疑和防備。

還好，項伯向來都是收人錢財、替人消災的好心人，一收到張良的賄賂，立刻二話不說，直奔項羽處找侄子聊天。

項羽對項伯向來言聽計從，好像也已經習慣項伯的貪汙受賄，再說，多給劉邦一點，自己土地也不會少一塊，於是，很爽快地答應項伯，把漢中郡全部土地一寸不少地撥到劉邦戶下！

西元前二〇六年，四月。

這一天，對劉邦來說是個特殊的日子，項羽在戲水宣佈罷兵東還，就在劉邦也要離開戲水準備打包上路時，發生一幕感人事蹟——眾諸侯營中，甚至項羽的陣營內，竟然有合計超過上萬人因爲仰慕劉邦賢義，願意隨他入漢中定居。

劉邦率軍離開戲水時，張良一路送行，一路依依不捨。

當張良最後不得不離開劉邦時，又給他出了一招黃金計，對劉邦說道：「請記住，您回到漢中後，務必把蜀中棧道燒掉。」

棧道不僅是巴蜀之地的產物，也是所有窮山惡水之地的偉大傑作。

巴蜀之地到處是絕嶺，無路能與外界溝通，於是巴蜀人便在懸崖絕壁上鑿出一排石孔，再插入長約二、三米木棍，然後在那一排木棍上鋪好木板，成了空中走道。

如此天路，一旦燒掉，沒有個三五年，絕對無法修起像樣的路，既然如此，張良為何要叫劉邦燒掉棧道？道理很簡單，一是防止項羽等諸侯哪天心情不爽銜枚奔襲巴蜀，二則是以此麻木項羽。

燒絕棧道，等於在向項羽無聲宣誓：霸王，您請放心，我這輩子不再準備挪窩出山，會將努力治理這裡的山川、河流、山城、甚至是每一個遙遠的村落，當個毫無威脅性的救助隊隊長。

劉邦回到漢中後，果然依張良之計，燒了漢中的主要棧道，然後低眉順眼地潛伏下來。這是一場忽悠與反忽悠的戰爭，劉邦的潛伏不是退卻，而是為了將來的進攻，他相信，飛龍在天的光輝已經不再遙遠！

有人要攤牌！

正當田榮想趁勝攻向項羽時，

忍了好久的陳餘也終於爆發，

在北方舉旗嚷嚷著要殺人，殺的還不是別人，

而是那位已經切八段的刎頸之交，張耳同學。

就在劉邦對項羽妥協退讓時，另外一個人卻在大聲叫囂著要跟項羽幹架，他就是齊國國相田榮。

田榮知道，他跟項羽本就不是同支隊伍，封王的機會自然不大，可他不滿的是，齊國是田家打下的天下，你楚國的項羽憑什麼來分封？

一開始，田榮已對諸侯放話道：「我的地盤我做主，誰敢前來齊國蹲點，我不砍他全家不甘休！」

然而與此同時，項羽也放出話來，「王我都封好了，如果誰敢不前往封地，我就直接砍他腦袋！」

這下眞是麻煩大了，去是死，不去也是死，怎麼辦呢？

前面說過，項羽把齊地割成三塊，封了三個王。其中一個是膠東王田福先生，另外一個則是田榮的叛將、齊王田都先生，最後一個是濟北王田安先生。

田都是不會害怕田榮的，如果害怕，當初也不敢背叛田榮，回應項羽北上救趙，於是田都第一個出馬直奔臨淄，準備就職。

眞是滑天下之大稽，田都原先不過是田氏家族的一條狗，如今卻想變成主人，不殺田都，田氏家族還有臉在世上混嗎？

西元前二〇六年，五月，艷陽高照，腦袋發熱的田榮決定出兵攔擊田都。

田榮帶著必勝的信心揮師殺向田都，這是一場家鄉保衛戰，堅決不能讓敵人搶走一寸土地。可憐的田都不敢戀戰，沒打幾個回合就逃奔出走往楚國求救。

田榮保住臨淄，接著又把田福召回齊國，命令他不准亂跑，並且讓他放心，只要叔叔在，沒人敢搶他的齊王。

田榮算盤是打得響亮，可沒想到話才說完沒多久，田福竟坐不住了。

在田福眼中，凶狠的項羽比田榮更可怕，如果不乖乖去封地，萬一項羽領軍打到齊國，肯定滅族……不行，得聽話！

這位膽小先生思前想後，決定悄悄溜出臨淄，奔向他的封地即墨（今山東省平度市），即膠東王的首都。

當田榮聽到田福逃跑的消息，肺都險些氣炸。不就是個西楚霸王嗎？當初他伯父項梁牛得不得了時，也要讓我三分，田福這小子竟被嚇得失魂落魄，不僅是對我的不信任，更是對他那不懼強權的父親田儋的汙辱。

這麼一個爛得扶不上牆壁的孩子，留著還有個屁用？殺！

在火熱的太陽底下，田榮揮著閃亮的寶劍，又發起一場「雪恥戰」，他一路狂追田福，終於在即墨城把自家侄子砍下馬，同時自立爲齊王。

幹掉了兩個王，田榮下一個目標，就是要砍掉濟北王田安。

田安是什麼來頭並不重要，他只是抗秦時拿下了幾座濟北郡的城，才受到項羽注意，當上濟北王，好制約不大聽話的田榮。

當田榮準備打田安時，突然撿到一個寶貝，這寶貝不是黃金，而是人。

原來，當時彭越正帶著一萬多人在巨野（今山東省巨野縣）遊蕩，不歸屬於任何諸侯，田榮一眼就盯上了他。

奇怪，彭越不是投了劉邦嗎？怎麼又跑到山東來混了？

前面講過，當初劉邦和彭越聯手攻打昌邑城時，昌邑城沒有拿下。當時劉邦不知是有心還是無意，把彭越一行人丟下後，就繼續向西挺進。自此，彭越就像是有娘生沒父養的孩子，領著一票小兄弟在巨野混飯吃。

沒想到的是，他帶著一千多兄弟到處沒有頭緒的征伐，最後竟也發展成一支有著一萬多人馬的孤軍。

現在，在田榮看來，如果得到彭越這支無主之兵，要幹掉濟北王田安可就省事多了，主意已定，便決定親自前往和彭越談判。

田榮道：「我給你將軍印，還管你們吃住，讓你替我殺個人幹不幹？」

彭越道：「殺什麼人？」

田榮道：「一個鳥人。」

彭越道：「鳥人？沒聽說過。」

田榮撇嘴道：「反正就是個不值一提的人，他就是濟北王田安。」

彭越道：「哦，是他呀，簡單，這買賣我接了。」

田榮道：「君子一言，駟馬難追，成交。」接著便立即刻了一個帥印給彭越。

彭越果然掛著齊國的旗幟征討田安，七月，成功地將田安斬首，爲田榮奪回濟北之地。這下子，田榮總算放下一顆心來，三齊之地全被握在手中，這是何等驕傲的成績。

項羽，你看到了沒有，我田榮才是齊國眞正的大佬，你說的話再嚇人，只要到我的地盤，統統都不算數，幹掉田安後，下一個就是你！

正當田榮想趁勝攻向項羽時，忍了好久的陳餘也終於爆發，他在北方舉旗嚷嚷著要殺人，殺的還不是別人，而是那位切八段的刎頸之交，張耳同學。

陳餘的怒氣不全因爲張耳，最主要還是出在項羽那張見鬼的封王清單上。

按項羽所言，不管是何方神聖，想封王的先決條件便是戰功。

論起戰功，陳餘並不比張耳少，鉅鹿之戰時他至少也踩了王離一腳才棄印離開，接下來在野外流浪時，也曾經寫過一封勸降書給章邯，做事到位妥當，功勞可圈可點。

然而，功勞苦勞一點不少的陳餘，撈到的好處和張耳一比，卻有著天壤之別。

項羽把趙王歇從趙國遷到代縣（今河北省蔚縣），隨手封了個代王，另外則封張耳爲常山王，將趙國以前所有土地交由他一人管，而陳餘得到的不過只是南皮（今河北省南皮縣）周邊的三個小縣罷了。

更讓人鬱悶的是，這小小的南皮三縣，項羽原先還不打算給陳餘，是楚軍一些門客好心提醒，說陳餘和張耳的功勞都差不多，如果不封給他一塊地說不過去。

項羽想想也對，又聽說陳餘當時正在南皮縣流浪，便直接把南皮劃在他名下。

他之所以如此排擠陳餘，理由只有一個——陳餘沒有隨軍入關，所以見者有份的封王沒他的事。

好一個見者有份，項羽不是說以功論賞嗎？爲什麼只因爲人不在現場就把好處全給了張耳？這分明是偏心！

項羽偏心，張耳無義，陳餘真是把他們兩人恨到底了，然而光恨沒有用，採取行動反抗才是最實際的事，他決定發兵攻打張耳，發誓要把人趕出趙國。

只可惜，陳餘手中沒有拿得出來的兵力。

雖說沒有兵，可以向別人借，可放眼如今天下，各路諸侯以項羽馬首是瞻，連劉邦都已服服貼貼地退守漢中，想生事，只能把目光投向千里之外的齊王田榮。

陳餘和他都是對封王不滿的可憐人，如今對方發跡了，向他借點兵馬糧草總不成什麼負擔，再者，田榮也想要找出一個與項羽站相反方向的人，兩方利益有互通之處。

陳餘想來想去，覺得向田勞借兵如果行不通，就再也沒有希望了，於是馬上派人前往齊國，秘密求見田榮。

陳餘是天生謀士，早已經為出使齊國的說客準備好一篇精采的演講稿，內容如下：齊王，項羽眞是一個偏心鬼，他把諸侯各國的將領都封到好地方當王，卻把原來的王踢到遙遠的山溝餵蚊子，我們趙國的趙王歇就是受害者之一，相信您這般厚道之人，對項羽的行為一定看不順眼。如果田先生願意襄助幾千兵馬，讓我打敗張耳，為趙王歇伸張正義，將來齊趙兩國就是盟國，項羽根本不敢胡作非為！

陳餘這招使得好，言辭間又推又拉，田榮一聽，根本沒有拒絕的適當理由。

他實在是太孤獨了，凡是孤獨的人都需要有個伴侶。還有一點值得注意的是，田榮幹掉田安後，已命令彭越將軍攻打項羽，正是用人之時，幫陳餘也等於在幫自己。

既然如此，就借給他兵吧，田榮當即和陳餘的使者立下結盟契約。

放心吧！項羽的敵人，永遠是我田榮的好朋友。

傳奇韓信傳奇事

為了洗盡恥辱，韓信決定脫胎換骨，

不久，他聽說項梁在吳縣造反，

便帶著那把長劍投奔項梁去，走向造反之路。

田榮在東邊鬧，陳餘準備在北邊鬧，西邊的劉邦表面上順服，可也不得不窩在漢中搞小動作。

這時，老天賜給劉三一位牛人，他更鬧得歡快了——這人就是韓信。

韓信，出生年月不詳，字重言，淮陰（今江蘇省淮安市淮陰區碼頭鎮）人，流浪漢出身，才大志大，深信自己肯定會出頭。

淮陰人都知道，每當韓信出現，腰間總少不了一把長劍，並且大搖大擺地在街市上走。千萬別小瞧這把劍的意義，古人對什麼人該佩帶什麼層次的刀劍極其講究，一般而言，貴族佩劍，平民帶刀，早已是不成文的潛規則。

在中國古代，如果祖宗八代本爲貧民，不小心一夜暴富，也想學貴族趕潮流佩把長劍出門，不亞於今天一個暴發戶，開著一輛象徵著地位和身份的勞斯萊斯招搖過市，一般人不但不恭維羨慕，還會嘲諷你無知和顯擺。

韓信既不是貴族，也不是暴發戶，啥本事都沒有，要德無德，要經商沒本錢，要混黑社會，膽子又不夠黑，唯有一個優點就是臉皮夠厚，四處混飯。

這麼一個厚臉皮的男人，母親死了沒錢下葬，還異想天開地替母親找一個又高又寬，四周能安得下上萬戶人家的墳，只要有點風水思想的人都知道，他這是想借母親的葬身之地求封萬戶侯。

飯都吃不飽，還想封萬戶侯，眞是窮瘋了。

在韓信蹭飯生涯中，下鄉南昌亭長便是一位慘烈的受害者。前面曾介紹過劉邦當亭長時的收入和待遇，只是體面一點罷了，也好不到哪裡去，然而韓信卻把亭長家當成公家飯堂，一賴就是幾個月不走。

常言道，救急不救貧，亭長老婆見過蹭飯的，但是沒見過像韓信這般長達幾月蹭飯不挪窩的，只好想出一招對付韓信的辦法，每天提前煮好飯，關起大門，全家人躲到被子裡，把飯全吃個精光。

這麼一來，韓信每到開飯時到他家，總是撲了個空。後來，韓信終於發現問題所在，氣得肚皮都要炸破，拒絕我就明說，幹嘛這樣把我當瘟人一樣躲起來？

韓信掉頭而去，發誓從此再也不登亭長大人家門，不信天地如此之大，難道就沒有我的飯碗？

窮困潦倒的韓信馬上想到淮陰城外的那條河，河裡的魚就是他的飯菜，決定自食其力到城下釣魚爲生。可憐的是，不知是因爲釣技太差，還是河裡根本沒有魚，韓信仍是有一頓沒一頓的，經常餓得滿眼金星燦爛。

那時候，有一群以漂洗絲絮爲生的女人常聚在城河下漂洗，其中一個漂母可憐韓信，便好心贊助他幾頓飯。

漂母的出現，讓飽受世態炎涼的韓信彷彿抓到一根救命稻草，一連幾十日，他賴上漂母這張短期飯票，最後還大言不慚地對老婦人說道：「老人家，非常感謝您的救命之恩，將來我發達了一定會回來好好報答您！」

漂母對韓信的話不但沒有感動，反而一臉不客氣地諷刺韓信道：「我是看你可憐才讓你蹭飯的，像你這般好吃懶做之徒，我能指望你報答嗎？」

這席話重重打擊韓信的自尊心，沒想到接下來的事，對他來說簡直更是奇恥大辱。

有一天，淮陰集市上的一個無賴看見韓信，就對他招手叫道：「你，那個帶劍的，請過來一下。」

韓信走上前去，一臉莫名其妙，只見對方輕蔑地指著他說道：「你就是那個蹭飯大王韓信吧，飯都吃不飽，還整天佩劍帶刀四處遊晃，你不覺得丟人嗎？」

韓信一聽，默不作聲，暗忖，我本來就是流浪漢，帶什麼佩什麼是我的自由，要丟也是丟我的人，關你什麼事？

這時，無賴故意抬高聲音叫道：「聽說佩劍帶刀的都是英雄好漢，你有膽今天就把我殺了，沒膽就從我胯下鑽過去，不然你就永遠在我面前消失！」

這件事放到現代，我們相信，無賴先生只是開玩笑，嚇唬嚇唬韓信罷了，就算韓信拂袖而去，項多招來對方一場哄笑，沒什麼了不起。不料，事情發展出乎所有人的意料，韓信沒有殺人，更沒有逃跑，他當眞的從無賴的胯下鑽過去。

這不是正常人的思維，韓信人高馬大，儀表堂堂，怎麼會屈服於一個小小的癟三呢？韓信這次「胯下之辱」的經過傳了出去，一傳十，十傳百，迅速在鄉裡村閭傳開，從此被大人當成反面教材訓誡子女。

爲了洗盡恥辱，韓信決定脫胎換骨，不久後，他一聽說項梁在吳縣造反，便帶著那把長劍投奔項梁去，走向造反之路。

在混亂時代裡，造反永遠是項暴利行業，千百年來，冒險家們前仆後繼，樂此不疲，就像飛蛾撲火般，燒了一批又上一批，從未中斷。

然而，在那一場接一場的造反市場競爭中，眞正從頭笑著走到最後的人寥寥無幾，更多的人不是丟掉性命，就是活在別人光芒萬丈的陰影之下。

很不幸，韓信從軍時，一開始是屬後者。

項梁死後，項羽主權，韓信的人生稍有起色，被提拔爲宮廷侍衛官（郎中令），職責是沒日沒夜地站崗。

站崗無法滿足韓信，他本想用計策向項羽換取更高遠的前途，然而不幸地，狂妄自大的項羽根本懶得理他。韓信再度感覺到，在亂世中想出人頭地還眞不容易，失望透頂的他最後決定跳槽。若說到換工作，劉邦算是個不錯的老闆。

當項羽在戲水宣佈罷兵，和諸侯均分天下時，韓信果斷地投靠劉邦，隨軍行至漢中，然而，卻只得到一份滑稽的工作，倉庫管理員。

韓信對這份工作太眼熟了，這不是李斯年輕時在楚國做過的工作嗎？

當年的李斯便是因爲被糧倉裡的老鼠刺激到，才辭掉這份沒油水又沒前途的工作，棄儒改習帝王之術，怎麼我韓信也來幹這居萬人之下的活兒？可是來都來了，只好先找個站腳的地方。

誰知，更不幸的事情出現，韓信還沒站穩腳，又惹了一樁殺頭的罪。

後世已無法確知韓信犯的是什麼罪，只知道在他和別人被押送刑場時，遇上生命中第一個貴人，夏侯嬰。

夏侯嬰，沛縣人也，沛縣政府司機出身，忠厚老實。

在劉邦衆多粉絲中，夏侯嬰是粉絲中的粉絲，追星生涯可從當沛縣領導司機時開始說起。從古到今，領導的司機大部分都很傲，縣長的司機可能就比局長跩。但夏侯嬰是個例外，不但和藹可親，心地特好，每次出差經過泗水亭時，總要停下車來探望劉邦或聽他吹牛，不到日落西山不會離去。

更讓人佩服的是，夏侯嬰還因爲要保護自己偶像不被下獄，結果挨了幾百大板，還替劉邦蹲了一年多的牢。

原來有一次，劉邦和夏侯嬰拿刀劍互相打鬧，劉邦不小心傷到夏侯嬰。

老實說，朋友之間出點意外也正常，回去貼個藥布什麼的，明天繼續上班，可不曉得哪個多事的人去向官府告發，說劉邦弄傷夏侯嬰了。

要是劉邦和夏侯嬰是普通百姓，別人也不會吃飽撐著告黑狀，問題就在於他們身份上的特殊。

按秦朝法律，夏侯嬰不但是沛縣領導的司機，同時也是秦朝候補公務員。

候補公務員也是秦代公務員中之一，劉邦弄傷公務員，有損官威，等同於折辱皇威，更讓劉邦哭死的是，他是正式編制體外的亭長，勉強也算公職之一，按秦法來說，是知法犯法，罪加一等。

劉邦這下慘了，他不是傻瓜，無賴出了名，索性一口咬定夏侯嬰不是自己弄傷的。

官府便派人找夏侯嬰對質，想當然爾，夏侯嬰也一口咬定不是劉邦弄傷自己。

想不到，官府突然反問夏侯嬰，「那到底是誰弄傷你的?」

夏侯嬰一聽，立刻傻掉，腦筋飛快運轉——對呀，誰弄傷我的?難道告訴他們說是摔傷的？騙三歲小孩子差不多，那到底說誰弄傷我好呢？

官府緊緊追問，見夏侯嬰一直支支吾吾，老半天說不出個所以然，認定夏侯嬰在說謊，先打下幾百大板，打得夏先生遍體開花，他卻愣是沒把劉邦招出來。

官府沒力再打下去，只好把他扔到監獄裡，反反覆覆地查找眞相。

一年多後，官方覺得這件小事越查越無聊，乾脆不了了之，直接把夏侯先生放出來，劉邦自然從此脫離罪責。

這就是傳說中的夏侯嬰，仁厚重義，忠貞不拔，許是冥冥之中天註定，當時監斬韓信這批犯人的，正是這位善良的夏侯嬰先生。

拜將

既然拜將是大事，劉邦也應該藉此大秀一場，

如果再不作秀，士兵跑的人就更多，

再不表現，將領也會越來越少，

不僅要秀，還要秀出人氣水準。

刑場如戰場，當時，韓信這批犯人總共有十幾個，韓信排第十四個，在他前面已有十三人被砍掉腦袋。

輪到韓信受刑時，劊子手舉刀準備落下，韓信突然抬起頭看見了夏侯嬰，本能地喊出了一句，「主上爲什麼不想著怎樣得天下，卻要想怎麼亂殺壯士呢？」

這句莫名其妙又充滿悲壯氣勢的喝斥，彷彿一聲晴天霹靂。

夏侯嬰大吃一驚，驚問道：「何人口出狂言？」

「就是我，韓信，淮陰人，那個人見人閃、魚見魚跑、鳥見鳥飛的流浪漢。」韓信喊道。

夏侯嬰走到韓信面前，只覺此人相貌非凡，威武有力，不由暗暗感嘆，這般氣宇軒昂的英雄如果死了多可惜，立刻將韓信釋放，並請他入座暢談天下軍事。

韓信口沫橫飛，對答如流，夏侯嬰發現韓信果眞有才，立即向劉邦推薦這條人中之龍。劉邦一聽到夏侯嬰的推薦，立刻笑了起來，不過既然是夏侯小弟引薦的份上，還是把韓信提爲糧食總監（治粟都尉）。

總算混到一個不大不小的官，換成別人或許便該滿足。然而，韓信不但胃口很大，夢想也很大，這個天生喜歡佩劍流浪的人有一腔雄心壯志。

李斯曾說，要當官，我就當最大的；韓信也這樣說，要當兵，我也要當最大的。天下最大的兵是什麼？那就是兵王，大將軍。

吹牛有很多種，夢想也有很多種，一個曾經受過胯下之辱的人也想吹牛當大將軍，玩笑開得太大了吧？

只有一個人不認爲韓信是在吹牛，這個人就是韓信命中出現的生死知己，蕭何。

蕭何曾經私下和韓信有過無數次對話，發現韓信確非池中物，而是條蠢蠢欲動的人中之龍。

韓信知道，蕭何很欣賞自己，也相信再過不久，蕭何便會向劉邦再次推薦他。

然而，彷彿過了千年萬年，蕭何欣賞如故，他的職位卻也仍然如故，韓信終於等得不耐煩。他斷定，蕭何肯定已向劉邦推薦，是劉邦沒有把他當成人才看！

既然不被提拔，那就流亡去吧。天地蒼茫，前路渺渺，大丈夫總得去尋找夢中的天地，只要逃出漢中，別的地方或許還能找到一份稱心工作。

韓信趁著一個月夜，毫不遲疑地逃跑了。

其實，韓信不是漢軍中的第一個逃兵，而他逃跑也不僅是因爲個人職位問題，還有一個重要原因，那就是當時漢中的氣氛。

劉邦率領江東子弟趕赴漢中，短短三個月中，已有許多將領及士兵承受不住鄉愁的煎熬。這群想家的軍人用多種方式來表達他們對江東的思念，有的用歌聲，有的用淚水，有的用夢鄉，有的用飛鴻，有的用回憶，更多的人選擇了逃跑。

儘管山高水遠，路途坎坷，沒有什麼能擋得住回家的渴望，韓信於是也成了這些逃兵中的一員。

當蕭何聞聽韓信逃跑，立即策馬狂追。

蕭何剛跨馬出營追趕韓信之時，有個二百五馬上告訴劉邦道：「漢王，不好啦，蕭丞相跑了！」

「跑了？」劉邦簡直不敢相信自己的耳朵，「他怎麼會跑，你是不是看錯人了？」報告的士兵又說道：「不會錯，丞相是夜裡騎著馬跑掉的。」

劉邦傻了一樣地坐著一動不動，皺眉思考，一直以來蕭何就像左右手般，他跑了，自己當這個漢王還有何用？

劉邦突然想起三個月前，蕭何對他說的話：臥薪嚐膽，曲線突圍，還有什麼潛龍勿用，飛龍在天……原來統統都是屁話。

如果說漢軍是一棵大樹，劉邦就是主幹，蕭丞相及將領們是枝椏，士兵們是樹葉。劉邦真沒想到，漢中的生存環境惡劣到這般程度，樹葉就全向東飛，連軍中十幾個枝幹將領也紛紛自斷而去，是不是到了最後，就只剩我這主幹老死於異地他鄉了？

然而沒過兩天，哀傷絕望的劉邦突然聽到一個吃驚的消息，蕭丞相回來了。

他立即叫人把蕭何召來，又喜又怒，不由分說地破口大罵：「快說，你為什麼要逃跑？」

蕭何聽得一驚，連忙解釋道：「臣不敢逃跑，臣這是去追一個人！」

劉邦道：「你追誰？」

蕭何道：「韓信。」

劉邦一聽，啪地拍案而起，再次大罵道：「那麼多將領逃跑你不追，偏去追一個名不見經傳的小卒，擺明是想騙我！」

蕭何苦笑，不慌不忙地向劉邦解釋道：「大王息怒。諸將易得，可像韓信這等舉世無雙的國士，卻是打著燈籠去找也找不出第二個。漢王如果只想繼續待在漢中，自然用不上他，可如果您想與項王爭天下，除了韓信以外，我保證天底下再沒人能幫得上您的大忙。」

劉邦聽了半天無話。過了一會才嘆出了一口氣，答非所問地說道：「我也想打回老家呀，誰想待在這鬼地方？」

蕭何眼睛一亮，韓信的機會終於出現，趁機對劉邦提議道：「既然漢王不想待在這鬼地方，那就重用人才，使其爲您衝鋒陷陣，就比如韓信，您應該大力提拔他，不然，即使捉回來一百次，他還是會跑第一百零一次的。」

劉邦久久地看著蕭何，不知道他這話到底是威脅，還是利誘，最後輕輕嘆息一聲，說道：「看在你的面子上，我就讓他當個將軍吧。」

蕭何笑著搖搖手，「不行，讓他當將軍，他不會爲大王留下來的。」不當將軍，難道非得大將軍才行？好小子，要價眞不低呀！這哪裡是推薦，簡直就是敲詐！

然而，劉邦轉念一想，既然蕭何如此重視韓信，何不就讓他拉出來遛遛？

劉邦道：「蕭丞相難得推薦一回人才，那就聽你的話，就讓他當大將軍吧。」

蕭何終於露出勝利的笑容，「漢王請放心，不拘一格降人才，蒼天會給您回報的，我先替韓信謝謝您了。」

劉邦道：「蕭丞相別只顧著做好人，還是趕快叫那小子到我這裡受印吧。」

此言差矣，他眞以爲韓信是超級叫花子，自己想怎麼呼喚就怎麼呼喚？那韓信和一個普通的家奴又有何差別？

基本上，當領導呼喚下屬，對下屬進行施捨也十分正常，問題是，得換個方式和態度，讓別人覺得你不是在施捨，而是撫慰和安置。

蕭何當然不同意劉邦這種敷衍了事的做法，再次勸道：「大王如此封將萬萬不可，大王待人一向傲慢無禮，呼喚將領就像吆喝小孩子一樣，這也是韓信之所以逃跑的原因之一。如果眞心想拜韓信爲大將軍，一定要選擇良辰吉日，齋戒沐浴，並且舉行隆重的拜將儀式。」

基本上，這個建議來得相當及時且必要。

既然拜將是大事，劉邦也應該藉此大秀一場，如果再不作秀，士兵跑的人就更多，再不表現，將領也會越來越少，不僅要秀，還要秀出人氣水準。

劉邦被蕭何高瞻遠矚的眼光折服，決定按蕭何所說的行事，擇日爲韓信舉行隆重的拜將儀式。

劉邦欲拜將的消息一放出去，便迅速傳遍軍中，漢軍上下人心沸騰，大夥紛紛猜測，誰會是漢王的大將軍？

這個神秘做法，搞得每個人心頭發癢，像在買樂透彩券一樣，號碼還沒開出來前，每個人都有一份模糊的渴望和期待。特別是勞苦功高的周勃、灌嬰及樊噲等武將，他們的希望和熱情更隨著底下士兵的歡呼聲不斷高漲。

這倒也是，他們是劉三的患難兄弟，現在更是劉三的左膀右臂，大將軍印要是落在別人懷裡，好像說不大過去。

終於到了拜將這天，諸將屏氣凝神地等待劉邦宣佈結果。

在無數渴望期待的目光下，劉邦莊嚴地走上高台，居高臨下，威風凜凜地宣布道：

「諸位聽好了，漢軍大將軍，乃韓信是也！」

一語猶如驚天霹靂，轟得漢營滿軍上下目瞪口呆。

第 6 章

大將軍的風範

劉邦終於明白，在眼前的亂世裡，

不是沒有人才，而是你欠缺發現人才的眼光，

蕭何的貢獻實在太大，不但幫韓信上位，

更幫漢營物色到一個曠世將才。

眾人簡直不敢相信自己的耳朵，絕大多數聽都沒聽過韓信，韓信？韓信是哪個娃子，不會是張良老家韓國那邊來的什麼親戚吧？

正當大家大眼瞪小眼時，只見韓信莊重而自信地走上高台受禮。

過了一會，終於有人認出他來，這不是那個差點被夏侯嬰砍掉腦袋的傢伙嗎？

大家這才知道什麼叫腦袋不夠用，就算打破腦袋都搞不懂。韓信一沒勢力，二也沒聽說過有什麼能力，竟然能迅速飛升，難道是他祖宗積德，或者母親埋對風水了嗎？

這種情景，只有一個詞最能形容諸將的心情，沒勁。

劉邦出招太猛了，完全超出眾人的智力和想像，更超出他們預設的遊戲規則。人來都來了，將印也有主，大夥姑且瞇起眼睛，留下來繼續看熱鬧，接下來還有個現場答辯和就職演說，就看劉邦和韓信這兩人要怎麼收場！

典禮結束，諸位坐畢，劉邦當眾問韓信問題。

「丞相經常跟我說你十分了不起，請問你有什麼良策教我走出漢中？」

話語才落，韓信便起身致謝道：「大王過獎，在下承蒙丞相恩寵，其實並沒有像他所言好得不得了。」

劉邦微微點頭，韓信這是謙虛，如果自己沒有判斷錯誤，他這話後面將是一篇洋洋灑灑的理論。沒想到，韓信不但沒有半句轉折，還反問劉邦一句，「請問漢王，如今跟大王爭天下的人是項羽嗎？」

劉邦笑了，「這不是廢話嗎？除了項羽，天下誰敢與我爭鋒？」

接下來，韓信的第二個問題馬上接著冒出，「那麼請大王自己掂量一下，您和項羽之間，哪個更勇猛剽悍？」

劉邦一下子愣住，臉上有些尷尬。你吃錯藥了嗎？今天大好日子，何必當衆爲難我？項羽可是天下第一武將，如果我比他還厲害，又豈會落到今天得拜你爲將的地步？

這種場面，不要說讓台上的劉邦臉色變得難看，就是坐在台下的諸將們，也無人不覺得他過於放肆。

你韓信算哪根蔥呀？給你印是大將軍，要是一腳踢你下台，就什麼都不是了。

現場氣氛因韓信這一句話變得僵硬，大家都在靜靜等著劉邦發怒，沒有人相信，韓信熬得過這一刻！

劉邦抬頭環視左右，只見他臉上的表情突然變得輕鬆，帶著一絲笑意，大度地回答道：「不怕將軍見笑，我實在不如項羽勇武！」

在座所有人包括韓信在內，無不被劉邦深深折服。

這才叫眞英雄，敢於承認弱勢，敢於面對現實，敢在衆目睽睽之下接受重重拷問。

一個君王，可怕的不是有缺點，而是死要面子，而韓信想要的，正是劉邦這種勇敢的表現！

韓信終於要亮出自己的底牌，他等得太久，今天要大膽地告訴全世界，韓信到底有著怎樣的能耐，首先展現的，便是一篇滔滔雄辯的演講辭。

由於韓信是名武將，並不是以口舌見長的縱橫家，當他說得一口滔滔連綿的演講時，實在叫人驚訝。韓信的就職演講並非完美絕倫，卻絕對入情入理，扣人心弦，筆者特別把它翻譯出來，供愛好演講的同學學習。

項羽性情勇猛剛烈，發起脾氣咆哮如雷，沒有人不害怕他，他不懂任用賢能，只會逞匹夫之勇，毫無集團作戰之心。

項羽對人恭敬仁愛，言語親切，別人生病時，甚至會傷心落淚，分出自己的飯給對方，可一旦行封論賞時，即使把刻好的王印邊角都摸平，也不肯讓給有功的人，只有婦人之仁，而無王者之胸懷。

項羽霸有天下，不建都關中而建都彭城，說明他固守自封、自大自私，全無王霸天下的眼光雄心。再著，項羽不但背叛義帝之約，強迫遷到千里之外的江南，還驅逐諸侯故主，任命自己親信當王，軍隊所到之處，百姓無不遭殃受苦，名為霸主，實則已失天下人之心，是個外表強悍，內在卻不堪一擊的人。

綜合以上所述，我韓信認爲，如果漢王朝項羽相反的方向去做，任用天下武勇，還有誰會幹不掉？如果把天下的城市全封給功臣，誰會不願意臣服？如果率領思鄉心切的江東子弟合力打回江東，還有誰無法打敗？

另外，章邯等三秦之王背叛秦朝，項羽把他們的二十幾萬關中子弟兵全部坑殺，關中百姓早已恨死他們。

反觀，大王您自入武關以來，秋毫無犯，還跟關中百姓約法三章，百姓無不歡迎您當秦王，按義帝之約，本來就應該稱王關中，卻被貶到漢中，百姓誰不痛恨惋惜？

綜上所述，大王如果要出兵攻打章邯等三秦王，打通江東之路，根本不用花費多大力氣，只需昭告天下便可將三秦之地搞定。

精采，實在精采！這番高談闊論，讓劉邦聽得如癡如醉，胸中興起無限佩服，對韓信頓時起了一種相識恨晚的感覺。

世有伯樂，然後有千里馬。千里馬常有，而伯樂不常有。

劉邦終於明白，在眼前的亂世裡，不是沒有人才，而是你欠缺發現人才的眼光，蕭何的貢獻實在太大，不但幫韓信上位，更幫漢營物色到一個曠世將才。

韓信演講結束後，劉邦按他得三人而得天下的理論，分別委任蕭何和韓信擔當不同角色的重要工作。

蕭何固守大後方，負責到巴蜀之地收租收糧，保證軍隊供給萬無一失；韓信打前鋒，負責衝鋒陷陣，殺遍四方；劉邦本人則守穩中鋒，負責隊伍管理，只差教練張良沒有到位，相信他不久後亦會歸隊。

接下來，將是一場生與死的決賽，項羽一人兼任前鋒、中鋒、隊長、後衛及教練，范增爲副教練。由此看來，目前這場足球比賽式的楚漢相爭，將以四比二開戰！

楚漢爭霸

可問題來了，說當皇帝，
天下就認為劉邦你野心大，不配效勞賣命。
不說嘛，人家又會說他私心重，
只顧報仇，不顧蒼生死活。
看來，劉邦還缺一個出師之名，
他要想奪得天下，就要懂得先替自己正名。

突圍

好消息不斷傳來，

塞王司馬欣及翟王董翳已向漢軍投降，

漢軍部隊再度殺入咸陽城，

除了章邯死守廢丘外，

秦國舊地幾乎全落入劉邦口袋之中。

在前面的演講中，我們只看到了韓信一堆優美的戰爭理論，卻沒有聽到他提出該如何帶領漢軍打出漢中的具體方案。其實，在韓信的內心深處，早已爲劉邦描繪出了一個完美的藍圖，就是暗渡陳倉，還定三秦，從而與項羽爭霸天下！

陳倉，即今天的陝西省寶雞市，位於關中八百里秦川西端，「寶雞」一名是唐肅宗至德二年（西元七五七年）因聞陳倉山有「石雞啼鳴」之祥瑞才改稱寶雞縣。

秦末之時，包括項羽及范增等人在內，都以爲劉邦要出漢中，非棧道不可，後來棧道被燒，且有章邯守住漢中至關中的主要通道，如果劉邦要還定三秦，除非是長出了一雙翅膀。

事實上，漢中除棧道通關中外，還有一條古老的峽道通往外部，只不過此道架在崇山峻嶺之中，路途遙遠且年久失修，很多人都忘了。

現在，韓信一眼就盯上這條傳說中的秘道。

劉邦要衝出漢中，此道就是一雙飛天翅膀，不過，有個現實問題擺在韓信面前——在潛出漢中之前，如何才不會打草驚蛇，不被章邯砍斷翅膀。

韓信馬上想到一個絕招，那就是放煙霧彈，他向樊噲下達了一道指令：務必在極短時間內，把漢王先前燒掉的棧道全部修好。

樊噲一聽立馬被弄糊塗，是人都知道，棧道易燒卻難修，要完成漢中通往關中的棧道，沒有個一年半載工夫可不行，況且章邯還死守不放，如果棧道沒修完那邊就打進來了，不是吃力不討好嗎？

韓信自信地拍著樊噲的肩膀說：「沒事的，兄弟，你儘管修，若人力不夠，我再增援就是。」

樊噲苦笑，「韓大將軍，你這不是拿我尋開心嗎？就算把漢軍全調去修棧道，也抵不住章邯的一把火啊！」

韓信笑了，「事情沒有你想的那麼悲觀，既然我讓你幹，當然不會讓你白費功夫。你先開工吧，日後有空，我再跟你慢慢解釋。」

樊噲聽得又是一陣鬱悶，然而，再鬱悶也得幹活，誰叫人家是大將軍呢，開工！

於是，樊噲和曹參領著一支先鋒開進大山，大張旗鼓地修道。

這一動工，就好像在山裡放了一個響屁，章邯馬上聽到漢軍的動靜，但是，當他瞭解漢軍的意圖後，差點沒笑破肚皮。

眞是蠢人年年有，今年特別多，樊噲，你們努力修吧，我先不打你，也不罵你，等你修得差不多時我再叫人去拆。

嘲笑歸嘲笑，章邯還是覺得好奇，這麼一個白癡絕頂的計劃，不知是哪個有才將領出的主意？

他派人前往探聽，沒多久就得到回覆，原來漢軍修棧道是韓信大將軍下的死命令。

「韓信？名字這麼陌生，他是哪個山旮旯跑出來的，怎麼沒聽說過？」章邯問道。

刺探軍情的士兵笑了，「您沒聽過韓信，總聽說過那個胯下之辱的故事吧，那韓信正是彼胯下之辱的主角！」

章邯這才知道，世界上還有一種男人，連個無賴欺負到自己頭上都不敢殺，這樣也能當大將軍？漢王啊漢王，我眞替你悲哀了，想早死就告訴我一聲嘛，何必把自己搞得聲名狼藉？

西元前二〇六年，八月，天涼好個秋。韓信整治軍隊完畢，出發！

這年秋天，韓信派周勃率兵增援樊噲修棧道，加起來，漢軍總共有一萬多人，像一萬多顆煙霧彈徹底瞞騙住章邯。

當章邯高枕無憂地等著漢軍做無用之功時，韓信卻率領另外一支軍隊，像一群飛天神鼠般從南鄭出發，繞過棧道，穿過小道，越過秦川，神不知鬼不覺地抵達陳倉，襲擊守城之兵。

樊噲這才如大夢初醒，原來韓信這招就叫「明修棧道，暗渡陳倉」。

漢軍側翼出擊的消息馬上傳到關中，章邯當即傻掉了。

地上的棧道還沒修好，難道漢王軍們都長了翅膀不成，還是打地洞從地下鑽過來的？章邯呀，你有事沒事還是請多多研究一下地圖嘛，劉邦當然沒有眞長出了翅膀，更不是打了地洞，而是從章邯眼皮底下溜出來的。

章邯已經來不及多想了，只能馬上調兵遣將，前往攔擊。

但一切都晚了，這不僅是一場忽悠與反忽悠的戰爭或軍事地理課，更是一場壯懷激烈的復仇戰役。

韓信和章邯在陳倉無情展開會戰，漢軍將士在漢中像蹲監獄般待了四個月，多日來積蓄的苦悶終於爆發，攻勢有如餓虎撲食，不管前面是刀槍還是火海，只管直線殺去。

這場戰役正如韓信所料，以戰士東歸之心殺章邯負義之兵，漢軍必勝無疑。

章邯當初率領二十萬勞改犯從咸陽城殺出來時，憑的也是這股要自由不要命的氣勢。然而時過境遷，如今的漢軍變成當初的秦軍，章邯也步上周章的後路。

章邯頂不住殺紅眼的漢軍，只好撤兵向好畤（今陝西省乾縣好畤村）方向逃跑。漢軍像幾十年沒聞到肉味的餓狼，一路追著章邯狂咬過去。章邯在好畤停下來與漢軍打了一仗，又敗，逃回了廢丘城。

此時，劉邦也隨著韓信從陳倉突圍，他也是從漢中監獄逃出來的囚徒之一，懷著滿腔復仇的火焰攻打關中，章邯不死，休教漢軍安眠！

劉邦派重兵圍攻廢丘，同時命令諸將派兵攻打他城。

好消息不斷傳來，塞王司馬欣及翟王董翳已向漢軍投降，漢軍部隊再度殺入咸陽城，除了章邯死守廢丘外，秦國舊地幾乎全落入劉邦口袋之中。

章邯，諒你插翅也難逃了！

然而，面對強大的漢軍，章邯仍是不肯屈服，憑著軍人的毅力和過人的守城技術，吃力地撐著搖搖欲墜的廢丘。

接下來事情還眞邪門了，章邯這一守，劉邦意將近十個月對他毫無辦法。

當劉邦照步驟收復三秦時，也沒忘記身在沛縣的老爹和老婆。

相隔四月，思念如飛，劉邦除了顧慮躲在廢丘城內的章邯外，就是擔心親屬的安危。爲了迎接呂雉和劉太公，決定派出一支軍隊開往沛縣。

這個重要任務，他決定交給一個重要人物去辦，此人就是王陵。

王陵，沛縣人也，在劉邦起義之前，王陵曾是沛縣一豪，劉邦待他就像待自家兄長一樣恭敬。

千萬別以爲劉邦來這一套，就能套住王陵的心，事實恰恰相反。

劉邦在沛縣起義後，王陵不但沒有跟隨劉邦，反而自己拉了一幫大約上千人的隊伍佔據南陽（今河南省南陽市），也做了一方頭目。

沒想到，劉邦剛搞定關中，王陵便突然帶著兄弟們遙遙回應。

劉邦知道，目前的王陵，不過是形勢所迫才暫時找個靠山，估計最大的限度也就是回應配合漢軍行動，不會眞正歸順。

王陵就像一隻站在龍背上的鳥，隨時可以飛走，也隨時可以反啄一口，這怎麼辦呢？想來想去，劉邦終於想出一個妙策，以托大事攏情，把入沛縣迎接劉太公等人的任務交給王陵。

此法不愧爲兩全之計，首先，王陵是沛縣人，熟悉返鄉路線，更對沛縣熟門熟路，不怕耽誤時間；其次，以此傳達對王陵的無比信任，實施拉攏，就差沒直接告訴王陵：兄弟，我老爹和老婆都交給你保管了，還不夠重用你嗎？

沒有人知道王陵這一路心裡到底想著什麼，不管如何，他還是領命出發了。

劉邦調將西出武關，王陵在南陽接應，以他爲嚮導，向沛縣方向挺進。

然而，當王陵行至陽夏（今河南省太康縣），項羽獲報王陵東下，立即派兵攔截，使之不能前進。同時，項羽不知從何方打聽到王陵母親的下落，把她老人家捉到楚軍裡，以此要脅王陵！

王陵聽到情報，立即眉頭打了十多個結，他娘的，兄弟的親屬還沒接到，自己的親媽竟然先賠進去了。

事到如今，天大的事也不如親媽的事大，王陵不得不對項羽回話：「千萬別傷了我老媽，不然我跟你沒完。」

項羽道：「這個你放心，只要你肯投降，保證老人家毫髮無損。」

王陵道：「既然如此，咱們先談好條件！」

緊接著，王陵便派使者前往楚營，與項羽談判。項羽得知王陵派人，立即設宴招待使者，並把王陵的母親請上宴席尊位，自己則像一個謙卑的孫子坐在宴席下位。

傻瓜都看得出來，項羽這招也是作秀。

之所以擺出如此作爲，是因爲他摸透了王陵的心——首先，王陵是個孝子；其次，王陵對劉邦根本不會死心塌地。

因此，項羽打心裡爲王陵設計好投降三步驟：談判、碰酒、叛漢。

如果不出意外，王陵肯定是繼雍齒之後，第二個從背後倒插劉邦一刀的同鄉。

可世間之事，人算總不如天算，正在王陵的使者和項羽談妥條件，準備返還時，有個人跳出來，打亂項羽的如意算盤。她不是別人，恰是王陵的母親。

當時，王母瞅到一個機會，秘密通知王陵的使者，請他務必轉告王陵，定要一心一意跟著漢王混，仁者劉邦必得天下，暴君項羽必失民心，千萬不要毀了自己的大好前程！

更意外的是，王母爲了斷絕王陵變亂之心，說完便拔劍自殺，以絕後路！

鮮血濺射一地，王母這自刎的一劍，彷彿割在項羽的咽喉上，痛得他半天回不過神來。項羽徹底抓狂了！

眞是不識抬舉的老東西，我項羽前世與妳無仇，今世還好心伺候妳一回，竟然罵我暴君，既然妳咒我早死，老子非得讓妳死不安寧！

盛怒之下的項羽，做出一個極不英雄亦極不孝的一件事：把王陵母親的死屍丟到油鍋裡烹煮。

項羽烹王母的消息，迅速傳到王陵耳裡，世界上再也沒有一個詞語能夠形容他此時無比悲憤的心情。

天打雷劈的項羽，你聽好了，今生今世，有你沒我，有我沒你！

一個偶然事件，就此改變了兩個人，王陵從此無比堅定地跟隨劉邦，誓與項羽血戰到底。

第2章

羋心的末日

在古代，不管皇帝是暴君還是昏君，

只要臣民採取非常規手段犯上，

都可能成為人人誅之的對象，

為避免成為諸侯的箭靶，

項羽只能對義帝採取秘密暗殺行動。

此時，世界的另一邊，劉邦的軍隊再次打到了韓地，也就是張良的故鄉。

血戰當前，項羽鞭長莫及，只有任命一位叫做鄭昌的爲新韓王，前往韓地迎擊劉邦。

奇怪，韓地明明有個韓王成，他爲何又任用了新韓王？

其實，在劉邦還沒打出漢中前，這位西楚霸王早就把韓王成殺了。

項羽殺韓王成有兩個理由，第一，在軍事才能上，韓王成實在是個廢物。第二，在做人處事上，韓王成也實在是個不識抬舉的東西。

當初，反秦事業做得轟轟烈烈時，韓王成非但不爲反秦事業添磚加瓦，反而天天被秦軍追著屁股打，這種人無非就只能拖後腿，不是廢物又是什麼？

後來，項羽在戲水宣佈封王時，廢物韓王成還是有幸成爲十八個諸侯王之一，之所以暫時保持韓王成的爵位不變，是念在這個王爲當初項梁親口所封。

然而，當項羽聽說韓王成的丞相張良送劉邦進入漢中，決定改變主意。

項羽一向嫉妒劉邦，既然自己再次封韓王成爲王，對方就應理所當然地歸附西楚，可事實是，韓王成沒對項羽做出絲毫貢獻，反而放任張良與劉邦交好，這不明擺著不把我這個西楚霸王當回事嗎？

韓王成的態度已經超出項羽狂人的忍受範圍，不殺韓王成，簡直無法洩他心頭之忿，於是，在戲水罷兵東還時，項羽不但不把韓王成放回韓國，還把人劫往彭城，先是削王爲侯，過了不久便加以殺害！

對項羽來說，天下牛鬼蛇神何其多，僅僅任命鄭昌抵擋漢軍是不夠的，自己必須親自出馬。問題是，他不是三頭六臂，除了對付西邊的劉邦外，東邊齊國的田榮、北方的彭越及蠢蠢欲動的陳餘都讓他頭痛不已。

彭越和陳餘現在還沒成多大氣候，重點對付的應該是劉邦和田榮，於是項羽只剩一個問題，到底是先幹掉田榮，還是先教訓劉邦呢？

就在這關鍵時刻，項羽突然收到張良送來的兩封信，立即改變他的想法。

這兩封書信是這樣說的：漢王因爲失去關中才發動戰爭，如今既已經滿足所望，便無東進的威脅，您不必擔心。倒是齊國田榮正想聯合趙王歇攻打楚國，您應該幹掉他們才對。

口說無憑，張良把田榮和彭越聯合反楚的公告也夾帶在信中。

天下瞭解項羽性格的人太多了，但像張良這樣恰如其分地抓住項羽心理的人，卻是少之又少。

第一，項羽把劉邦的東西搶走了，劉邦現在把它搶回來不應該嗎？第二，東邊齊國的田榮從始至終，從來沒服過楚國，放眼天下，就他喊殺最凶，難道不該打他嗎？

張良分析得一點都沒錯，劉邦至少在鴻門宴上裝過孫子，田榮卻總是像條惡狗一樣吠著……決定了，先幹掉田榮，下一個才是劉邦！

項羽決定暫時放棄劉邦，率領部隊向齊國發動了進攻。

其實，張良這招叫緩兵之計，想都知道，田榮哪那麼容易對付？如果項羽被田榮黏住，北邊的趙王歇及他的老相好陳餘又伺機發動戰爭，到時劉邦舉關中之強兵，端掉項羽彭城之老巢，成功機率相當大。

西元前二〇五年十月的冬天，又是一個寒冷的新年，每逢新年總是有打不完的混戰，使不盡的爾虞我詐。

去年（西元前二〇六年）的十月，秦朝末世孤王嬴子嬰先生選擇素車白馬伏道向劉邦投降，還沒熬到半年，就被項羽一刀砍掉腦袋。

今年，項羽又準備找一個替死鬼來祭祀新年，這個人就是傳說中受萬人仰望，卻幾乎是廢人一個的義帝羋心。

先前，項羽在戲水宣佈將義帝遷往千里之外的江南郴縣，五個月過去，羋心仍然賴在彭城不走。

真是一個不知死活的東西，早走早省事，黏在身邊，不殺他都不行……於是，項羽決定在出兵攻打田榮之前，先把義帝解決掉。

然而，項羽要殺芈心，還得做一番策劃才行，儘管芈心不中看也不中用，頭上還是戴著一頂叫「義帝」的帽子。在古代，不管皇帝是暴君還是昏君，只要臣民採取非常規手段犯上，都可能成爲人人誅之的對象，爲避免成爲諸侯的箭靶，項羽只能對義帝採取秘密暗殺行動。

項羽先對芈心說道：「你趕快回到你的封地去吧，我要去打田榮了，沒空照顧你，如果你不早點滾蛋，就休怪我不客氣了！」

他一說出「滾蛋」兩字，芈心身邊那幫寄生蟲官吏就知道前勢無光，紛紛自謀出路逃命去。

這時，陷入絕境的芈心對項羽徹底絕望，想起前年，項羽被自己摁在宋義軍下想動都動不了，是多麼榮耀的回憶啊！然而人生就像一場夢，一切都是鏡中花水中月，混到最後竟被驅逐。

萬般無奈的芈心同學孤獨上路，坐船前往那茫茫不可知的江南郴縣。

這一切都在項羽的掌握之中，項羽可不是讓芈心出去觀光旅遊，而是準備把他推到江底餵魚蝦！

執行這項陰險暗殺的主要有三人：九江王英布、衡山王吳芮、臨江王共敖轍。

三人當中，英布是項羽屬下第一職業殺手，曾有過一夜間幹掉二十萬秦軍俘虜兵的劣跡，叫他殺個小小的義帝簡直是牛刀殺雞，輕而易舉。

九月底，項羽就命令芈心起程，十月初的冬天，芈心就像一片被冬天遺忘的落葉，漂浮於長江之上。

這是一個既冰冷而又暴力的冬季，當芈心坐船行至荒無人煙之地，只見英布等人駕駛快船追上，一刀就把孱弱的芈心砍入江中。

江風呼呼，又一重歷史的鐵幕落下，在弱肉強食的世界裡，年輕的項羽自行開創出一個無君無父的混戰歷史時期，迎接他的將是一場場比鉅鹿之戰更加悲壯的殺戮！

英布等人幹掉芈心的同時，項羽已經發兵拉到前線攻打田榮了。

對項羽來說，今年眞是多事之秋，剛顧上東邊，就有人在北方砍他的腳跟，此人就是張耳的死對頭陳餘。

陳餘足足準備三個月，十月冬風吹，戰鼓擂，該是拔劍相向的時候了，在田榮的幫助下，他集合南皮等三縣兵力，突然向常山王張耳發動襲擊。

戲水罷兵後，張耳一直沉浸於光榮的諸侯夢裡，早把陳餘忘得一乾二淨，毫無防備。交戰結果可想而知，張耳被陳餘打得措手不及，倉皇出逃，只好投奔劉邦去了。

順便說一段往事，秦末年間，張耳在外黃縣當豪傑時，尚是布衣之徒的劉邦曾跟著張耳廝混過一段時間，所以張耳有難投靠劉邦這個老朋友，也是出於故情相交。

劉邦見張耳來投奔，眞是樂不可支，眼下楚漢相爭，正是用人之際，張耳又曾是被項羽罩著的王，收攏張耳，等於砍掉項羽一方勢力，不正是天公作美嗎？於是對張耳反而厚愛有加。

張耳敗逃後，陳餘終於佔據趙國，解放趙地後的第一件事，就是把趙王歇從貧窮落後的代地接回，復爲趙王。

陳餘這種毫不利己的見義勇爲精神深深感動趙王歇，他馬上封陳餘爲代王，統轄代地，完全不知道陳餘現在最想要的，就是自己現在坐的王位。

當初陳餘和張耳拿下趙國時，都礙於自己不是趙國貴族，怕占王位後不得趙國人心，才找了趙王歇來塡位。現在張耳被打跑，陳餘就是唯一的強勢人物，要想把趙國牢牢地控制，那就先要控制趙王歇，要控制趙王歇，自然不能離開趙國。

然而，陳餘已被封王，按理應該赴國就位，不然就會被天下人認爲他居心叵測。

其實，這點小事根本難不倒我們的陳大謀士，他馬上找出一個藉口，「趙國剛剛光復，力量還薄弱，如果我不在您身邊，萬一張耳或項羽又打回來怎麼辦？還是讓我繼續留在趙國輔佐您吧，至於代地，我派個屬下去管理就夠了。」

趙王歇又感動得無話可說了，讓陳餘留了下來。

風水輪流轉，陳餘曾經失去的，統統回到了他手裡。

在中國北方大地上，陳餘才是不戴「趙王」王冠的實力王侯，而趙王歇不過是杵在廟裡任趙人供奉的活招牌罷了！

第 3 章

美男子的姻緣路

陳平之所以非富家女不娶，

完全是為將來遊學四方找個強大的經濟基礎。

他的夢想在遙遠的遠方，

在諸侯帳下，君王座席上，

而不是男耕女織，相依到老！

時間在戰火紛飛中繼續向前行走，西元前二〇五年十月到次年三月，這將近半年的時間裡，中國大地上發生了以下幾件大事：

第一：張良忽悠項羽出兵齊國後，由韓國經小道逃亡投奔劉邦，大師終於歸隊了。張良投奔劉邦不僅是政治避難，這個失去土地及爵位的所謂韓國前丞相已一無所有，決定徹底跟隨劉邦幹革命。

第二：劉邦為了報復項羽，同時也是為了答謝張良，任命一位韓國貴族後裔為新韓王。無巧不成書，這位新韓王的名字也叫韓信，為了區別大將軍韓信，就稱他為韓王信。韓王信沒有辜負劉邦的提拔，單槍匹馬幹掉鄭昌，從此韓國只有一個韓王，那就是韓王信。

第三：項羽率領大軍在城陽（今山東省莒縣）擊敗囂張的田榮，田榮敗逃平原縣時，不幸被一群平民幹掉。

田榮一被殺，再也沒人能替劉邦拖住項羽的後腿了。

這事對劉邦來說，是一件很不幸的事，幸好上天沒有虧待劉邦，當項羽剛剪滅田榮勢力時，老天悄悄地從楚軍陣營中抽出一個牛人補給劉邦。

這個人，就是傳說中的美男子陳平同學。

陳平，出生年月不詳，陽武（今河南省原陽縣）人。特長是出謀劃策，除張良外，無出其右者。

與漢初大多數人窮光蛋出身的名士一樣，早年陳平是很不幸，家有三十畝土地，不安心種地，偏偏喜歡上讀書。

那時候的讀書人有個習慣，喜歡到處遊學，結交天下有識之士，爲了走得更遠飛得更高，陳平也當然不能免俗，在哥哥的支持下到處遊學。陳平的哥哥是位好同學，爲了弟弟的大好前程，只好跟老婆大人一起把三十畝地的農活包下。

哥哥好，並不代表嫂子好，想想，一個女人陪著自家男人整天面朝黃土背朝天，回卻卻看到陳平一副斯文相在家裡啃白飯，心理上的反差肯定相當大。

一天，有個人好奇地問陳平，「奇怪，你家裡這麼窮，身材卻如此高大漂亮，請問你到底是吃什麼長大的？」

當時，陳平的嫂子正在現場，立刻沒好氣地對問話人說道：「他也是吃米糠長大的，有這樣的小叔子還不如沒有好。」

這話乍一聽，便使人莫名其妙，難道長得帥也是一種錯？幹嘛這樣諷刺人家？

不料，陳平的哥哥聽說老婆出聲諷刺弟弟，立即把她掃地出門，從此不再踏進陳家一步。這種極端的懲罰行爲，那時的人稱之爲休妻。

殊不知，陳平的哥哥弄巧成拙，非但沒有幫上陳平，反而害了弟弟。

在外人看來，只因爲說了一句不好聽的話就被休掉，說出去誰都不會相信的。於是謠言四起，人們紛紛猜測，陳哥哥休妻肯定是因爲老婆和帥弟弟陳平通姦，陳平從此莫名其妙地被冠上了一個「盜嫂」的惡名。

哥哥休妻後，陳平心裡極是難過，他難過的不是頭上這頂莫須有的盜嫂通姦之名，而是自身的貧窮。自己是長得很帥，但帥又不能當飯吃，也不能討到老婆，於夢想也一無所用，還得整天披著臭名被人恥笑。

請注意，爲什麼其他窮人都娶得到老婆，偏偏陳平卻沒人願意嫁給他呢？

其實，這跟陳平的娶妻標準有很大關係，這個標準不說則罷，一說可能會引來一片抨擊——陳平的娶妻標準是，非富家女不娶！

乍看之下，陳平眞是個自不量力又厚顏無恥的人，自己家窮得連小偷都懶得光顧，還做這樣不切實際的娶妻大夢！

別人笑，那是別人的事。陳平卻深深地認爲，在茫茫人世間，總有一個富家女在某處等待，兩人成親後，便能紅袖添香，遊學四方，才名顯揚！

這下終於明白了，陳平之所以非富家女不娶，完全是爲將來遊學四方找個強大的經濟基礎。

他的夢想在遙遠的遠方，在諸侯帳下，君王座席上，而不是男耕女織，相依到老！

爲了輝煌的明天，陳平願意做寂寞長久的等待，後來皇天不負有心人，他終於相中一個理想的女人，也是傳說中的剋夫殺手，張氏。

此事說出來會嚇壞許多男人，這個被喚作張氏的富家女，一連嫁了五個老公，五任老公卻無一例外地被她一一剋死，從此，再也沒有男人敢靠近這個掃帚星了。

沒想到，陳平偏是一個不信邪的人，他竟然放出風聲，到處宣傳非張氏不娶！

生活逼得陳平向命運妥協，只要有錢，娶誰都無所謂，他相信，只要自己願意娶，這位謠傳會剋夫的寡婦非他莫嫁。

果然不出陳平所料，風聲才放出不久，張家就有所行動。

首先行動的不是張寡婦本人，而是她的親爺爺。這個姓張的老頭子，我們暫且叫他張富戶吧，一聽說陳平不怕死地要娶孫女，決定獨身去摸清對方老底。

按理來說，如果雙方要提親或者摸家底，無非有兩條路可選，一個是工作單位，一個是家庭住房，對方好不好，是不是潛力股，只要看看這兩樣東西即可一眼明瞭。

恰恰如此，張頭子第一個要摸的正是陳平的工作單位。要注意的是，陳平不是公務員，甚至也不是什麼公司的打工仔，只是一個道道地地的鐘點工。

更教人吃驚的是，陳平的鐘點工不是煮飯掃地，或是什麼富貴人家的門客，而是替死人辦喪事。

在那個草菅人命的亂世，死人著實是件天大的事，很多人也靠吃死人飯混出頭，窮困潦倒的陳平爲了混口飯吃，只能起早摸黑地替死人打工。

換成是別的富戶，看到陳平如此謀生，早就拂袖而去，偏偏張富戶是個不信邪的人，竟直接跑到葬禮上考察陳平去了。

當初，劉邦以無賴出名，呂雉老爹第一眼看中的正是劉邦的無賴；陳平以帥氣出名，張富戶第一眼看中的也恰恰是他的帥氣。

帥不是實力，但可以給人留下一個極好的印象，張富戶首先被相貌非凡和身材高大的陳平吸引住，於是初次見面，便莫名其妙地過了印象關。

當然，僅憑印象分不能拍板決定，還得聊上幾句。

那天，張富人和陳平在葬禮上聊了很久，言語之間，張富戶對小夥子的學問和爲人也挺滿意，只剩不知道他家裡環境如何。

爲了刺探陳平家庭的眞實情況，張富戶向他提出一個要求，「小夥子，能不能上你家看看呀？」

陳平一驚，「上我家坐坐？我家不是豪門，也不是風景區，哪有什麼好看的？」

張富翁彷彿看出陳平顧慮，故作輕鬆地說道：「小夥子，不要有壓力，我只是隨便走走看看，順便熟悉一下地理環境罷了。」

老頭子這話說得很實在，所謂一回生兩回熟，就算做不成親家，當個忘年交也不錯。陳平沒有任何推辭的藉口，只好領著老頭子向城外走去。

陳平家在城牆外一條簡陋的窮巷子裡，大門上連塊木板都沒有，只用了一張破爛席子擋住。張老頭子走進屋裡一瞧，陳家果然是傳說中的家徒四壁，屋裡空蕩蕩的，不要說坐，就連站著都覺得擁擠。

張老頭子沉重地搖搖頭，長長地嘆了一口氣，轉頭走出陳家。

陳平尾隨其後，突然間，老頭子在門外的破巷子停下腳步。

這時，張老頭抬頭望望天空，又無語地看著陳平，心底下了一個決定，既然硬體不過關，那就算了吧！

看來，這是一場美麗的錯誤約會，或者當作是自戀者的自我解嘲吧，沒什麼了不起的，像天上的黑雲，只要過了今天，就將不在我心靈的天空停留半縷了！

陳平想著，心裡豁然開朗，臉上不由溢出陽光的笑容。

張老頭認真地審視陳平，發現眼前這個小夥子的笑容十分自然，毫不尷尬自慚，眼裡似乎還流露出一種蔑視的目光！

蔑視世俗也需要本事，眼前的小夥子憑什麼如此自信從容，難道你還有其他引以爲傲的東西？張老頭子疑惑地想著，目光緩緩移到陳家那間破屋子上，當他看見門前那條小路時，眼神竄過一絲厲芒，像突然發現新大陸一樣。

帥哥闖江湖

陳平見大難臨頭，只好選擇不告而別，

教人驚訝的是，逃跑前，

他還派人把項羽封給他的官印

以及四百八十兩黃金如數奉還項羽。

逃亡後，陳平下一個理想的老闆是劉邦。

原來，陳平家門口留有很多高級馬車停留過的痕跡，雖然亂七八糟，可這堆車痕裡面可是大有文章。

要解釋這個問題，必須要牽涉到相術，中國古代關於相人之術有千萬種，就連儒家也有一套正統的相人術，還是最高精神指導孔子發明的。

孔子他老人家從社會人際關係學的角度出發，認爲一個人可以從以下六個方面來瞭解：父母、兄弟姐妹、鄰居、親戚、來往朋友、以及言行是否一致等方面。

這位張富戶讀過儒書，如果說他初看到陳平的家門就皺眉頭，那麼他看到門口外這些馬車痕跡就不得不狂喜，這車痕足以證明陳平交的朋友都是些貴人。

正所謂物以類聚，人以群分，蒼蠅喜歡和蚊子攪在一塊，讀書人喜歡和貴人纏在一起，對一個窮光蛋來說，貴人朋友就是他最大的資本。

張富戶當即斷定，陳平不會當一輩子的窮光蛋。

現代教育學有一個新理論，教育不僅僅是知識積累，更是優勢資源的充分享受，更是一個人際關係資本的積累。

於是，在這種教育理論的影響下，貴族學校應運而生。家長們也充分認識到，貴族學校的好處，不只是讓孩子學會養尊處優的紳士文化風度，而是讓他結交來自四面八方的有錢人孩子，進而積累強大的人際資本。

放回亂世，張富戶對陳平的人力投資也是如此。

然而在這個世界上，目光短淺之徒經常視目光長遠之人為笑料，就像當初呂雉老媽對丈夫不滿一樣。現在，張富戶也像呂公一樣不被別人理解，而最不理解的是他的二兒子。估計這個二兒子是張富戶孫女的老爹，不然司馬遷不會在《史記》裡無緣無故記下這段對話。

張富戶的二兒子聽說他老爹要把自己的女兒嫁給陳平，第一個表示強烈反對，「陳平又窮又無所事事，全縣的人都把他當笑料，你這樣不是把我女兒把火坑裡推嗎？」

張富戶反駁道：「我相信像陳平這般雄偉的男人不會一輩子窮困潦倒。」

二兒子又問道：「你憑什麼這麼相信陳平將來會發達？」

於是，張富戶不得不把他在陳平門口發現的高級轎車痕跡一事告訴兒子，並且用儒家相人之術充分地解釋一番。孔子理論果然有說服力，張女他爹不但不再反對嫁女，還決定重禮厚待陳平，倒貼聘金，又倒貼喜宴錢。

最後，當孫女要出嫁時，張老頭子還語重心長地對她交代道：「妳千萬不要因為陳平窮而瞧不起他，記得要以對待父親的規格去對待他的親哥哥。我相信，不出十年，妳的愛人陳平的命運將大大不同！」

事實證明，老頭子果然是高人！

這是一個彼此得利的賭博婚姻，張耳曾經的版本也是陳平的翻版。陳平有錢後，身份迅速轉變，交遊範圍也更加廣大，不再是人見人閃的窮鬼，搖身一變，成了風流倜儻、瀟灑豪放的成熟男子，若有街道辦喜事，也喜歡邀請陳平參加。

每次舉辦重大祭祀，陳平總是負責為父老分肉，因為他分肉平均，讓父老們極為滿意，齊聲讚道：「眞不錯，陳小子天生就是分肉的料。」

陳平得意地笑了，「哎呀！公平分肉算什麼？如果把天下交給我，一樣能像現在分得平均。」

沒想到，話音剛落，他的機會就來了。

陳勝起義後，天下諸侯紛紛自立為王，陳平等得太久，立刻決定拜別大哥，帶著夢想狂奔前方。

他首先來到臨濟城投奔魏咎，魏咎委任陳平為交通部長（太僕），不久後因遊說不成而在魏咎背後發了幾句牢騷，竟被人告發，為防獲罪，只好撒腿跑掉，改投項羽。

對陳平來說，項羽這老闆還不算太壞，得到厚待也給予充分信任，有幸參加鴻門宴，在會上和劉邦、張良二人打了個照面。

封王後，項羽前腳才離開戲水，後腳殷王司馬卬就反了，不過，司馬卬渺小得像隻蚊子，項羽根本懶得親自教訓，只派陳平去收拾。

陳平沒有辜負項羽的期望，只兩三下就將司馬卬打趴，被項羽封為軍兵總司令（都尉），又賞下四百八十兩黃金，名利雙得。

眞是同人不同命，當初韓信整天為項羽苦苦站崗，連個出頭機會都沒有，上天卻把大好機會全賜給陳平。

自此，陳平總算小有成就，如果再努力奮鬥幾年，混個正規軍的總司令大將軍的肯定沒啥問題，也可以達成光宗耀祖的目標。

只是，還沒等陳平享受受封的成果，他升官發財及光宗耀祖的夢想就被某人徹底破壞掉了！

破壞陳平前途的不是別人，恰是漢王劉邦。

原來，當劉邦殺向關中時，除了章邯死守廢丘外，其他各路牛鬼蛇神基本上都已收拾乾淨，聞風即降司馬卬也是其中一個，乖乖地向劉邦投降。

項羽聽說司馬卬再次反楚，不禁大發雷霆，不過，他生氣的不是司馬卬造反，而是之前派出去的人居然沒把司馬卬徹底打得心服，下令要把當初派出去打司馬卬的人全捉起來斬首。

陳平見大難臨頭，只好選擇不告而別，教人驚訝的是，逃跑前，他還派人把項羽封給他的官印以及四百八十兩黃金如數奉還項羽。

逃亡後，陳平下一個理想的老闆是劉邦。

先前已經說過，陳平是出了名的帥，然而這麼多年來，他除了靠帥氣幸運娶得一個五手貨的老婆外，還沒能創造出什麼驚天動地的經濟效益。

不僅如此，更讓他寒心的是，他差點因爲太帥在奔投劉邦的路上喪失性命。

當時，陳平一人提著長劍準備渡過黃河投奔劉邦，然而他坐在船上，卻突然發現，船夫根本沒在用心搖船，兩隻眼睛緊緊盯著自己鼓起的腰包。

陳平立即醒覺，想必船夫以爲自己是個有油水可撈的叛逃大將！

一葉扁舟漂於滾滾黃河水上，天地蒼茫，唯有船上兩位男人隱隱對峙。

船越來越靠近江心，船夫每划動船槳一次，便彷彿有把利刃正在陳平鮮美的身體上劃下一刀，要是再無應對之策，自己今天肯定會變成魚飼料。

急中生智，陳平想出了一招「脫身」術，二話不說地將自己身上所有衣服脫光光，唯有這樣做，他才能證明自己身無分文。更絕的是，興許是爲博得船夫的同情心，陳平甚至還光著身子和船夫合力撐船過河。

船夫見狀，才明白陳平當眞一無所有，不得不打消謀財害命的念頭。

陳平終於安全地渡過黃河，當他跳到岸上那一刻，感覺像從地獄掙脫，一刻也不敢停留，立即奔往劉邦駐軍地。

半路上，陳平遇見自己一生中最難忘的人，魏無知。

奇怪的是，魏無知這麼一個重要角色，司馬遷和班固都沒有在《史記》及《漢書》裡留個列傳什麼的，只提到一件事：陳平上岸後厚著臉讓魏無知代他向劉邦求職，魏無知便拜託劉邦身邊一個叫做石奮的侍衛官帶他去見劉邦。

當時，與陳平一起去參加劉邦面試的人總共有七個，劉邦只請他們吃了頓飯，便對他們打著哈哈道：「既然吃完，就回去休息吧。」

傻瓜都聽得出來，這不過是職場中的一句客套話，其實劉邦心裡根本瞧不上眼前這群所謂的人才。陳平急了，立即站起來對劉邦說道：「我今天是有要事來找您的，所說的話不超過今日。」

陳平這招就叫出奇制勝。

他如果不使出絕招，就無法打動劉邦對其刮目相看。

劉邦之前見過陳平，張良還曾經託陳平幫過劉邦，既然老朋友有要事，那有什麼問題，便把他留下來繼續喝酒。

其實，劉邦這叫破例，想滿足陳平的求職心，沒想到還沒有面試完，自己就深深地被陳平的傳奇經歷及事蹟打動，最後以下面三句簡短的話結束交流。

劉邦問陳平，「你以前在項羽手下當什麼官？」

陳平回道：「都尉。」

劉邦道：「好，從明天開始，你就是我的都尉。」

果真，第二天劉邦就向漢軍宣佈，拜陳平為都尉，兼任陪車侍衛（參乘）及大軍保護官（護軍）。

第 5 章

正名！打架要幫手！

正名之說是孔子發明的，也是儒家的專利。

所謂名不正則言不順，師出無名則兵必敗，

項羽殺義帝正好授人之柄，

劉邦為何不好好利用這項錯誤，

名正言順地懲罰對方？

這是繼韓信拜將後，漢軍營裡又一爆炸性新聞，諸將一聽劉邦想拜陳平爲都尉，立即發出不滿的牢騷聲。

在這些人當中，吵得最凶的是周勃及灌嬰等高級將領，他們最不滿的是，外來的陳平憑什麼？

護軍這份工作不容忽視，主要內容是監督諸將，周勃和灌嬰等人都是與劉邦一起出生入死的兄弟，而陳平不過是項羽手下的一名逃將。劉邦對他還沒有經過全面摸底和檢修，就要把這個不安全可靠的監視器安裝在漢軍當中，萬一他是項羽派的間諜，漢軍豈不是全死翹翹了？

再說，一個空降的韓信已經夠衆人受，如果每來一個說自己有才的外人，劉邦就把軍中的重要位置派給他，那周勃這幫老兄弟的臉要往哪擺？難道永遠讓他們掛著十年不變的部將職嗎？

不行，這個叫陳平的人一定得轟走！

經周勃一煽動，其他低階士兵也跟著不服氣，牢騷像蒼蠅和蚊子般不斷在漢營裡嗡嗡流竄，最後終於傳到劉邦帳內。

劉邦不是傻瓜，明明聽見衆將士的不滿，卻沒有進行撫慰，故意讓他們去吵個夠，裝聾作啞的，什麼都聽不見，也看不見。

這是很高明的做法。兄弟們有牢騷正常，哪裡有人出頭冒尖，哪裡就有排擠嫉妒，是人性使然，而陳平這人的才能，絕不會被人群揣摩影響，要相信時間的考驗。

想當初，這些人也不滿懷疑韓信的能力，可事實證明，如果不拜韓信爲將，大夥現在說不定還在漢中喝西北風呢！

其實，劉邦封陳平，除了因先前嘗到封韓信的甜頭外，更另有心機——韓信投奔，獲拜將；張耳投奔，得厚禮；陳平投奔，任都尉，升護軍。

天知道下一個是誰，然而確定的是，跟著劉三混絕對不比項羽差，誰都可能是下一個韓信或者陳平。

隨著陳平到來，劉邦和項羽間的爭霸，不再是四對二的將才之戰，而是五比二進行的比賽，就差一聲響亮的衝鋒號了！

三月，春回大地，萬物復甦，戰火紛飛，在短短一個月內，劉邦得陳平，降魏王豹，一路春風得意鼓歌而前。

乘著勝利的歌聲，劉邦繼續向東挺進，南渡黃河，把部隊開到了洛城新城（今河南省伊川縣），不料才剛駐軍下來，當地便有位姓董的老先生主動找上門來，獻給漢王一件珍貴的寶貝。

這個寶貝不是什麼珠寶，也不是絕世美女，而是一個建議。

董老先生是這樣對劉邦說的，「古往今來，兩軍對壘，從來都是順德者昌，逆德者亡。今天下楚漢相爭，項羽無道，又流放誅殺了義帝，可謂是天下人人討伐的對象。如果漢王您能施行仁政，推廣信義，率三軍主動爲義帝發喪，以討賊之名號召諸侯共力征伐項羽，那麼四海之內，將無人不仰慕您的德行，前來追隨！」

這番話像清醒劑，讓劉邦一下幡然省悟。

一開始，劉邦殺出漢中奪回關中的內在驅動力是什麼？是義帝之約，那接下來他殺出關中向江東推進掛的又是什麼名？當然是爲了當皇帝，但這想法卻千萬不能說出口。可問題來了，說當皇帝，天下就認爲劉邦你野心大，不配效勞賣命。不說嘛，人家又會說他私心重，只顧報仇，不顧蒼生死活。

看來，劉邦還缺一個出師之名，他要想奪得天下，就要懂得先替自己正名。

正名之說是孔子發明的，也是儒家的專利。所謂名不正則言不順，師出無名則兵必敗，項羽殺義帝正好授人之柄，劉邦爲何不好好利用這項錯誤，名正言順地懲罰對方？

我們不能不感嘆董老這個高明的見解，就算張良陳平之流也不能不佩服這是個偉大而正確的意見。

民國時期厚黑學大師李宗吾認爲，皮厚心黑，是古來成大事者必持的兩件法寶，但並不是所有的皮厚心黑者都能成功，要想修成一個高明的厚黑人，還得先在厚黑兩字表面塗上一層光亮的仁義道德。

如今，董老建議劉邦以正名之說爲義帝發喪，正是教劉邦給自己塗上仁義道德充當保護色！說得更明白些，這何止是保護色，它簡直就是一套攻不可破的防彈衣，更是進攻敵人時最銳利的武器。

劉邦和項羽相鬥就好像兩兄弟在大街上打架，其他的兄弟要嘛懶得勸解，要嘛就是看熱鬧，但打到一半時，要是劉邦突然吼出一句：「他媽的項羽把我們老爸都殺了，你們還愣著幹嘛？」其他兄弟想不幫他都不行。

對天下來說，義帝就是諸侯的父親，儘管義帝是一個窩囊沒用的人，畢竟還是天下共主，這是抹殺不掉的事實。

劉邦決定利用義帝之名，召集諸侯征伐項羽，立即建築祭壇，爲義帝舉行發喪儀式。

在祭壇上，劉邦脫下半身衣服，裸露雙臂放聲大哭，只見他站在高高的祭壇上，向諸侯發出了沉痛的宣言：義帝是天下共主，然而項羽卻將他流放並殺於江南水道之中，這是大逆不道的行爲。今天，我願率領關中部隊，徵集天下壯士，與諸侯一起攻打誅殺義帝的兇手項羽。

毫無疑問，劉邦這不僅是作秀，更是赤裸裸的宣戰。

此時，項羽正遠在齊國，當他得知劉邦號召天下反楚，自然相當憤怒，可罵什麼都沒用，唯有立即發兵痛擊劉邦，方能解恨。

可讓項羽意想不到的是，當他正要起身撤軍離開齊國時，卻被一個人無情地拖住，這個人正是田榮的弟弟，田橫。

田氏兄弟眞不愧是地頭蛇出身，倒下一個又接上一個，項羽幹掉田榮後，田橫仍然握住田榮將傾的旗幟，收攏被楚軍打散的齊人，竟還有數萬人之數。

田橫在項羽誅殺田榮的城陽發難，對項羽吼出經典的怒言，「打死你個狗日的！」田橫就像他的名字一樣橫，項羽想儘快擺平他，卻發現田橫就像一條水蛭，越是狂砍，越是繁衍得快。從三月到四月，項羽對田橫發動多次進攻，非但幹不掉他，他還把田榮之子田廣立爲齊王，號令齊民，力量迅速擴大中。

項羽鬱悶不已，田橫是他軍事生涯中少見的硬骨頭，對方似乎不像在抵抗，擺明是想挑釁項羽帶軍的智慧，以及破壞楚軍所向披靡、戰無不勝的美麗神話！

項羽決定暫時放下劉邦，先把田橫徹底打趴，再回軍打劉邦。

然而，項羽沒想到，他爲了打掉田橫，卻讓劉邦像吹氣球般迅速膨脹。

當劉邦爲義帝辦完喪禮後，立即發文告向諸侯徵兵。

敵人的敵人就是我們的朋友，天下軍隊大數中，數誰最恨項羽？

劉邦第一，田榮第二，陳餘第三。田榮已經戰死，劉邦只好頭一個向陳餘提出聯合征討的請求。不過，陳餘卻先提出一個要求，對劉邦說：「要幫忙打項羽可以，但你得先幫我殺個人。」

劉邦道：「誰？」

陳餘道：「張耳。」

劉邦道：「張耳？」

陳餘道：「沒錯，就是他。」

劉邦一時愣住，當初項梁就是因爲不答應田榮殺田假等三王，才落得後來被章邯幹掉的地步，如果自己不殺張耳，莫非也會重蹈項梁悲劇？

可張耳是劉邦的座上賓兼故友，如果殺掉他，只會更不得人心，加上張耳也是從項羽隊伍中投奔過來的，把他幹掉了還有人敢投漢營嗎？

劉邦頓時犯難，殺，或不殺，都是個麻煩的問題。

第6章

初次出征的結果

項羽拂曉時發起兇悍的攻勢，

只半天工夫便攻入彭城。

此時，漢軍上下正懶洋洋地準備起床，

當他們鬆散地睜開眼時，

卻看見項羽的大軍像大雕般朝他們撲來！

幸好，劉邦之所以為劉邦，就是他總在關鍵時刻想出化險為夷的方法。這時，他又想到一個對付陳餘的妙招，派人砍死一個與張耳長相相似的替死鬼，並且把頭送給陳餘。果然，這招把陳餘忽悠住，他終於願意出兵幫助劉邦。

眞是兵不厭詐啊，當初項梁如果能想到這招，現在天下老大的位置肯定非他莫屬。劉邦搞定陳餘之後，其他諸侯也紛紛回應，一夜之間，劉邦實力暴增，諸侯總兵力達到空前的五十六萬。

當劉邦帶領著這支巨無霸軍隊經過外黃（今河南省民權縣）時，又遇上那曾經被他拋棄而四處流浪的彭越。此時的彭越已非彼時的彭越，他已經結束流離失所的生活打回魏地，並且拿下魏國十餘座城市。

隨著劉邦的進發，彭越這支部隊就像一條小河匯入大江，把手裡僅有的三萬兵使用權交給劉邦。為感謝彭越的知遇之恩，劉邦封他為魏國魏相，彭越也因此終於混上一張正式官憑。

有了彭越的鼎力支持，劉邦的諸侯聯軍升至六十萬，這個數據遠遠超過當初項羽進駐戲水時的四十萬。眞是一年河東一年河西，諸侯們像風吹草搖一樣，以前倒向楚的現在幾乎全部歪向了漢。

劉邦就像當初的項羽一樣，率領著諸侯聯軍浩浩蕩蕩地前進，只是以前項羽向西，現在劉邦反過來往東，決定要把項羽的老巢彭城抄個底朝天。劉邦沒有懸念地進入彭城（今江蘇省徐州市），請注意，是進入而不是攻入，因為此時項羽還在齊國與田橫拼殺，彭城簡直就是一座空城。

對於劉邦這個曾經受過巨大恥辱的人來說，這一天來得實在太爽快，他就像一個土財主般，把項羽從咸陽宮搶來的珠寶和美女全部收回，大擺慶功宴，日日飲酒作樂。

歷史將記住劉邦這個虛假的偉大勝利日，西元前二〇五年四月的夏天。

驕傲是一種病，劉邦高興得實在太早，這才打了第一回合，比賽還未結束，他卻像當初剛進入咸陽城時一樣，又犯了盲目樂觀的錯誤。

讓人奇怪的是，當初樊噲和張良還知道勸告，現在卻沒有一人叫他警惕項羽，災難馬上就要從天而降了。

此時，當遠在齊國的項羽聽到劉邦用將近六十萬大軍抄他的老巢時，他不是暴怒，也不是抓狂，而是徹底發瘋。

瘋狂的項羽留下部分軍隊繼續和田橫纏鬥，自己帶三萬精兵殺回彭城。

三萬精兵，換句話說就是三萬特種軍隊，對上六十萬雜牌軍，差不多相當於一比二十。具體一點地說，就好像在足球場上一個人對著二十人開打比賽。但戰爭不是踢足球，如果戰爭只以雙方數量多少來分勝負，就不叫戰爭，而叫群毆了。

那麼，戰爭到底要靠什麼來決定勝利？這個問題恐怕沒人能夠準確回答，但有一點是肯定的，項羽以少打多，是他擅長的優秀傳統，他不想跟劉邦比人數，是比誰更有軍事智慧和魄力！

鉅鹿之戰，項羽是以一擋十打服章邯，但這是因爲當時項羽的敢死隊隊長英布衝鋒在前，爲他創造進攻的機會，才會贏得那麼驚天動地。

讓人奇怪的是，英布被封王後，竟再也不像以前那麼積極爲項羽衝鋒，之前項羽派他出兵打齊國，他裝病不出，最後項羽三番五次地催，他才派了幾千兵前往助楚。

英布爲什麼裝病？這或許跟他的投機主義思想作怪有關。

我們前面介紹過，英布幾乎是人販子出身，非常瞭解市場風向，也非常瞭解投機這套機制的運作規律。相命的說受刑之後就能當王，人家只是說當王而不是稱帝，既然現在王當上了，何必再爲項羽拼命？

由此看來，項羽是全天下最孤獨的人。

是啊，這個黑色的夏天，不在孤獨中奮起，就在孤獨中滅亡。悲憤無比的項羽只有咬緊牙關，以無限的悲憤之情實施他這場偉大而奇蹟的絕地大反擊！

項羽以奇蹟般的速度調整軍隊，又以奇蹟般的速度從魯縣（今山東省曲阜市）穿越胡陵（今山東省魚台縣），直抵蕭縣（今安徽省蕭縣）。

項羽之所以選這條路線只有一個原因：捨近求遠，迷惑諸侯，突襲彭城，打他個措手不及！

項羽像一隻鳥王般帶著群鳥在夜裡迅速飄移，空氣中彷彿響起一股巨大的淩厲殺氣，在天空未白之際，他們在蕭縣稍微停下整理了一下隊伍，當第一縷陽光穿越萬里天空落在大地上時，項羽立刻下令全軍調轉方向向東襲擊。

項羽拂曉時發起兇悍的攻勢，只半天工夫便攻入彭城。

此時，漢軍上下正懶洋洋地準備起床，當他們鬆散地睜開眼時，卻看見項羽的大軍像大雕般朝他們撲來！

項羽的特種獅子軍如入無人之境，橫衝直撞展開無情追殺，彭城像殺豬場一樣，到處充滿宰割的死亡前哀鳴。

這是一場驚天地泣鬼神的戰爭。

彭城像一個密封的鐵盒子，漢軍就像暈了頭的蒼蠅到處亂跑，企圖從西邊衝出彭城，卻被項羽一路趕殺，於是手足無措地全撲到了谷水和泗水兩條河流之中，或被殺死，或被淹死，或被自家人踐踏而死，總計至少有十餘萬人遇難。

見渡河無望，漢軍只好重選逃生方向，南邊是蒼茫的大山，是逃獸們最好的安全之地，於是又像洪水一樣全湧向大山。

然而項羽就像天空中飛翔的巨無霸大鳥，只扭了一下頭又朝南邊的獵物衝去，可憐的漢軍又被項羽一路追殺到睢水，發出一片呼天搶地的鬼哭狼嚎。

漢軍全被趕入睢水之中，血流成河、屍堆如山，又有十餘萬人喪命。

死亡從來沒有像今天這般來得迅速和恐怖，正遮天蔽日般朝劉邦襲來。劉邦慌不擇路地逃亡，卻仍是被楚軍追上，楚軍裡外三層，密不透風地把劉邦重重圍住，就是插翅也難飛。

這都是驕傲惹的禍，更是飲酒作樂招的災，後悔已經來不及了，除非老天爺幫忙，不然劉邦想活過今天簡直是白日做夢！

劉邦只有閉目準備等死。

回憶像幻景般在劉邦的腦海裡一片片地閃過，從流氓傳說到鴻門宴，再到漢中，再到死亡之城彭城。

昨日的彭城就像是夢幻美麗的海市蜃樓，只會誘導著行走在人生沙漠裡的人更快地走向地獄。既然如此，那就讓死亡來得更猛烈些吧，讓這血淚交加和戰火無情的亂世記得我劉三曾經來過這裡，讓苦難的大地記住這麼一個曾夢想仗劍走天下的真男人吧！

劉邦緩緩睜開大眼，看到的卻是一個飛沙走石的昏暗不明的世界。剛剛還是大中午的太陽，才一眨眼工夫世界就換了天。

劉邦疑惑了，自己到底是活著還是已經死去？

劉邦當然還活著，老天似乎是不忍看著劉邦喪命於此，決定動手相助，明亮的天空突然翻臉，從西北方向吹起一股狂風，還是龍捲風。龍捲風所到之處，樹木被連根拔起，最後，這股比項羽強悍千百倍的龍捲風把目標鎖向迎面而來的楚軍，原本一場人與人的戰爭，瞬間變成了天與人的鬥爭。

幽暗的天空下，龍捲風就像閻羅王收拾小鬼一樣，把楚軍吹得狼藉一片。

如果不是史書記載，眞不敢相信這事會這麼湊巧發生在劉邦身上，然而這場狂風大作更加強劉邦貴爲龍子的傳說可信度，如果劉邦不是天之龍子，老天爺又怎麼會願意親自出馬？

面對蒼天的出手相助，絕望透頂的劉邦轉而欣喜若狂，帶領事官十餘騎從側翼逃出去，本能地選擇沛縣方向，自己老婆、孩子及老爹都還留在沛縣呢！

第 7 章

逃命是件技術活

不管劉邦怎麼亂吼亂叫，

夏侯嬰仍然神情自若地趕著車。

劉邦回頭一看，楚軍像瘋狗一樣就要咬到屁股，

一腳把自己的兩個孩子踹下車去。

劉邦越是跑得急，楚軍越是追得急，負責追殺劉邦的是季布的母弟丁公，他像條瘋狗般從城內一直追到城外。

眼看丁公就要咬到他的屁股了，劉邦突然轉頭對丁公喊道：「兄弟，賢人何苦為難賢人（兩賢豈相厄哉）！」

丁公一愣，好一會兒才恍然大悟，原來劉邦是叫他賢人。

所謂賢人就是有德有才的人，丁公向來追隨項羽征殺天下，不敢說他無才，要說他有德，實在是太抬舉他了。

話說回來，誇丁公之賢的言語如果是出自某個小卒嘴裡，或許丁公早就一刀砍過去了，然而，這可是六十萬大軍的最高領袖劉邦的金言良語，誰聽了都會心裡癢癢的。

於是乎，丁公莫名停止對劉邦的追擊，收刀立馬，看著劉邦逃去。

劉邦就此逃脫，潛回故鄉沛縣，可此時故鄉已非彼時，到處都是殘敗的村莊，稀落的炊煙，百姓有如驚弓之鳥。

沛縣的生活就是天下的面貌，在戰火紛飛的年代，世外桃源早已蕩然無存！

劉邦回到家，推開殘破的柴門，屋裡一片狼藉，空無一人，連一絲熟悉的熱氣都聞不到。陽光從破舊的屋頂上落下，像是萬枝亂箭射向劉邦，他眼裡及心裡不由得一陣陣地生痛。

痛是必然的，可是你早幾日幹什麼去了？只會在彭城高台之上高談闊論飲酒狂歡，如今繁華落盡，自己又一副喪家之犬的模樣，就算呂雉阿姨和孩子們還躲在家裡，你劉三又有臉見他們嗎？

找不到家人，劉邦只有順道繼續逃亡。

在他的逃亡路上，到處可以看到大批類似無頭蒼蠅的難民。

這不是劉邦的錯，而是項羽的錯，他就像一輛蠻橫的推土機，凡是所經之地，不管是壯麗的城市，還是清靜的村莊，全都不管三七二十一推平。

從舉事反秦到如今與劉邦爭天下，楚軍一路上都在搶劫濫殺，破壞家園，半點積功德的事都做過一件。百姓碰上這樣的魔鬼撒旦，除非提前告別人間，不然就算藏到最深最遠的老林裡，一樣逃不過他的魔掌。

劉邦的心裡不由湧起一陣陣失意的感慨，看到一路上的慘狀，腦袋強烈缺氧，無力顧及太多。如果光陰眞的會倒流，自己重回彭城高台之上，想起今天這般悲情，還會有心喝得爛醉如泥嗎？算了，不要多想了，繼續逃吧。

當時，爲劉邦駕車的是好人夏侯嬰先生，他並沒有像劉邦如此心潮澎湃，他的職責只是綠燈行，紅燈止，如果看到楚國交警招手攔車，就要做好衝陣的準備。

通常一個優秀的駕駛員，往往練就一雙與衆不同的銳眼，這一半是經常看路開車練成的，一半是跟交警鬥爭練成的。

縱觀夏侯嬰的一生，如果單純用「優秀」兩字來評價絕對不夠，只有一個成語才配得上這個大好人駕駛員，那就是「絕世無雙」。這不是溢美之詞，因爲夏侯嬰駕車有一個特點，即使泰山壓頂仍然面不改色，能從容自如地甩掉敵人的追殺。

夏侯嬰沿路開車穿過諸多難民時，多留了一個心眼，渴望在難民中能看到劉太公等人的身影。於是，他一路走一路搜尋，果眞看到路邊逃亡的人群中夾雜著兩個熟悉的身影，那不正是大王的兒子劉盈及千金劉魯元（魯元公主名字不詳，暫用劉魯元稱呼）嗎？

那年劉盈才五歲，一個五歲的孩子淹沒在人群中，眞虧夏侯嬰這長年替領導開車的人能認出來，不得不教人佩服。

夏侯嬰立即停下車，把兩個孩子抱到車上，劉邦一看又悲又喜，這可是親生骨肉，幸好都好好的，那孩子他媽呢？

面對劉邦茫然的詢問，兩個孩子搖了搖頭。

劉邦一看孩子們的眼神，就知道沒轍，看來呂雉和劉太公他們若不是被抓走，就是被亂兵砍死了。

劉邦心痛卻無可奈何，只好對夏侯嬰說道：「不管那麼多了，咱們還是先跑吧。」

劉邦沒跑多久，發現一個嚴峻的問題，楚兵又追來了。

這是怎麼回事？前面不是誇過丁公了，他該不是嫌我誇他不夠吧？

劉邦錯了，這次來追殺他的不是丁公，而是丁公姐姐的兒子，傳說中一諾值千金的季布先生。

劉邦被季布追殺不是由於丁公告密，問題出在他乘坐的這輛馬車上。

在馬匹極度稀少的戰亂時代，劉邦坐著這麼一輛加大型馬車一路逃竄，無異於開著一輛加長林肯在鄉村公路上奔跑。白癡都能看得出來，當時坐得起這種車的人，不是大富大貴之人，就是諸侯。

這車肯定引起了人們的高度關注，項羽才會派季布騎馬狂追而來。

劉邦坐的是好車，但好車未必速度就快，因爲他們跑的是鄉村小路，不是什麼高速公路。在坎坷不平的小路上，多好的轎車都跑不過最差的摩托車，何況項羽給季布等人配的戰馬，絕不亞於今天的強力摩托車，劉邦再一次陷入了危險當中。

劉邦焦急萬分，拍著車把對夏侯嬰吼道：「快，快！」車上還有兩個孩子，這已經夠快了，是你心急才嫌車不夠快罷了。

不管劉邦怎麼亂吼亂叫，夏侯嬰仍然神情自若地趕著車。

劉邦回頭一看，楚軍像瘋狗一樣就要咬到屁股，再慢我就成刀下鬼了。

瘋狂的追軍迫使劉邦做出了一個瘋狂的舉動，他一腳把兩個小孩子踢下車去，又對夏侯嬰叫道：「我幫你減少車上的負荷，快點給我用力跑！」

骨肉誠可貴，富貴價更高，若為逃命故，兩者皆可拋。這就是劉邦身上藏匿的另外一個可怕的人性特點。

聽說在動物世界裡，每種動物都有逃生的一技之長，有些小動物遇到強勢攻擊時，牠們不求保住全身，而是丟去身體的一部分引誘別人，乘機逃跑，比如壁虎的斷尾求生。對劉邦來說，他的兩個孩子就是他的尾巴，尾巴掉了還可以活下來，孩子沒了可以再生，命丟了去哪裡撿回來？

天下父母心，劉邦如此丟棄親生骨肉，讓夏侯嬰有了惻隱之心，他不管後頭追兵，立即停車把兩個可憐的孩子抱上車。

這時，楚軍急追的馬蹄聲又緊了起來，這不但是一場生與死的較量，也是一場親情與反親情的鬥爭，劉邦無法戰勝內心的恐懼，又一腳把自己的兩個孩子踹下車去。見夏侯嬰又要停車撿孩子，劉邦拔劍而起，怒吼道：「媽的，不要撿了，再撿我連你一起砍！」

「孩子我要撿，頭你也可以砍，但你砍了我誰來替你開車？瞧你那爛技術，車來開你還差不多，還想自個開車逃跑？」說完，夏侯嬰又把孩子放回車裡。

劉邦眞是又無奈又悲涼，本來逃得好好的，爲什麼夏侯嬰偏偏替他找回兩個累贅物，難道今天我就要亡在追兵的手裡了嗎？

劉邦愈發驚惶，又把兩孩子踢下車去，這是第三次了。

夏侯嬰又再次把孩子撿上車，劉邦歇斯底里地揮著長劍要砍他。

這時，夏好人終於開口說了一句話：「不要嫌棄兩個孩子重，是馬太累了車才慢下來，逃命事雖大，你也不至於把孩子丟下啊！」

夏侯嬰這句話恐怕是亂世中，我們聽到的一句最富有人情味的話。

劉邦不禁咆哮起來，揮劍要殺兩個孩子，然而夏侯嬰像一隻老母雞一樣把孩子夾在腋下，讓他一點辦法都沒有。

「人情值個屁，天大地大我最大，孩子算是多大的事呀！」

接下來，夏侯嬰沒有加快速度，反而悠著跑，卻平安成功地逃出楚兵的追殺。這就是傳說中的駕車高手，如果夏侯嬰再世，估計那些極速賽車高手都要拜他爲師祖。

死地重生

這場大戰韓信打得清清楚楚，
但對於漢軍士兵來說，卻是贏得糊裡糊塗。
三萬不到的弱兵，沒有人援，沒有神助，
又擺出讓趙國笑破肚皮的背水死陣，
最後漢軍竟然在關鍵時刻起死回生，
這到底是怎麼回事？

第1章

曙光

沒想到，

張良竟能準確地窺探出項羽和英布相處之間的痛苦矛盾，

如果真能收買英布，

簡直等於砍下項羽的一條腿和一隻肩膀！

可問題是，英布這麼一個厲害的角色，

誰能幫劉邦搞定他呢？

夏侯嬰帶著劉邦及他的孩子們闖出包圍圈，從此一舉成名，紅遍天下。能保住性命，對劉邦來說當然是件好事，可他卻從此惹上棄子逃命的惡名。這個惡名將伴隨劉邦走完一生，無論怎麼努力，他都無法補救這塊傷疤，也更無法彌補呂雉阿姨的心靈創傷。

若是拋開仁義道德，以知名歷史學家黃仁宇先生的觀點來看，歷史不僅僅是道德，更是技術。在人欲膨脹而又混亂不堪的亂世中，劉邦能混到今天，靠的不是道德，而是技術，拋棄孩子自救，無非他求生本能技術裡的一項罷了。

劉邦好不容易脫身後，不久便得到呂雉阿姨和劉太公的消息。原來項羽派人捉拿他們前，他們已聞聲而跑，企圖從小道逃亡，只不過沒有遇上劉邦，反而落入楚軍手裡，被安置在軍中當人質。

聞訊，劉邦的一顆心稍放了下來，管他當人質還是奴隸，人活著比什麼都好。

現在最關鍵的是找回兵馬兄弟，劉邦馬上想到一個，呂雉的哥哥呂澤，他人一直還在劉邦的老革命根據地碭山縣蹲點，那可是一塊肥肉。

劉邦和夏侯嬰從小道逃回碭山縣，不由分說把呂澤的兵全收到自己旗下——這哪裡是收，叫搶還差不多。

軍隊是我撥給你的，不搶你搶誰？

接下來，其他革命同志聽見劉邦人在碭山，紛紛趕過來會合，張良等人也來了，大夥坐在一起開會總結訊息及教訓。

訊息互通後，劉邦才知道那幫牆頭草諸侯被項羽的東風一吹，又全倒到西楚那邊了。

全場人無不欷歔作聲，劉邦的心底更是升起一股陰涼悲氣，眞是世態炎涼啊！

不一會，劉邦眼裡突然流露出一抹堅毅，問大家道：「我願意放棄中原，讓給那些可以幹掉項羽的人，請問誰有這種魄力？」

滿場的人都吃驚地看著劉邦，要放棄中原？

劉邦以堅定而自信的眼光回望，同時道：「對，放棄不等於怯退，暫時的放棄是爲了將來更好的進攻。」

原來劉邦這不是眞的放棄，而是爲項羽找一個強悍的敵人；敵人的敵人就是我們的朋友，爲敵人找敵人，其實就是爲自己找朋友。

大夥一聽，發現這主意眞是不錯，不過，還有一個很現實的問題，連劉邦六十萬大軍都被項羽打得東倒西歪，還有誰敢跟項羽叫板？除了劉邦外，誰會牛氣沖天地跟項羽過不去？

一想到這，會議又陷入半停頓狀態，每個人腦袋像高速運轉的硬碟般，正在拼命搜尋最佳人選。

在這些腦袋當中，張良的腦袋轉得最快，他站起來說道：「我已經找到答案了，助漢奠定天下基業的無非三人而已，他們就是九江王英布、魏國國相彭越，還有咱們的漢家大將軍韓信！」

眾人莫不疑惑地看著張良，劉邦問道：「韓信和彭越還說得過去，怎麼連英布也算在內了？那可是項羽的人啊！」

張良胸有成竹地分析道：「是的，英布曾經是項羽的武將，可是現在的他已是九江王，不再是過去的部屬。以前他得對項羽言聽計從，如今和項羽卻是矛盾不斷加深，既然如此，便可以趁虛而入拉攏他。」

「同時，彭越是條好漢，與齊國聯合反楚，據有梁地，敵人的敵人就是我們的朋友，如果讓出中原，分給以上三位，項羽的銳氣肯定會被打散！」

眾人一聽，不禁同聲嘩然：這招實在高啊，撒之魚米，退收漁翁之利！

的確，英布是個不見兔子不撒鷹的傢伙，自從項羽封他為九江王後，他就像頭怠工蠻牛般拉不動。

先前項羽命他派兵打齊國，他說他身體有病，又叫他一起打彭城，仍說病還沒好，如果不是山高水長，項羽都想提著兩斤水果上門探訪，看看英布得的到底是什麼病。

英布心裡有病，對於這種耍賴的屬下，不認眞教訓一下還眞不行。

項羽有幾次衝動想派兵出去幹他一頓，又念在他這幾年來衝鋒陷陣，是個難得的人才，不打嘛，他正在跟劉邦開戰，總不能反而讓人占走便宜？

項羽對英布那眞是又恨又愛，唯一的辦法就只能是拖，能拖一天算一天，等哪天搞定劉邦後，再回頭收拾他也不遲。

沒想到，張良竟能準確地窺探出項羽和英布相處之間的痛苦矛盾，他認爲，如果眞能收買英布，簡直等於砍下項羽的一條腿和一隻肩膀！

可問題是，英布這麼一個厲害的角色，誰能幫劉邦搞定他呢？

正所謂一物降一物，開啓英布這把大鎖的不是一把大鑰匙，而是一個無名小卒，他的名字叫隨何！

接下來某日，劉邦故意裝得心情極差，對身邊一幫官僚罵道：「媽的，你們這些人沒有一個是能夠幫我做大事！」

這話罵得實在過分，只要有點骨氣的人，心裡都會極不痛快，官僚天生就是幫主上出力治國，若被主子說沒有一個能成事，不就等於罵他們飯桶嗎？

果然，當場就有人對劉邦表示不滿，此人就是禮賓官（謁者）隨何。

隨何很不服氣地質問劉邦道：「請問大王您這話是什麼意思？」

嘿嘿，不過是個激將法，還眞有人中計了！

劉邦裝出一副委屈的樣子說道：「我想請個人幫我搞定英布，卻一直都請不到，你們可知，只要有人幫我說服英布發兵背楚，牽制項羽幾個月，我就有百分百的把握取得天下！」

原來是這個意思，早說嘛！

隨何暗暗撇嘴，同時回應劉邦道：「如果大王信得過我，請把這個任務交給我吧！」

劉邦眼睛一亮，要的就是你這句話，假意寬厚地說道：「只要是我的人，我當然都信得過，那這個光榮的任務就交給你了……對了，你辦事，我放心，大膽上路吧。」

到了出使日，劉邦派二十幾個人跟使者隨何一起前往。

劉邦目送著隨何離開時，心中百感交集，一半是期望，一半是擔心，就像當初楚懷王芈心送宋義率軍離開彭城時的情景一樣。我等著你的好消息，隨何，你不能失敗啊，一旦失敗，不只你完了，我也要跟著完蛋。

西元前二〇五年，五月。

五月的天空，流出來的不是清亮的陽光，而是慘烈的火焰和悲傷的眼淚。這時項羽一路乘勝追擊，劉邦只好向西一退再退，一直退到滎陽（今河南省滎陽縣）。

再退就不像話了，劉邦決定堅守滎陽，就算眞擋不住項羽進攻，也要和對方拼個魚死網破。

當劉邦舉目無助時，丞相蕭何同學雪中送炭地送來一支軍隊，心意是到了，可惜這支部隊的成員卻只能以「老弱病殘」四個字來形容，戰鬥力十分低落。

千萬不要嘲笑蕭何，當初劉邦把關中子弟所有壯年都拉出去當項羽的刀下鬼，蕭何可是砸鍋賣鐵搜腸刮肚，好不容易才把關中二十三歲以下及五十六歲以上的人湊起來，拉成這支隊伍。

此時，劉邦正當生死存亡之秋，管他什麼乳臭未乾還是老年軍，只要能打仗就是好軍，劉邦依舊收下蕭何的禮。

看著黑壓壓的一片青頭髮和白頭髮，劉邦心裡多少有些自信，只是，自信能順利轉化成實力嗎？

第 2 章

被告黑狀的陳平

周勃和灌嬰的言辭間，沒有半句殺字，

卻又感覺到他們字字催逼，

唯一的願望就是希望劉邦像魏咎和項羽一樣，

趕快把陳平這個小白臉打發掉！

此時，項羽的鐵騎還在繼續向西推進，漢軍和楚軍在距滎陽十公里外的郊外屢次交鋒，漢軍仍保持一貫潰不成軍的風格。

項羽所向無敵，不單單是因爲劉邦手下那幫老殘病弱的爛兵好欺負，而是西楚擁有當時世界上最牛的軍種，騎兵。

在兵疲馬亂的中原戰場上，項羽這支號稱日可縱橫百里的鐵騎軍，就像氣勢洶湧的海嘯一般，無論多麼堅固的城牆，一樣得被擊垮。也正因這支鐵騎軍，前些日子項羽才有如神助般，遇佛殺佛、見妖降妖地殺進彭城，無人能擋。

鐵騎軍是項羽一把鋒利的尖刀，要想打退這支尖刀軍，就必須要錘煉出自己的尖刀。劉邦立即著手組合自己的騎兵，這個光榮而驕傲的任務就落在灌嬰身上。

其實，大家開始推選鐵騎人選時，並沒有選到他，而是秦國人李必、駱甲二人，只是因李必和駱甲出生地特殊，怕楚兵不服指揮，想來想去，只好臨時派灌嬰主持騎兵團，由李必和駱甲任指揮官。

騎軍組成後，劉邦終於有了件像樣的防身武器。有了鐵騎這把鋒利的尖刀放在枕邊，劉邦不但不怕項羽追擊，反而渴望積極迎戰，看看是誰的刀利。

戰爭再次不可避免地發生，地點就在滎陽東。

灌嬰橫刀立馬，眺望滾滾紅塵，萬馬奔騰的楚軍像洪水般，挾著轟鳴大地的聲響朝漢軍撲近。對於這天，灌嬰已渴望許久，只見他高高地舉起砍馬刀直插雲頂，突然怒吼一聲，「殺！」

殺聲再次震撼大地，遠遠地傳到滎陽帳下。

劉邦從容地閉目細聽，刀光劍影在腦海中不斷出現，他彷彿聽見灌嬰的砍馬刀正嗖嗖劃過空氣，砍死襲來的大批楚軍，事實也證明劉邦的想像無誤。

這是一次成功的反襲擊，漢軍不但大敗楚軍，更是怒氣沖天地砍出漢軍軍威。

灌嬰載功而歸，戰士們臉上洋溢著驕傲和光榮的神情，劉邦終於露出久違的笑容。

這勝利來得太不易，從彭城到滎陽，輾轉半個中國，項羽像猛虎撲狼一樣不肯放過一次進攻，如今終於讓人可以放心地暫緩一口氣。

滎陽東大捷，劉邦終於有效打亂項羽西進的腳步，決定駐軍滎陽，以滎陽作爲反攻中原的據點，同時又修了一條通道直達黃河渡口，連接敖倉。敖倉，是秦政府在滎陽北敖山所建糧庫，能搶下這麼一座大糧庫，就算天崩下來劉邦也不怕！

正當劉邦恢復元氣準備大幹一場時，讓人意外的是漢軍內發生一起內鬨。

這場內鬨的主角一方是周勃及灌嬰，不用猜都知道，另外一方正是他們極不順眼的斯文書生陳平同學。

權力向來具有排他性，更是某個政治圈裡不容侵犯的權益。

對於陳平當諸將護軍這事，周勃等人依舊耿耿於懷，這個職位應該留給在漢營出生入死的武將兄弟，憑什麼讓陌生人像根釘子般插進這個武將集團，不但叫人難受，更使人覺得滑稽可笑！

劉邦這個出人意料的人事安排一點都不幽默，不僅是一場周勃和灌嬰與陳平同學的爭執，更是漢軍大部分未得利益的武將與既得利益的文官的鬥爭，既然如此，就用一場比賽證明孰強孰弱吧。

周勃和灌嬰首先聯合起來發動攻擊。爲了這一天，他們早就做了精心準備，搜集到陳平兩大人生政治汙點：第一，陳平與其兄嫂通姦；第二，陳平受賄。

準備好素材後，周勃和灌嬰便跑到劉邦跟前，準備拆陳平的台。

漢王，您千萬別被陳平美麗的外表迷惑了，他儘管長得帥，肚子裡未必有眞東西。我聽說陳平以前在老家曾經跟他嫂子有一腿，後來投奔魏咎，魏咎不容他，改投項羽又混不下去，最後才投奔您這。可您任他當護軍沒多久，我又聽說陳平這傢伙買官賣官收了不少黑錢，錢多的就當大一點的官，錢少的就當小一點的官。

以上就是狀詞，周勃和灌嬰的言辭間，沒有半句殺字，卻又感覺到他們字字催逼，希望劉邦像魏咎和項羽一樣，趕快把陳平這個小白臉打發掉！

劉邦聽得一驚，這還了得，盜嫂就算了，竟還敢貪汙？

前面已經講過，陳平盜嫂之名完全是冤枉的，只是陳平也不好跟人講清楚，如果他每看見一個人就開始解釋自己和嫂子之間沒那回事，不是此地無銀三百兩嗎？

這事的確爲難，陳平不抹是黑，想抹只會更黑，搞得自己有口難辯，畢竟嫂子這事自己也負一半責任，誰叫自己好吃懶做，還迷上讀書呢？

好事沒出門，壞事傳千里，沒想到這等家醜竟被周勃和灌嬰拿來說事，在周勃這幫人眼裡，陳平就是個典型的僞君子，長得人模人樣，卻到處招搖撞騙，騙完魏咎、項羽，又來騙劉邦。

退一步來說，就算不是騙，陳平如此短短幾年間換了幾個工作，這也是不太正常。如果從這個角度理解陳平，陳平的確是三心二意，不過，反過來想，人家換老闆也有內在因素，事實證明，魏咎和項羽並不是什麼好老闆，陳平也不是第一個從他們那裡跑掉的人。正所謂鳥擇良枝，人擇明主，人活在亂世，混口飯吃不容易，陳平幾年內換多一點工作又有什麼可非議的呢？

再看貪汙一事，陳平受賄是個不爭的事實，甚至陳平也毫不隱瞞。但是我們深究陳平受賄一事，就會發現這個事挺懸的。

陳平剛被劉邦任爲護軍時，整個軍隊幾乎要爆炸，無人不指著他的後背指指點點，才兩個月過去，就發生諸將向陳平行賄一事，難道不覺奇怪嗎？可以大膽地做一個推測，陳平受賄一事會不會是周勃等人慫恿部下弄出來，並以此藉口把他轟下台去。

綜合三件事，我們只能下這樣一個結論，陰謀，這是個道道地地的陰謀，說來說去，周勃他們就是想搞掉陳平。不過，陳平是什麼人？他可是漢初聞名天下的陰謀大師，跟大師玩陰謀，那不是沒事找抽自討苦吃嗎？

周勃這番告狀詞，讓劉邦驚訝之後，第一個反應就是，很生氣。第二反應是，非常生氣。他生氣自己居然瞎了眼，選出道德敗類當護軍，更生氣的是，那魏無知是收了陳平多少黑錢，竟然推薦這麼一個爛貨。

生氣歸生氣，劉邦稍稍撫平胸中之氣後，覺得還是先把事情弄清楚了再說，立即把陳平的伯樂魏無知召來。

在劉邦眼中，魏無知就是個不負責的伯樂，一看到人就立刻拍著桌子罵道：「你魏無知吃飽了撐著嗎？幹嘛把一個三無產品推銷給我？」

魏無知一愣，「三無產品？」

劉邦道：「陳平一無私德，二無廉潔，三無忠心，不是三無產品那是什麼？」

魏無知恍然大悟，反問劉邦道：「主上求的是不是人才？」

劉邦道：「當然。」

魏無知道：「這就對了，我向大王推薦的是陳平的才能，您責怪的卻是陳平的品德。試想一下，大王您如果得到一個只有高尚品德卻無半點才能的人，能打勝仗嗎？如今楚漢相爭，大王關心的應該是陳平的謀略有沒有用，至於他貪汙受賄和偷人等事即使有，又算什麼天大的事？」

這番話如果被儒家的道德信徒聽到，不被口水淹死才怪，世界上哪有像魏無知這樣推銷人才的。

其實，魏無知這話儘管有失偏頗，並非全是信口雌黃。

劉邦正值抗戰非常時期，用人也要用非常之人，這個世界哪還有多少德才兼備的人？

劉邦眞是無話可說。

無法肯定的就是無法成立的，同樣，無法否定的也不能說它是錯誤的。

雙方各執一詞，恐怕再這樣爭下去也沒多大意思，鬱悶無比的劉邦只好把陳平找來問個明白。劉邦道：「你之前在魏咎那裡打過工，後來又跑去投了項羽，現在又跑到我這裡來，請問，一個有信義的人有像你這樣的嗎？」

陳平答道：「大王只知其一，不知其二。我事奉魏咎，是因魏咎不用我，我才逃跑；而項王他剛愎自用，自以爲天下第一，又只重用他家親戚，像他這種人，就算你有多大的本領也不會重用你。我後來聽說漢王您重用人才，所以才投奔過來，難道這也是我的錯嗎？」

劉邦點點頭，又反問道：「可是你貪汙受賄一事又怎麼解釋？」

陳平道：「大王又有所不知，我是光著身子過來投奔您的，您又不發工資，我不利用職務之便收點黑錢，要怎麼活下去？我貪汙的錢還在我這裡，如果大王您覺得我的計策不能被您所用，請您連錢和官印一起沒收，並且准許我辭職！」

以上，可說是二千多年前，世界上最經典的的政治貪汙犯和政治流氓的精采對話記錄。更精采的是，陳平只憑幾句真話，就立即消除劉邦怒氣，不但沒削陳平官職，反而重重賞賜他，甚至還提拔陳平為大軍總保護官（護軍中尉）。

護軍中尉和護軍只差兩個字，對陳平和周勃等人來說，卻是勝利和失敗的標誌，更是周勃和灌嬰悔之晚矣的心痛。

搞來搞去，不但搞不掉對手，竟然還幫對手作嫁，不算失敗那又是什麼呢？

第3章

敲不爛的銅豌豆

距離上次俘獲魏王豹，才過六個月，

劉邦這次捲土重來，是要證明給所有諸侯看，

自己從來就沒有被真正打倒過，

在哪裡失敗，我就在哪裡雄起！

對劉邦來說，這個夏天可謂是悲喜交雜——四月彭城敗戰，五月反襲成功，六月，又順利地拔掉一個死敵，天下第一守城王章邯。

說到章邯，他死守廢丘已足足十個月之久，這對火燒眉頭的硬兵圍城來說，已經是奇蹟中的奇蹟。

廢丘，西周之故都，當時稱犬丘，後秦統一六國被廢掉，故又稱廢丘，是一座曾有著無限光榮和驕傲的歲月，然而歲月無情，早已淪落成一個無甚輕重的廢都。

將章邯困成廢人的是劉邦麾下赫赫有名的韓信大將軍。

廢丘城中有城，城外有牆，牆下有河，有河必有橋，是古中國城市的基本特色。當韓信整天在廢丘城外琢磨攻城之計時，章邯就在城上看著韓信，這一幕彷彿又回到了當初章邯打魏咎攻臨濟城的詩人場景。

魏咎曾經無情裝飾章邯的夢，如今韓信也正準備用章邯來裝飾自己的軍事夢想，完成夢想的重點，便是廢丘城下那條寬闊的護城河。

蒼天似乎也看出韓信的計謀，爲章邯傷心落下大雨，可惜天淚也不能改變韓信的初衷，他決定引水灌章邯，把全部人活活淹死。

當傾盆大雨從山上直奔而下，流入廢丘下的白水河時，韓信立即命令樊噲把下游堵住，無處可流的白水河突然搖身一變，其中一半像一條瘋狗一樣狂咬古老的城牆，另外一半河水則像老鼠似地全部鑽進城內。

章邯的末日到了，他一生征戰無數，守城有術，學過槍戰、火戰，就是沒學過水戰，現在才想學大禹治水的話，都已太遲。

水是世界上最柔弱之物，然而水也是世界最無情之物，如果是漢軍登城，守城兵馬還可以把對方砍下來，但廢丘城並無排水道，該如何把水砍斷？

章邯眼看突圍無望，只好很男人地拔出劍，往脖子上一抹，自殺殉城。

滔滔河水，鮮血無情，過往的光榮與驕傲都不再重要，這場夏天的葬禮中奔流的鮮血，快讓夏天雨水洗淨吧，好讓新一輪的燦爛太陽普照天下，才是最偉大的事！

路漫漫其修遠兮，陽光之道何其遙，殺戮之後並非鮮花，前面等待著劉邦和韓信的，將是更加慘烈的殺戮和流血！

六月，漢王劉邦立劉盈爲太子，大赦罪人。

然而，接二連三的喜事並沒有給劉邦帶來好運，時逢關中大饑，一場可怕的饑荒像蝗蟲般鋪天蓋地，關中米價暴漲，屍橫遍野。

這是千百年來百姓最不願意看到的慘象，也是戰爭帶來的直接傷害，黎民大多渴望國家統一，百廢振興、安居樂業。但渺渺蒼生如蟻行道路般，連陣風吹都經不住，何來

改造歷史命運的力量？

改造歷史的力量，永遠是集中在王侯身上，除了老天爺外，權力者是百姓唯一可以寄託的人，可惜的是，天下父母愛子者多，諸侯愛民者少，百姓對於諸侯們的奢想，就好像羊對狼的不切實際盼望，有哪群羊能與狼和平共處一生一世？

正所謂亂世亂事，亂的也不是你個人的事，大夥全是同一路貨色，還是回歸現實吧。

面對無情饑荒，劉邦和蕭何只能像一對可憐的父母，鼓勵自家孩子逃回那漢中及蜀中的天府之國。

這個建議十分正確，儘管巴蜀山高水遠，亦有它的好處：高高聳立，直入雲端的山峰及驚險的懸崖峭壁，像道天然屏障，徹底阻住戰火向西南燃燒，也徹底保住西南天空的純淨和土地安寧。

一直躲到八月仲秋，劉邦才又準備離開關中，留下蕭何好好處理事務，並託他照顧好太子劉盈。

劉邦此次東去，是要與項羽爭天下，如果要打向江東，必須先把家門口的擋路石敲掉，也就是那位反覆無常的魏王豹。

說魏王豹反覆無常一點都不過分，五個月前，劉邦親自出兵搞定他，取得他的投降後，約好一起帶兵進入彭城。

彭城之戰後，魏王豹向劉邦請假，理由是要回家探望身患重病的母親。劉邦准了，卻沒想到魏王豹才一回到自己的地盤平陽首府（今山西省臨汾市），竟突然變臉，改向項羽投降。

劉邦氣得火冒三丈，自己只不過是在戰場上受了點挫折而已，魏王豹有必要這般絕情絕義嗎？

換成項羽，魏王豹早就被打死，可劉邦軍力大不如前，如果不是萬般無奈的情況下，他能不打就不打。

於是乎，劉邦決定先派人和魏王豹溝通溝通，一旦行不通，再收拾也不遲。替劉邦履行此項任務的，是我們十分熟悉的酈食其先生。

在酈食其出使前，劉邦明確地給予兩項重要任務：第一，爭取用言語軟化魏王豹，節約戰爭成本。第二，順道摸摸魏軍老底。

兩個任務中，第二簡單輕鬆，第一個可就有些難辦，魏王豹是什麼人？說他是牆頭草都抬舉他了，他簡直就是條東叫西吠的勢利鬼，有油水可撈時，便溫馴得像一隻貓，一旦有個什麼三長兩短時，他馬上撕下臉皮，落井下石。

無恥不要臉若此，酈食其這趟出使的結果可想而知。

果然，魏王豹見了酈食其後只是一聲冷笑，內心嘲笑劉邦自不量力。收買人要有實力，現在漢王一無錢財，二無軍武，憑什麼收買其他諸侯……這種話，他當然不能當著酈食其的面說出來，得勉強保持正義外交的假面。

魏王豹振振有詞地對酈先生說道：「回去告訴劉邦，他生性傲慢，罵人像罵奴才和狗一樣，我不想再見到他了！」

酈食其失望而歸，同時把話帶回去。

劉邦一聽魏王豹這話，當即怒火攻心，迅速召開軍事會議，根本不用再商議，直接任命韓信爲主攻手，灌嬰和曹參爲副攻手，火速集結軍隊，打他娘的！

會上，劉邦問酈食其道：「魏軍派誰當大將軍？」

酈食其說道：「柏直。」

劉邦一聽，大喜過望，「太他娘的好了，柏直乳臭未乾，哪裡能擋得住我們的韓信大將軍？」

劉邦又問道：「那誰當魏軍的騎兵司令？」

酈食其答道：「馮敬。」

漢王又是一陣狂喜，說道：「馮敬是秦將馮無擇的兒子，儘管厲害，但也擋不住我們的灌嬰。」

劉邦再問道：「那誰當魏軍的步兵司令？」

酈食其答道：「項佗。」

這下子，劉邦高興得更要飛起來了，「這個項佗，當初項梁派他去救魏咎時還差點被章邯打得沒命，今天竟然當上了魏軍的步兵司令，曹參對付他綽綽有餘。」知己知彼，百戰百勝，既然敵我兩清，就直接開打吧。

這時，韓信還不太放心地問酈食其，「魏王豹會不會派周叔當魏國大將軍呢？」周叔和前面的柏直一樣，確實來歷後世已無法得知，但從劉邦和韓信口中我們可以判斷，這周叔肯定是有兩把刷子的人，不然韓信不會如此小心翼翼地特別詢問，至於柏直肯定只是個初見世面的狂妄小子。

酈食其不愧是情報高手，早把魏國的老底摸得一清兩楚，肯定地對韓信說道：「你放心，魏王豹絕對不會讓周叔當大將軍。」

韓信一聽信心大增，立即跳起來叫道：「魏王豹這回死定了，竟然敢派這個娃兒來擋我！」

漢營人人樂得開懷，準備開打。

此次是劉邦第二次東征。打魏東進，這是一個偉大的戰略，更是一場不能輸掉的戰爭，只有順利拿下魏國，才能繼續向東挺進；萬一失敗，又只能龜縮關中。出發之前，劉邦特地告誡韓信，這次不但要把魏王豹拿下，還要徹底把他打趴，達到殺一儆百的作用，如果攻第一座城都不成功，漢軍豈能帶著一顆失敗的心繼續下一場戰鬥嗎？

韓信得令後，立刻率領大軍出發，一路浩浩蕩蕩行到臨晉（今陝西省大荔縣東）的黃河渡口，對岸就是傲氣沖天的魏王豹，他也正在緊急糾結軍隊，準備對抗韓信。

韓信大軍聲勢極大，秋天蕭瑟的風吹過黃河兩岸，只見旌旗飄飄，黃土飛揚，大河滔滔，無論是誰看到此種場面，都會立即判斷，韓信發動的將是一場直接衝擊及血洗黃河的大戰！

韓信想血洗黃河沒錯，不過，若是推斷他會直接出擊，可就大錯特錯，其實，眼前這幕虛張聲勢的軍容，只是這位大將軍早擬好的陰謀。

當魏王豹站在黃河東，躊躇滿志地監視著韓信準備隨時迎戰之時，韓信卻像一隻夜鷹悄悄地帶著一支奇兵，從八十公里外的夏陽（今陝西省韓城市），利用空甕製成的船筏悄悄地渡過黃河，以迅雷不及掩耳之勢從背後狠狠突襲魏王豹的首縣安邑（今山西省夏縣）！

這是一次醞釀已久的突襲，魏王豹想躲已經來不及。

當魏王豹引軍回戰韓信時，黃河西岸的漢軍便伺機衝過黃河，兩軍會合，像隻老鼠般狠狠把魏王豹夾住。

九月，秋末。韓信把魏國土地全部拿下，活捉魏王豹，押往滎陽見劉邦。

劉邦露出勝利的微笑，確定這次魏王豹完全被打趴，又把魏國劃爲三個郡，從此永歸漢營版圖。

距離上次俘獲魏王豹才過六個月，劉邦這次捲土重來，是要證明給所有諸侯看，自己從來就沒有被眞正打倒過。

在哪裡失敗，我就在哪裡雄起，放眼天下，只有我是眞正捶不扁、炒不爆、砸不碎、煮不透，響噹噹的一顆銅豌豆！

正如蕭何所說，韓信的確是個可以獨當一面成大事之人，從暗渡陳倉到偷襲魏王豹，無一不是韓信大功。

劉邦眞應該感謝蕭何，如果沒有他，根本打造不出以韓信爲隊長的軍隊。

韓信搞定魏國後，下個目標就是北方的陳餘。

劉邦兵敗彭城時，陳餘也是牆頭草諸侯之一，不過，他背叛劉邦還有另外一個原因，他發現死對頭張耳沒死。接著也不用多說，換成誰都受不了被劉邦這般忽悠，沒辦法了，只有打才能解決問題。

這時，韓信主動對劉邦請示道：「只要大王肯撥下三萬兵馬，我就能北上攻趙，拿下燕代兩國，並且向東攻打齊國，搞掉楚國的糧道運輸。」

眾人一聽，這牛皮可吹大了，三萬兵馬就想攻下三方勢力，以爲自己是誰呀？甭說燕齊兩國，僅趙國趙王歇就有二十來萬兵力守城，領頭的又正是牛氣烘烘的陳餘同學，僅給你一支孤軍北上，真能吞得下陳餘這頭大象嗎？

韓信的堅定再次讓人震撼，這份自信究竟是從哪來的呢？

其實，回想歷史就可明白，鉅鹿之戰，項羽曾以幾萬兵力搞定章邯幾十萬大軍；彭城之戰，項羽一樣以少數的三萬兵搞掉劉邦將近六十萬大兵，以少勝多的專利被他壟斷太多次了，該是有人打破這項傳奇。

劉邦終於明白，韓信是想挑戰項羽的紀錄，當即允許韓信北伐，同時派張耳跟他一同北上。

第 4 章

夢幻戰役

狡猾的韓信當然不會愚蠢地直接衝到井陘口任人宰割，

他在離井陘口三十公里處，命令軍隊駐營休息。

一切都在掌握中，明早將是廝殺的最好時機！

九月下旬，韓信和張耳以凌厲的攻勢拿下代地。代地本是趙王歇封給陳餘的地盤，但陳餘轉給手下夏說代理，可憐的夏說也就此代替陳餘變成韓信的俘虜。

沒想到，韓信才剛打贏第一局，滎陽傳來不好的消息——項羽軍隊猛烈攻擊滎陽中！無奈之下，劉邦只好派人趕到代地把韓信的精兵調回滎陽，抗擊項羽，留不到兩萬民兵。劉邦這廝還眞讓人哭笑不得，好像借別人錢賭博一般，才剛把老本稍稍翻了一番，借債人就把大部份老本拿回去應急，這仗還怎麼打下去，想破項羽的神話豈不是談都不用談了？

當初項羽無論打章邯，還是打彭城，都集中精銳之兵幹掉對手，所以他無論身處多麼絕望的苦境，只要手中有好牌，才打得出驚天地泣鬼神的牌局。

如今，暫且不論韓信和項羽的牌技高下，他還缺乏項羽那樣的好牌，如果說韓信這邊還有好牌，就只有一張，那就是自己這張王牌。

一張王牌帶一堆垃圾牌，要拼出項羽般驚天地泣鬼神的牌局，不是癡人說夢嗎？

可韓信的回答卻是，不。

劉邦調走精兵後，不打常規戰，不按常理出牌的韓信沒有灰心喪氣，仍然意氣昂揚地向北挺進。

當時，趙王歇和陳餘獲報韓信撲來，立即組織全國兵力駐守井陘（今河北省井陘縣西），號稱二十萬大軍。

不消多說，交戰雙方只要是多少萬大軍前面加上「號稱」兩字的，軍隊的人數多半要打折扣，虛報人數只是爲了壯大軍威，這是古代中國戰爭的潛規則。

還要順便解釋一下，陳餘駐守的井陘口是一個易守難攻之地——所謂陘，就是山脈突然中斷，兩嶺緊夾，是天然的軍事要地，太行山脈共有八陘，井陘是第五陘，山凹如井，所以稱爲井陘。

韓信想要打通井陘這座大門，除非他的軍隊鋒利如鋼刀，不然就甭想穿過這道天然的軍事屏障。

看來，韓信只有遠遠地望陘興嘆，如果要打敗趙國，只能和陳餘拼運氣。

事實上，上天還眞送來一個好機會，也就是城中陳餘的大意輕忽。

當時，陳餘手下有一個叫李左車的將領對陳餘說道：「韓信遠道而來，銳不可擋，志在必得，可井陘易守難攻，將軍如果能借我三萬兵力，從小路包抄回去，斷絕韓信糧車通道，這樣一來漢軍便進退不得，生死難測，只要擋到十日，必定能把韓信和張耳的頭顱砍下來呈獻趙王。如果不依我之計，趙軍必敗，我們必定都將成爲韓信的俘虜！」

韓信是誰？李左車以為他還是大街上那個鑽過褲襠，任人欺負的軟弱少年嗎？

此時，韓信派出的間諜正在李左車旁偷聽，老實說，派間諜不屬韓信的常規作戰技術，但正所謂兵不厭詐，手中的牌這麼爛，再不出老千，就只能棄牌不打。

接下來，讓韓信興奮的一幕出現了。

驕傲的陳餘非但沒有接納李左車的建議，反而理直氣壯地教訓對方，「我們是正義之師，不需使用陰謀詭計。兵法上說，兵力十倍於敵人就圍打它，有超過一倍的兵力就攻擊它。今韓信兵號稱數萬，其實不過數千人，他千里迢迢奔襲，兵馬已非常疲憊不堪，如果避而不戰，一旦漢軍援軍回頭，我們不但不知道如何應付，還會讓別的諸侯誤解我陳餘膽怯，那以後他們不是隨意就派兵來欺負我了？」

什麼仁義之師？不屑陰謀詭計？當初章邯和王離圍攻鉅鹿時，陳餘帶幾萬兵在城外徘徊，可曾想過自己是正義之師？當初向田榮借兵開出要當齊國尾巴國的條件時，可否想過他使用的不是陰謀？當初他把張耳打跑時，趙王歇封代他不要，偏要以輔佐之名留在趙國挾持趙王歇，可想過這稱不上仁義？

在沒有仁義道德的世界裡，竟然還有人高呼仁義，劉邦假借仁義之師之名替義帝報仇，那是掛羊頭賣狗肉，可陳餘他玩的是噱頭還是迂腐？

陳餘當然玩的不是什麼噱頭，而是實實在在的迂腐思考。

之所以說是迂腐，是因爲他骨子裡仍是道地儒者，沒有人知道他是用哪個腦子讀書的，也不看看孔孟二人帶著「仁義」兩字奔波諸侯間，非但賣不出去，還碰了一鼻子灰，難道他在對前輩就沒有一點的經驗教訓總結嗎？

好了，現在該關心的是，韓信將如何打贏這場看似極不可能勝利的戰爭。

當韓信聽到陳餘這番經典的糊塗話後，立刻放開手腳直奔井陘。

狡猾的韓信當然不會愚蠢地直接沖到井陘口任人宰割，他在離井陘口三十公里處，命令軍隊駐營休息。

一切都在掌握中，明早將是廝殺的最好時機！

夜半，四下迷霧瀰漫，十月的冬風吹過蒼涼樹林，彷彿幽魂在空中嗚咽一般，韓信終於行動了。

他首先發布一個軍令讓全體做好突襲的準備，又挑出兩千人，一人各分一面紅旗，然後帶著兩千名手持紅旗的士兵從小道穿過樹林，埋伏在可以望見趙國的地方。

韓信大約交代注意事項，信心十足地對這兩千旗兵說：「記住，等下當我們跟趙國交戰時會詐敗，趙軍一旦見我軍逃跑，必定傾巢而出，你們務必迅速跑入趙城，拔掉他們的旗幟，插上漢軍的紅旗。」

旗兵默不作聲，一切聽領導安排，但臉上滿是疑問，韓信又不是陳餘肚子裡的蛔蟲，怎麼能料定趙軍會傾巢而出呢？

韓信笑了，讓兵士們無須擔心，埋伏在山頭上看戲就是。

第二天凌晨，士兵吃過早餐，天還沒亮，韓信派一萬多士兵扛著先鋒旗先行一步，渡過桃河，在趙城之下背水列陣。

天灰濛濛亮，陳餘走上城牆遠眺，看到漢軍如此陣勢，不禁大笑，其他的趙軍全都跟著狂笑起來。只要稍有點兵法常識的人都知道，背水之地是一種絕地，一旦背靠河川，軍隊馬上成爲「廢軍」，韓信今天不死，更待何日？

這廂陳餘在笑，那廂韓信則下令樹起將旗，敲起大鼓直出井陘口。

陳餘開城迎戰，趙軍像洪水猛獸般向漢軍撲來，喊殺聲漫天遍野地響著，沖破高天濃雲，滿山鳥群被嚇得突突飛往天空。

韓信領軍只打了半個痛快仗，便故意棄掉將旗，逃命般地逃入背水陣中。

城上的趙軍一看漢軍自投羅網，好像看到天上落下來的餡餅，立刻傾巢而出，爭先恐後地奔出城想殺敵邀功。

這時，韓信佈置的死亡程式正式起動。

當趙城幾乎空了之後，埋伏在山上的兩千漢兵立刻像群黑烏鴉般從背後闖進，他們成功地把趙國旗幟拔掉，插上漢軍的大紅旗。

當趙軍衝入背水陣中廝殺時，才猛然發覺自己上當，這批漢軍哪裡是一群束手待斃的鳥，根本是一群披著羊皮的狼！

狼與羊鬥，結果可想而知，趙軍遍體鱗傷，只好打鼓退回趙城。

更可怕的還在後面，當趙軍調頭時，竟發現趙城已飄揚著紅旗，這到底是怎麼回事？難道漢軍這麼快便打進城裡了？

在疑懼交加的心態下，趙軍全營大亂，像無頭蒼蠅四處奔散。

陳餘於亂軍當中，像個牧羊人般，眼睜睜地看著自己羊群被韓信的狼軍驅散，不停揮著長劍對著士兵喊道：「不要跑，都給我回來！」

喊也是白喊，陳餘只得揮劍連殺幾個逃兵，不料仍制止不了這亂陣之勢。

他年輕的時候就在趙國遊蕩，陳勝拋棄過他，他沒害怕過，張耳拋棄過他，他也沒害怕過，項羽拋棄他時，他更是無所畏懼，今天卻被自己這群綿羊拋棄，他不得不感受到內心的害怕。

多少年來，陳餘仔細謹慎地經營趙國，熟悉這裡的一切，包括這裡的人文風景，以及自己的士兵，就像天空熟悉白雲一樣，然而今天敗勢初露，旗下士兵們卻像陌生人一般毫無親近感。

陳餘欲哭無淚，遁地無門，在韓信設計的這場戰爭當中，他就像天空上一顆閃亮的晨星，夢一般地消失。這是場載進歷史的戰爭，漢軍只消一日，就徹底瓦解趙城，並且成功斬殺陳餘，活捉趙王歇。

這場大戰韓信打得清清楚楚，但對於漢軍士兵來說，卻是贏得糊裡糊塗。三萬不到的弱兵，沒有人援，沒有神助，況且韓信又擺出讓趙國笑破肚皮的背水死陣，最後漢軍竟然在關鍵時刻起死回生，這究竟是怎麼一回事？

第5章

謀士的重要

太宰被隨何的氣勢懾住，這年頭光腳的不怕穿鞋的，

既然對方擺明已經豁出去，

自己不往上報的話可能會誤事，

對方心急之下，不曉得會不會選擇同歸於盡……

大戰後，韓信微笑著告訴士兵，「兵書是死的，人卻是活的，正規軍已被漢王調走，留給我的只剩一群烏合之衆，若不把你們置到死地，你們怎麼會奮起反抗？」

這時，士兵們終於恍然大悟，原來這招是「置於死地而後生」。

客觀說來，這場意外的大捷並不全賴韓信用兵如神，部分功勞要歸於陳餘錯使昏招，如果他腦袋開竅，聽從李左車良策，戰爭必定朝另外一個方向發展，結果無法預期。險勝的韓信進城後，暗暗佩服李左車，知道對方是人才，必須把他找出來，爲已所用才行。

韓信在軍中大肆頒佈告示，宣告只要活捉李左車，便賞賜黃金兩萬四千兩。兩萬四千兩，那足夠買好多袋大米了！那年頭，米就等於動力，不消幾日，幾個幸運的士兵綁著李左車，興奮地推到韓信帳下領賞。

當韓信看到李左車，彷彿看見多年好友，口中連呼「誤會」，還親自替他解除綁繩，接著又叫人擺下一桌酒席，像學生拉著恩師的手般，恭恭敬敬地請李左車坐上酒席高位。

「李老師，您辛苦了，請上座。」韓信邊說，自己卻坐在低位。

酒是個好東西，可以渲染氣氛，消除苦悶，還能化敵爲友，使對方推心置腹，更可以借酒獻佛，以示仰慕之情。

屬於後者的韓信以酒敬過李左車三巡，問道：「請問李老師，我想向北打燕國，向東進攻齊國，用什麼辦法才能成功呢？」

李左車看著韓信，不知對方是真謙虛，還是試探，先是沉吟良久，故意虛晃一招道：「我不過是個俘虜，哪有資格參與你的大事？」

韓信馬上說道：「您甭客氣了，誰說您沒有資格論大事？如果陳餘聽您的話，我韓信早成了階下囚。幸好陳餘不接受您的意見，我才有機會向您學習並求得指救，希望老師不要拒絕。」

這話聽來舒服，李左車微微點頭，對韓信說道：「你威名赫赫，天下皆知，但需注意一個致命弱點，目前漢軍已經十分疲憊，短時間難再投入戰場，而且城中糧食不足，一旦燕國和你僵持不下，東邊的齊國也屯兵自強，漢王劉邦的未來就很難說了。」

韓信贊同地點頭，又請教道：「那請問老師，有什麼辦法可以打破這個僵局嗎？」

「辦法當然是有的，不然怎麼當你老師？」李左車胸有成竹地說道：「用自己的短處去和別人的長處戰鬥，這不是真正的用兵之道。如果我是你，必先按兵不動，安撫趙民；然後派一位能言善辯的使節出使燕國，向他們展示你的優勢，那麼燕國肯定經受不住威嚇而屈服。既然燕國屈服，那麼大軍便可移師東向，那麼對齊國來說，就算是多高明的智者補救也來不及。」

韓信聽得如癡如醉，「果然見解卓越，不同凡響。這招叫什麼，好像叫先聲奪人，是吧？」

李左車點頭道：「對，這招就叫先聲奪人，名至實歸。」

「好，一切就按李老師說的去辦。」

韓信馬上發書，派使者出使燕國，果然不出李左車所料，燕王臧荼推牌認輸，願意投降。搞定燕趙兩國後，韓信馬上把這兩個天大喜訊傳到滎陽向劉邦報喜，同時建議劉邦封張耳爲趙王。

沒多久，劉邦給韓信回了一封信，上面清清楚楚地寫著——同意封張耳爲趙王，但滎陽告急，請韓將軍召兵送往滎陽前線救急。

又是滎陽，滎陽到底發生了什麼事？

在回到滎陽之前，讓我們越過萬里長空，把鏡頭向南推移，去看看一場出彩的大戲，主角是那個讓劉邦睡不安食無味的英布。

十月及十一月末，天空連續兩次出現天狗咬日。

天之不祥，地上有知，當天空第二次日食時，隨何帶著劉邦的慰問到六縣探望英布先生。英布的病是心病，隨何也聰明地爲英布準備一帖良藥，辯術。

刀能殺人見血，良言亦能救死扶傷，隨何之所以敢來見英布，是因爲自恃辯術高明，包準英布藥到病除。

想不到，當英布聽見隨何到了，卻直接拒絕面見的要求，理由也很簡單明瞭：身體不便見生客，一見病更容易發作。

現下，英布最害怕的就是使者，不管是項羽派的還是劉邦遣的，甚至是齊國派來的，全都不想見，似乎已經厭煩這打打殺殺的亂世。

對英布來說，皖西雖不富庶，卻極爲安逸平實，他可以天天安靜地欣賞四下田野，也可以站在城樓上眺望天空飛過的群鳥，這裡冬天氣候合宜，偶爾還能出門打獵，小日子愜意得很。爲什麼就沒有人能讀懂我的心呢?今天一個使者，明天一個說客，拼得爾虞我詐、你死我活，你們到底煩不煩呀？

英布你錯了，不是沒人懂，而是人在江湖，身不由己，既然刀已拔出，血已沾染，這一路就只能一直走到黑。

隨何到了九江封地後，接待他的是一位膳食官（太宰），任務是只管供吃，避口不談政治情報，弄得隨何一行人只能等，一等就是三天。

對於英布來說，三天不過是三次平淡無奇的日落日出，然而對於遠在北方備受項羽欺負的劉邦同學來說，三天幾乎等同蹲上三十年大牢。

隨何終於坐不住，對敬業的太宰先生說道：「麻煩您轉告九江王，我是來替他治病，不是來渡假的。」

太宰很有禮貌地回道：「不好意思，我們大王有御用醫生，不需要外醫。」

隨何一聽，惱得大聲喝道：「夠了！不要裝了。九江王不肯見我，還不是因爲楚強漢弱的緣故。我今天既出使到這裡，就已帶上一個可行性分析報告獻給大王，如果說得對，就請九江王接受，大夥合力抗楚，如果我說得不對，他大可將我及這二十幾個隨從全拉到市上斬首示衆！」

太宰被隨何的氣勢懾住，這年頭光腳的不怕穿鞋的，既然對方擺明已經豁出去，自己不往上報的話可能會誤事，對方心急之下，不曉得會不會選擇同歸於盡……他立即向英布彙報。

英布聞言，只好把隨何召進辦公室詳談。

隨何見到英布，見他臉色紅潤，氣息勻緩，甚至隱隱顯出發福之徵，心下冷哼，休養得不錯嘛，才隔多久不殺人，就一副人模人樣了！

既然臉皮都已撕破，那就不跟他裝模作樣，隨何單刀直入地問道：「請問大王，你和項羽是什麼關係？」

英布道：「你這不是明知故問嗎？他是老大，我是小弟，我一切全都得聽他的。」

隨何搖頭道：「錯！請大王回想一下，當初『你老大』親自出馬攻打齊國田榮時，叫你把所有兄弟一起帶上，你卻只派了四千人助戰，這叫全聽他的？還有，當漢王攻陷彭城時，『你老大』又叫你救他老家，你擁兵萬餘，卻決定袖手旁觀、隔江觀火，這也叫全聽他的嗎？」

英布聽得一愣，支支吾吾道：「這……當時情況特殊，我身體有病不能出戰嘛！」

隨何斬釘截鐵地反駁道：「又錯！我們心知肚明，大王當時根本是在裝病，就算眞有病，也是心病。其實不用你多說，我也知道大王心裡想什麼，你表面效忠項羽，內心卻已經選擇背棄，只不過因目前漢弱楚強，你無法光明正大表態，雖然合理，但在這裡，我還是想通知大王一件事，項羽的好日子就快到盡頭了！」

英布驚道：「此話從何說起？」

隨何道：「且聽我分析。第一，項羽不義，毀盟約、殺義帝、廢舊王……全民公敵是也。第二，漢王勢衆，收諸侯、深挖溝、廣積糧，堅如磐石是也。綜合兩點，項羽想以不義之師攻打正義之師，孰強孰弱，一眼可知，大王你卻還想從項羽那裡尋求保障，才眞是讓人想不通的行爲。」

英布道：「按你這麼說，如果我背叛項羽，就一定能夠打敗他了？」

隨何道：「我的意思不是說憑你九江王的兵力就能打敗項羽，而是說，如果大王你背叛項羽，拖住楚軍幾個月，漢王就有充裕時間做好充分準備，那麼合我之力，項羽必敗無疑！」

英布道：「原來是這麼回事，可我拖住項羽有什麼好處？」

隨何道：「如果你願意歸漢，漢王成功後必定封你爲王，況且六縣這塊地盤本來就是你的，不給你還給誰呀？」

英布大喜道：「好，成交，就按你說的辦！」

隨何終於露出舒心一笑，搞定英布，這一趟便沒有白來，過幾天回去告訴劉邦，看他以後還敢不敢欺負文臣，說我們不是幹大事的料！

沒想到，事情並未就此了結，一場新的危機正悄悄降臨。

第6章

英布的無奈

意外的是，當英布頭一次和劉邦親密接觸時，

劉邦不是興奮地從屋裡赤足奔出來擁抱他，

而是傲慢地坐在床上洗腳，

真是場大傷尊嚴的首次正式會面。

當時，隨何前腳剛說服英布，後腳突然發現項羽也秘密派遣使者「探望」英布——探望是外交辭令，其實項羽也是派人來跟英布談條件。

眞正的麻煩來了，利益是外交最本質的驅動力，如果項羽開出的條件優於劉邦，英布隨時會扣住隨何和其他二十多個隨從，一併拉到九江街頭砍頭示衆。

聞訊，隨何頓覺一股寒意從腳心直竄而上，福禍僅一紙之隔，死亡從來沒有像今天來得這麼迅猛。突然間，隨何的心頭升起烈火般的信念，絕不能等死，成功永遠屬於敢搏敢鬥的人，全看今天一搏！

追求成功絕對不可以隨便放棄，自己也不是孤軍奮鬥，還有二十幾個兄弟呢，當初帶上這群人就是以備不時之需，現在正是領著兄弟們上前拼鬥的大好時機。

經過一番打聽，隨何驚奇地發現，西楚使者居然與他們同住一處，眞是不是冤家不聚頭，既然來了，便直接辦個葬禮幫忙送行吧！

隨何一邊派人跟蹤項羽的使者，一邊秘密打探英布的談判底線，情報工作十分順利，沒多久便打聽到英布和西楚使者秘密約會的時間和地點。

這天，手下來報隨何，英布正在九江政府大樓會客廳和項羽使者開會。

確認消息準確後，隨何立即帶上一票兄弟直闖英布的會客廳，正巧見西楚使者咄咄逼人地拍桌，要英布立即派兵擊殺劉邦！

好小子，口氣眞不小，先收拾你了再說！隨何立刻朝西楚使者大聲喝道：「九江王已經歸附漢王，你西楚怎麼還有膽量催促發兵！」

這句話彷彿天外驚雷，把英布轟得當即愣住，一時說不出話來。

西楚使者也像看外星人一樣看著隨何以及驚恐萬狀的英布，後知後覺地怒吼道：「好呀你個英布，項王對你恩重如山，三番兩次叫你助楚打漢，原來是個花花腸子，早已打好小算盤，算你狠，咱們走著瞧！」喊完，立刻轉身離去。

西楚使者怒氣沖沖地奔出大廳，英布則像具殭屍還沒徹底甦醒。見狀，隨何又對英布叫道：「大王還發什麼愣呀，事情已經暴露，還不趕快殺掉西楚使者，然後跟我一起投奔漢王，不然就來不及了！」

英布這才醒悟過來，「……對，就按你說的辦吧。」

這是一場沒有回頭路的戰爭，英布在隨何的蠱惑下，派人追上去把項羽的使者殺掉，緊接著率兵北上，反楚投漢。

對於項羽來說，這一切來得是那麼迅猛和不可思議，聽到英布反兵要抄他後背時，更是暴怒中帶著無限迷惘，想破腦袋都想不出來，英布有什麼充足的理由要反。該得到的榮耀對方都得到了，該封的也封了，到底還有什麼條件是我沒有滿足他的呢？

「英布反楚」就像一個錯誤卻已出現的命題，無論項羽怎麼證明都是徒勞，唯一顯得比較合理的推斷是，英布後悔聽從項羽的命令擊殺義帝，並且怕被列入諸侯攻擊的黑名單當中！

小樣的，你別以爲換個外套就能欺騙世人，殺手永遠是殺手，就算你穿上多少件外衣，依舊改變不了殺手的本質，既然你想與我劃清界限，就直接戰場上見吧。

這一幕就像我們經常看到的經典的香港電影，殺手一旦企圖脫離組織，只會招來其他殺手的追擊。項羽沒等英布揮軍殺到北方，直接派出另外兩大殺手率軍迅速南下九江擊殺英布，這兩大殺手便是項聲和龍且。

項聲和龍且兩人當中，龍且更爲生猛，可以說是項羽秘密圈養的一條狼狗，是位埋伏在殺手群背後的殺人機器，專門用來對付殺手。

兩軍一交鋒，更顯龍且的出手凌厲，他徹底掌握英布戰術上的弱點，和項聲兩人左右夾擊，殺得英布招架不住，大敗而逃。

沒有記錯的話，這是英布人生歷史中的第一次慘敗，不僅只歸因於龍且的生猛，大半原因更是因爲英布身上已經失卻殺氣，早非先前的猛將英布。

當初，英布殺人擊敵時從不問生死，一味勇猛衝陣，河山不破刀不回，此時卻像個投機份子，前瞻後顧，哪邊有利益便往哪邊跑，最終只能被人牽著鼻子走。

這是人性的弱點，勇氣一旦脫離生死，改與切身利益掛勾，就像是匹被馴服且套牢的野馬，一切只能聽天由命，全不由己。

英布就是一個典型例子，當初他胸中以少數兵力也敢衝鋒的豪情早已一去不返，甚至害怕跟龍且正面交鋒，只能像一頭驢似地被隨何主導，擇小道往滎陽投奔。

十二月，寒風掃落葉，英布和隨何狼狽地逃到滎陽，見到漢王劉邦。

意外的是，當英布頭一次和劉邦親密接觸時，劉邦並沒有興奮地從屋裡赤足奔出來擁抱他，而是傲慢地坐在床上洗腳，眞是場大傷尊嚴的首次正式會面。

英布是王，劉邦也是王，地位同等不相上下，而且英布是來投奔，又不是要債，地主劉邦非但沒給他辦酒宴壓驚接風，還弄出這齣毫不禮貌的招待儀式，實在太欺負人了！

我們知道，劉邦一邊洗腳，一邊接待客人已經不是第一次，想當初，酈食其主動上門求職時，這位漢王的腳底下還有兩個小妹在做腳底按摩呢，英布看到的洗腳畫面根本算不上大事。可英布卻不這麼認爲，他覺得劉邦分明是在擺酷，故意刺激自己，想後悔已經來不及，唯一的選擇只能自己找塊地方一了百了。

這位衝動又自尊受傷的猛將果然說到做到，才一走出劉邦寢室，就要拔劍自殺，還故意當著隨何的面拔劍而出。

這個動作，讓筆者想起農村少數婦人，只要每與家裡稍有不和，便不管三七二十一地大動作尋死，不是要灌農藥，就是鬧上吊。說老實話，她們自殺的目的並不是眞的想死，而是以自己的命去威脅他人。

英布也是一樣，傻瓜都看得出來，他更氣的不是劉邦的態度，而是隨何的花言巧語，騙得自己孑然一身投漢，卻又吃不到好果子。

可恨的隨何，你憑什麼把我當當九江王英布忽悠成這般下場？

這番舉動果然嚇住隨何，他一見英布要自殺，立即撲上去奪下寶劍，喘著大氣解釋道：「大王千萬別激動，漢王有腳氣，才會天生愛洗腳，您千萬不能放心裡去啊！」

英布暴怒吼道：「他遲不洗，早不洗，爲什麼偏偏在我拜見的時候洗？」

隨何道：「這純屬巧合，別和他一般計較。」

英布跳了起來，「什麼純屬巧合，難道我背叛項羽也是純屬巧合？」

隨何勸道：「大王您說錯了，其實，漢王已經爲您預先備好高級帳篷和酒宴，不信您跟我去瞧瞧。」

英布半信半疑，「眞的？」

「當然是眞的，如假包換。」

隨何半哄半騙地把英布送回下榻處，幸好劉邦果然厚道，還眞沒把英布徹底當成難民，從住宿到飲食隨從，都以諸侯王的等級待遇設置。

英布終於露出一抹滿意的笑，心情大好，高興地住下。

隨何終於鬆了一口氣，暗忖，真是個沒骨氣的東西，天下第一殺手也不過爾爾！

另一邊，先前英布緊急逃亡時，他的妻兒老小還沒來得及帶走，現在他安全了，自然要派使者秘密潛回九江接人，沒想到使者卻帶回一個不幸的消息：全部家屬已淪爲項羽的刀下鬼，而親自屠殺他全家的兇手，正是張良的那個知心好友項伯。

這個消息，讓英布彷彿誤吞了一帖毒藥，有千萬條毒蟲正在撕咬著他殘破的心。天下的仇恨萬千種，卻再沒有比殺妻奪子更大的仇！

英布流淚了，項羽，虧得老子幫你殺了那麼多仇敵，你竟然連我的老婆孩子都不放過！好！既然你不仁，休怪我不義，讓我們用鐵和血來了斷彼此的恩恩怨怨！

不幸中的大幸是，使者還替英布帶回一項復仇利器，是支幾千人的軍隊，於是乎，腦熱得要溢血的英布，馬上召集九江兵就想殺回老家。

劉邦得知英布想出兵，立即跑來勸解，「兄弟，請息怒，千萬不要做傻事！」

英布完全不聽，喊道：「傻事？報仇怎麼算是傻事？我不管那麼多了，傻也好，不傻也好，總之先回九江殺個痛快再說！」

見英布一發蠢，劉邦就立馬發怒，拍著桌子破口大罵道：「別鬧了，你就知道殺殺殺，這幾千破兵又殺得了誰？你以爲項羽造的孽少嗎？全天下就你最想殺項羽嗎？王陵老媽被他烹掉，難道就不想殺他嗎？我老婆和老爹也被他扣著當人質，難道我軟弱到不想殺他嗎？」

漢王像隻高大兇猛的獅子在恐嚇一條粗野的蠻牛，英布被嚇住了。

從火燒阿房宮、踏碎咸陽城一直到攻破田榮、屠死降卒，多少人間慘劇都是由項羽一手導演？無辜的人們妻離子散、餓死荒野，無不出自項羽的楚軍，一幕幕慘劇中，英布的幾十個妻兒老小又算得上什麼？

劉邦繼續對英布慷慨陳辭，「只有愚蠢的人才不管死活喊著報仇，聰明的人會緊握利刃，適時出擊！項羽攻勢兇猛像發了瘋一樣，誰也擋不住。我再派些人給你，你好好守住成皋。記住，唯有先穩住陣腳，將來才有機會謀圖復仇之事！」

英布最後無話可說，只好答應與劉邦一同前往成皋。

第 7 章

謀士大 PK

這場謀士的 PK 大賽，張良贏了，

劉邦其實也好處多多，

不但贏得張良妙計，還贏得教訓，

從張良這堂經典的軍中理論課學到一個新名詞：與時俱進。

成皋，古之軍事要地，一場慘烈悲壯的戰事即將在此處隆重登場。

當劉邦和英布的部隊才剛剛開往成皋，項羽的鐵騎旋即如海嘯般呼湧而至，四處襲擊割斷劉邦的軍道，就像當初英布斬斷章邯的糧道一樣，打得漢軍像斷了線的風箏般搖搖欲墜。

看著神出鬼沒的楚軍，劉邦頓覺無奈，英布也登時傻眼。

儘管破壞糧道的招數是由英布第一個實施，但你叫英布去守卻也守不住，一旦沒有絕對兵力，根本無法阻擋對方的偷襲。

英布總算明白當初章邯的苦，那麼長一條路，秦軍二十幾萬人都搞不定，劉邦這點殘兵敗將，又如何抵得住項羽的攻擊？

劉邦陷入絕境，一旦沒有糧食，兵力越多負擔只會越大。

糧食變成困擾劉邦的重大問題，幸好劉邦馬上找到了解決的辦法，派人飛馬回報蕭何——蕭何主管糧食供給，不找你找誰去？

接著，劉邦再次向遠在關中的蕭何呼救，彷彿《西遊記》中孫悟空呼喚土地公一樣，果然這一喊，蕭何隨即回應，只見他又帶著一幫子村夫，推著糧食救濟劉邦。

看來，天下多好的糧倉都不如蕭何好，糧倉是死的，蕭何是活的，只要有他在，漢軍就不愁缺衣短食。

不過，千萬別看蕭何盡職盡責，力保漢軍糧道不絕，就以爲劉邦對蕭何十分放心，又是託大事，又是奉行國體的，錯了，其實他一直處在劉邦的監視控制下。

劉邦監視蕭何的工具就是使者，劉邦不管在滎陽多麼手忙腳亂，他總是不忘派使者回關中向蕭何問好及聽取工作彙報。

蕭何想都沒想到，自己正被劉邦的特務盯得死死的，不過，他身邊卻有人看出了劉邦的表演和把戲。這個人叫鮑生，當然了，又是一位只留姓不留名的讀書人。

鮑生對蕭何說道：「蕭丞相，你最近要特別小心點，你的麻煩來了。」

蕭何道：「什麼麻煩？」

鮑生道：「漢王整月在外風餐露宿，你卻在大後方高枕無憂，他又經常派使者回來問三問四，肯定是在懷疑你了。」

蕭何頓然醒悟，驚道：「我還眞以爲漢王眞誠關心大後方的生產呢，你說，現在該怎麼辦？」

鮑生道：「丞相莫急，天生茲事，必有解法。如果你能夠把蕭家那些能征好戰的兄弟及親戚全部派上戰場，我相信漢王今後肯定會對你備加信任。」

聽見屬下獻來的好計策，蕭何立即調動三叔六爺，反正能夠扛得起鋤頭，拿得起盾牌的，統統都被派上戰場。

這麼一來，劉邦不但解決糧食之困，又收到蕭何送來的一支四不像雜牌軍。

軍隊像什麼不再重要，重要的是蕭何一番苦心終於感動劉邦——領到蕭何的糧食和軍隊後，劉邦果然龍心大悅，放心地讓蕭何留在關中，繼續做好後衛的防護工作。

蕭何之憂暫時先放下，劉邦他終於要騰出雙手來全力對付項羽了。

劉邦問酈食其，「項羽如此兇猛，如何才能把他的氣勢壓下去？」

酈食其道：「以前商湯討伐夏桀，周武王討伐殷紂王時，都是把自己的後裔封到各自的土地上去，現在秦國崩潰，天下四分五裂，如果大王您捨得封六國之後爲王，那麼六國國王和百姓肯定會感激您的大恩大德，也自然能聽您的調遣征伐西楚，項羽必敗。」

其實，酈食其此番計策也不是什麼新鮮玩藝，范增曾對項梁說過，張耳和陳餘也曾經向陳勝建議過，正因如此，才有義帝和趙王歇的悲劇出現。

無論何種出色的建議，第一個使用的人，我們稱之爲天才，第二個使用的人，我們稱之爲庸才，第三個使用的人，我們就稱之爲蠢才了！

我們不至於把酈食其歸爲蠢才一類，但這個意見卻是實實在在的愚見，因爲他忽略了一個問題：現下時代已經變了，封諸侯收買人心的法寶將不再靈光。

但是，劉邦泡妞要賴還可以，哪有眼光能看出酈食其如此破綻。於是，劉邦當時就稱讚酈食其英明，並立即命令屬下刻印，準備分發諸侯——善於聽取意見沒錯，但一味聽取別人的意見而不思考，便不叫智者，而是蠢豬。

幸好，當劉邦準備依酈食其這計行事時，天才張良出現了。

劉邦正在吃飯，張良恰好有事找他。劉邦一看到張良，不無得意地說道：「子房啊，有個牛人給我出了一招對付項羽的好辦法，我覺得很不錯哦。」

張良一笑，「請大王告訴我是什麼好辦法，好讓我也學習學習。」

於是，劉邦把酈食其說的那套告訴張良，接著又得意洋洋地問道：「怎麼樣，是不是很不錯呀？」

不說不打緊，張良一聽馬上焦急，「這是誰教您的，您如果用這個計策，我保證您馬上完蛋！」

劉邦不相信地看著張良，「不會吧？這計策哪裡不好了？」

張良道：「請您把手中筷子借我用一下，我給您比劃比劃，說個清楚。」

張良從八個方面全盤否定酈食其的謀略，我們不必一一舉出，只舉一點就可讓酈食其和劉邦說不出話。

「彭城的教訓還不夠嗎？事實證明，諸侯全是些東風吹就向另一邊倒的牆頭草，如今楚強漢弱，他們憑什麼聽你調遣，到時他們不但收了你的封信，還嘲笑你自不量力，這不是自討苦吃嗎？」

張良一席話像閃電般，照亮了劉邦的眼睛，讓他這個舵手一下子就望見前方一觸即毀的暗礁。

劉邦驚訝得張開嘴，最後花了半天說不出話，把還沒來得及吞下的米飯全吐出來，跳起來罵道：「酈食其這個豎儒，差點壞了我的大事！」

他當即下令，命屬下趕快把刻好的諸侯印統統毀掉。

這場謀士的PK大賽，張良贏了，從某個角度說，劉邦其實也好處多多，不但贏得張良妙計，還贏得教訓，從張良這堂經典的軍中理論課學到一個新名詞：與時俱進。

酈食其是縱橫家，張良是兵家，縱橫家偏向理論構築的完美，兵家卻偏重於實踐收益的現實。酈食其之所以輸，正輸在觀念落後和不切實際上，也正是所有書呆子最容易犯下的大錯；而張良之所以贏，是贏在了對現實的深刻剖析上，他的觀念跟得上時代。

與時俱進只是一個抽象的表述，其實所謂戰爭之道，其含義極廣，如果從古代戰爭學角度講，主要由三大要素組成：一是形，二是勢，三是情。所謂形，指的是對形勢發展的判斷；所謂勢，是對時勢採取的應付措施；所謂情，是面對戰爭所產生的心理反應。

綜合以上三要素，一場戰爭要想取得勝利，第一，判斷和決策一定要正確；第二，一定要有快速應付時勢的靈活多變且可行的措施；第三，對戰爭要有奮發向上和堅持不懈的鬥志。

酈食其的錯誤正在於對時態發展的判斷錯誤，以及應對現實所持的措施僵化落伍。

就讓我們拿陳勝的例子來分析吧，陳勝拉旗反秦時，他本一無所有，而張耳和陳餘遊說陳勝分封諸侯，主要是藉此分割秦朝之土地和力量，從而削弱秦朝，壯大反秦力量，這叫一舉兩得，爲虛名而求其利，是好計。

然而，秦朝現已倒台，天下獨剩楚漢兩家，如果劉邦還按酈食其之計分封諸侯，則是削己之力，壯別人之氣，這叫一舉兩失，爲虛名而求實禍。

所以說，戰爭的眞正謀略不是僵死不化，及以不變應萬變，而應該準確把握時態發展，措施更要靈活多變。由此算起來，酈其食充其量不過是個二流謀士，張良才是謀士中的謀士，大師中的大師，放眼天下，無出其右者！

兵以詐立

反秦以來，田氏王權從來沒向任何一個諸侯徹底屈服，
項梁搞不定他，項羽也搞不定，唯有宋義搞定過，
可是後來宋義卻被項羽搞定，等於沒搞定過。
現在酈食其僅憑一張嘴，
就想搞定這麼多人沒辦成的事，能嗎？

第1章

忽悠到你死！

這項打擊實在太大，范增的使者吃牛肉，

霸王的使者就只能吃涼菜？

你們憑什麼冷落霸王的人，卻對亞父的人這般好，

是不是范增那老傢伙給你們什麼好處了?!

在謀略上，酈食其根本不能與張良齊比，如果要在漢軍當中找出另外一個能與張良組成雙子星座的人，就非陳平莫屬，他已在後台彩排許久，現在也該上場了。

某日，劉邦問陳平道：「天下這麼亂，你說什麼時候才能夠安定呢？」

陳平說：「如果指望天下儘快安定，就要儘快除掉項羽，想要除掉項羽，只要除掉范增和鍾離昧、龍且等人就可以了。」

劉邦長嘆道：「范增這傢伙是個老人精，鍾離昧和龍且又兇殘如虎，要除掉他們何其困難？」

陳平搖頭道：「錯！如果大王您肯出幾萬斤黃金，讓我擾亂楚軍內部，離間他們君臣，使其鷸蚌相爭，那我們就可以逸待勞，坐收漁翁之利，項羽想不敗都難。」

劉邦拍案叫絕，「好主意，就照你說的辦。」立即賜陳平四萬斤黃金，並且許諾不會過問其用處。

在劉邦心中，草菅人命的戰場上，錢財珠寶這些玩意生不帶來、死不帶去，況且成大事之人，早以天下為私產，小小幾萬斤黃金又算得了什麼？

劉邦對陳平如此重視，實在讓人有些驚訝。

漢軍當中，除了魏無知外，從來沒人替陳平說過一句好話，卻被日益重用，難道他到底有什麼魔力？

其實，陳平得劉邦之心，並非他有神力，也並非占了長得帥的便宜。劉邦只是憑著以往的江湖經驗，斷定陳平必將成為自己的左臂右膀！

接令後，陳平便開始行動，他著人喬裝打扮，攜著鉅款潛入楚軍，第一個目標便是鎖定鍾離眜。

對於部將，項羽一直擁有無限自信，認為以前的英布、鍾離眜和龍且三人就像三把鋒利的軍刀護在左右，這三大殺手向來以剽悍凌厲聞名於楚軍，儘管此時英布已被收買，只要鍾離眜和龍且兩人尚在，就無人可以動搖他那所向無敵的鐵軍。

然而在陳平看來，項羽麾下將強兵猛，卻不等於無懈可擊，他有一個致命的弱點！

項羽這個致命處說起來有些懸，當初在戲水封王時，他把許多沒什麼交情的別國武將封為諸侯王，可楚軍大將中，除了英布外，鍾離眜和龍且等人卻偏偏沒有被他納入封王名單中。

這個奇異的分配，恰巧成了陳平使用反間計的著力點。

英布封王，憑什麼鍾離眜就不能分一杯羹？其實，這個問題不用多說，全都是項羽私心太重的性格使然。

韓信曾說過，項羽把官印捏在手裡把稜角磨平，都還捨不得交給屬下。既然如此，陳平就能以此讓項羽吃一次狹隘偏心的虧。

陳平派出的這支間諜小分隊動作相當迅速。沒幾日，楚軍就像被施法般出現許多不知何處來的謠言，說什麼鍾離昧等楚將功多，極不滿當初沒有被項羽封王列侯，已想離楚附漢，滅掉項羽，好瓜分西楚王國，同列諸侯！

世界上有兩種可怕的東西，一是背叛，二是謠言。如今這兩樣恐怖的東西又恰恰結為一體，被陳平撒在空氣中，就像無數把飛刀，刀刀切中項羽的痛處。

項羽軍事頭腦發達，生活頭腦卻弱智得一塌糊塗，他輕易地相信謠言，並且把鍾離昧暫時列入黑名單，並作為重點監視對象。

其實，陳平散佈的謠言，換成別人都不會出大問題，加上距戲水封王都過了二、三年，謠言早不來，晚不來，為何偏偏這個時候來？難道項羽真沒看出其中有詐？

將帥猜忌是軍中大忌，彼此猜來疑去，就算再強悍的鐵軍也會變成廢物！

陳平趁勝出擊，下一個目標瞄準了傳說中的人精，范增老頭。

只是，要搞定范增何其困難，他可是狐狸中的狐狸，比狡兔還像狡兔，要徹底弄垮項羽這位老練的軍事參謀，唯有一個辦法：等上天送機會。

不料這一等，就是四個月過去，從冬天等到夏天，只見花謝花開，物是人非，楚漢相爭也已進入白熱化的關鍵局面。

西元前二〇四年，夏天，四月。

漢軍拼盡力氣守住滎陽，這場拉鋸戰打得雙方精疲力盡，劉邦已快頂不住，準備主動停戰議和，方案是「割滎陽以東爲楚，割滎陽以西爲漢」，要和項羽共分天下。

然而，當劉邦派使者把和議案送到楚營時，范增拍著桌子對項羽說了一句，「天予不取，必受其咎，如果今天你不急取劉邦，將來必自後悔！」

這句話的威力似雷霆萬鈞，震響項羽的耳朵，「亞父說得一點沒錯，此時不打，還待何時，打！」接下來，立刻再次增兵圍打滎陽。

如此一來，不幸的滎陽被項羽圍成大鐵鍋，更不幸的是，劉邦本人成了被架在鐵鍋上的待煎生牛肉。

滎陽之戰，項羽攻得激烈，劉邦亦在滎陽城內守得悲壯，雙方就像煮糊的大鍋肉一樣，再度陷入膠著。當劉邦日漸絕望時，奇蹟終於出現了，項羽突然願意接受談判，並派使者至劉邦處協商議和一事。

奇怪，好好的牛肉不煎，項羽怎麼突然改變主意停火了？

原來，項羽變卦不是突然可憐起劉邦的處境，而是終於被陳平的反間計套住脖子。

金錢眞是把殺人不見血的刀，它可以使人悶悶不樂，可以使人興高采烈，可以使人性毀滅，亦可以使天使變成魔鬼。

正當交戰的緊要關頭時，陳平頻頻使出黃金術，買通小卒，在楚軍中放出「范增勸項羽攻擊滎陽別有用心」的謠言，搞得人人懷疑，也馬上傳到項羽耳裡。

多疑的項羽立刻思考，范增之前為什麼執意要自己速擊劉邦，難道當眞別有用心？謠言像病毒一樣在項羽腦袋裡糾結，想起劉邦曾著人發出停戰議和的文書，決定派使者出使漢軍，以議戰為藉口，同時摸清劉邦老底，一旦發現有詐，立刻另做打算。

見機會終於到來，陳平早早做好誘殺的準備，工具十分簡單，只要一隻全牛和幾碟素菜。

一切準備好後，項羽的使者也來到滎陽，吃飯時間一到，只見陳平叫人熱情洋溢地抬著一頭噴香流油的烤牛，來到使者的宴席上。

這幫打工仔早就準備好台詞，向項羽使者問道：「請問是范增先生的使者嗎？」

項羽的使者搖搖頭，「我是西楚霸王派來的。」

抬烤牛的人故意擺出大失所望的臉色，忙不迭地嚷道：「搞錯了搞錯了，還以為是亞父派來的呢，切！」

這幫人像拜神走錯廟一樣，大搖大擺地抬著烤熟的牛肉出門去，過了好一會兒才又重新上菜，這次換上的只有幾盤素菜，還都涼了。

這項打擊實在太大，范增的使者吃牛肉，霸王的使者就只能吃涼菜？你們憑什麼冷落霸王的人，卻對亞父的人這般好，是不是范增那老傢伙給你們什麼好處了？

項羽的使者忍氣吞聲地吃完小盤涼菜，隨後丟下飯碗憤怒離去，還沒忘丟下一句話，「你們給我等著瞧！」

陳平望著使者憤憤離去的背影，緩緩笑了。

當項羽聽到使者哭訴滎陽行中令人難堪又恥辱的遭遇時，他猛然「醒悟」，亞父叫自己急攻滎陽，確實有不可告人的秘密！

更可笑的是，全世界都在謠傳范增心懷鬼胎，獨有范增還被蒙在鼓裡，茫然無知。

項羽當即向諸將發出新的命令，「所有將領都聽好了，沒有我的命令不准進攻滎陽，抗命者殺無赦！」

范增聽到項羽突然發佈停止攻擊滎陽的命令，屁顛屁顛地跑到項羽面前說道：「你還不趕快攻城？再晚就錯過機會了！」

項羽冷笑道：「得了吧，亞父，你以為你做了什麼我不知道嗎？」

范增疑惑地看著項羽，「小子，你在說什麼，你又聽到何方妖言？」

項羽又冷笑道：「妖言我沒聽見，倒是看到一隻老妖在我面前放屁！」

范增氣得暴跳如雷，指著項羽罵道：「豎子，你敢罵我？我告訴你，如果你不趕快進攻滎陽，你就死定了！」

項羽也跳起來，對著范增叫道：「夠了，你別假裝仁義了，我告訴你，你叫我跑我就站，你叫我攻，我偏要退！」

范增的老牛脾氣也使出來了，叫道：「好，你狠！你好自爲之吧，請允許我告老還鄉，我發誓，從今以後再也不過問江湖中事！」接著便轉身離去。

這時，項羽背對范增，也不回頭望一眼。

范增這次眞的走了，夏天的風拍在他的臉上，竟有一陣陣灼熱的痛。

人生七十古來稀，幾十年雨雪風霜，他到底都獲得什麼成果？不過像隻老鳥般，在混沌的天空上轉了一圈，如今又沿著老路重新回到他的老巢。

范增所去的方向是彭城，然而當他行至半路時，老人家急火攻心，背上突然長出一顆毒瘡。但他仍然背負沉重孤獨前行，一路孤獨地停，孤獨地走，沒有旅伴，沒有慰問，空氣裡瀰漫著陰謀者的怪笑和愚蠢者的悲局。

他眞的老了，只有老了，人才會徒然生出這般毫無意義的感傷和悲嘆，讓天空下一場大雨吧，讓他在雨裡對著天空哭出眼淚和悲傷，讓絕望的期冀從此作別這蒼茫而古老的大地！

人祈天願，悶熱的天空果眞下起大雨，閃電劃亮黑沉沉的天空，雷聲轟擊著灰濛濛的大地，大雨傾盆而下，淹沒范增滄桑的足跡。

范增昂首向天，張開雙臂，像隻在天空中掙扎多年的大鵬，風雪一次次地剝蝕他的羽毛，歲月打擊他的鬥志，謠言讓他無處遁身，不用絕望也不必回眸，就讓這場大雨作一個痛快的了斷。

他鼓足了人生最後的力氣，對著遠方呼喊道：「蒼茫的大地啊，讓我與你一起長逝吧！」

此話喊完，毒瘡病發，這具堅強的軀體在風雨中終於緩緩倒下。

風雨已淹沒他的聲音，歷史必定會記住，有一個堅強的老人，曾以無畏的鬥志和絕望的智慧走完自己的人生。

第2章

再陷絕地

讓劉邦直接跑路只是中策，

要是能讓他順利逃脱，

又使漢軍守住滎陽城，才是上上之策，

而這些陳平全考慮到了，

華麗地演出一場上上之策。

四月，范增離開項羽，五月，他病死的消息便傳到項羽耳裡。一個孝子表達對亡親的懺悔，是悲傷的淚水和無限哀思，然而對懊悔的項羽來說，眼淚和哀思根本無法填補自己難過的心情，只有一樣東西可以告慰——攻城掠地，報復敵人。

被陳平忽悠的恥辱和激走范增的悔意，就像兩股燃燒的火焰，不停衝擊項羽壓抑的心。他磨亮戰刀高高舉起，這個夏天，將是見證楚軍勇敢的光榮歲月，歷史將因他們而震動千古。

項羽一聲令下，大地立即萬馬奔騰，紅煙滾滾，戰馬的嘶叫聲和戰士的嘶殺聲排山倒海般地向劉邦的守地撲來。這是一團十二級以上的颱風，也是來自海底深處最強悍的海嘯，這是任何銅牆鐵壁也阻擋不住的衝擊。

張牙舞爪的楚兵像一群紅蟻般四面圍擊，將駐守滎陽的漢軍逼進戰壕，接著又逼進城門。更可怕的是，這群紅蟻密密圍住城門，正準備積蓄最後力量，一口氣衝破這座最後的籬笆城！

所謂的反間計，不過是讓項羽放慢進攻速度，現在四萬斤黃金拋光了，證明楚兵強悍如舊，劉邦也龜縮如舊，雙方差距依然未變。

讓一場衝鋒破解這無恥的忽悠戰術吧，今晚，將是見證死亡的最後時刻！

此時，滎陽城內的戰士們正在進行最後的晚餐，天空昏暗，每個人臉上都籠罩著一股恐怖的神情。

劉邦坐在破爛的作戰指揮中心裡，沒有風，沒有聲音，房間裡只聽得見每個人沉重的呼吸聲，當中有陳平及紀信兩人。

紀信我們比較陌生，如果說周勃和樊噲等將領像把四面出擊的鋒利軍刀，那麼紀信就是一面沉默盾牌。也正因如此，一直以來他的曝光率並不高，先前最上鏡的一幕是在鴻門宴上和樊噲等幾人護著劉邦從小道逃亡。

今夜，死亡的空氣瀰漫在滎陽城上空，在這個莊重而光榮的夜晚，紀信將在亂世裡奉上最後的謝幕。

幾乎每個將死亡當權杖掛在褲腰上戰鬥的戰士，心中都有一個強烈的渴望，寧願以死摘取屬於自己的榮耀，也不願做個貽笑千古的喪家犬。

紀信也不例外，他知道，英雄的榮耀和死亡的戰鬥永遠綁在一起，能夠戰勝死亡摘取光榮的人，卻少之又少。一將功成萬骨枯，今晚的結局無論如何，他都將作爲一顆巨大的鋪路石推動歷史舞台！

這時，紀信說話了，對狂躁不安的劉邦說道：「臣有一計，不知大王是否採納。」

劉邦道：「有何妙計，請說吧。」

紀信認真道：「事情危急，請允許我假扮大王出城詐降，大王再伺機從他處逃跑！」

劉邦彷彿在黑暗裡看到微微星火，不無擔憂道：「這能行得通嗎？」

「死到臨頭，行不通也要試試。」陳平站出來幫腔，「如果您願意，我自有辦法引開敵人。」

其實，讓劉邦直接跑路只是中策，要是能讓他順利逃脫，又使漢軍守住滎陽城，才是上上之策，而這些陳平全考慮到，華麗地演出一場上上之策。

不過，在這之前，有個問題值得注意，要想徹底騙過楚兵，投降儀式就必須做大，需要大批人馬，只是現在漢軍多已戰死，又需守城之兵，哪來那麼多陪降的人？

這問題陳平早已想好解決方法，沒人就找人，男人不行，就讓女人上場。

這眞是個意想不到的結局，當初蕭何發出關中父老不管男女都送到戰場，現在滎陽還有兩千多名女兵，該是她們發光發熱的時候了。

於是乎，紀信扮漢王，女兵扮男兵，趁夜晚出城詐降。

結果是可想而知的，紀信必死，陪葬的卻是這些無名巾幗英雄。別怪陳平狠心，戰爭是殘酷的，這時候還要坐而論道，那就是扯蛋了，既然都討論好了，就直接上場吧。

悶熱的夏夜裡，漢軍突然打開東門，一行隊伍緩緩出現，立刻驚動楚軍，他們紛紛像蝗蟲和紅蟻迅速行動，從四面八方集合撲近。

夜空黑如濃墨，星光和曠野互相交映，楚軍根本看不出來這支隊伍是女扮男裝，只能隱隱約約看見後頭有輛大車緩緩駛出城門，車上掛著一面大旗。

這時，車內傳出一個聲音，「漢軍糧食已盡，漢王出來降楚了！」

這句話一傳十，十傳百，消息響遍曠野，穿透空氣迅速往四面八方傳遞，也傳到項羽及每位楚兵耳裡。

楚軍歡呼雀躍，互相傳告，將領們全部領著士兵往東門集結見證這偉大的歷史時刻！

就在楚軍歡呼勝利時，劉邦命周苛、樅公和魏王豹留守滎陽，自己則帶著數十人，警戒地打開西門，藉著夜色護身，像老鼠般迅速往遙遠的方向遁去。

東門之外仍然呼聲震天，項羽高高坐在馬上，等著劉邦下馬跪拜。

然而，這是一支拖泥帶水的軍隊，一群人像螞蟻搬家似慢吞吞地挪出城來。

不用多說，紀信是故意拖拖拉拉，爲劉邦創出逃跑的空間。當紀信詐降的車子停下，項羽看到車上走下來的不是劉邦，只是個打扮酷似劉邦的人。

項羽問紀信道：「怎麼來的是你？你們大王呢？」

紀信昂起頭驕傲道：「漢王已逃掉了。」

發覺自己又中計後，項羽簡直快要發瘋，這劉邦是個老人精，沒想到手下也是群小人精，竟然敢把威武不屈的西楚霸王當孩兒耍了一次又一次！殺！不殺不足以解心頭大恨，項羽叫人燒起一堆熊熊大火，把紀信丟到火裡活活燒死！

項羽目光如炬，彷彿一下子就能燒乾眼前這座殘破的城池，準備攻城！

此時，滎陽城裡只有三個守將，分別是周苛、魏王豹、樅公。周苛和樅公兩個都是劉邦的患難兄弟，唯有魏王豹是隻變色龍，有過背叛的前科。

大敵當前，城外的項羽尚不足畏，最讓人畏懼的卻是城內的內奸。對周苛來說，魏王豹這種有過前科的人就是潛在不安定因子，不除去的話，豈能安心守城？

周苛對樅公說道：「反賊之王，不足與謀。不如我們聯手把魏王豹做了，免得有後顧之憂！」

樅公當下也同意，立即和周苛殺掉魏王豹，死守滎陽。

滎陽，對於項羽來說也就一眼之距，稍微發力就能踏破，想不到它卻是座石頭城，楚軍一直打到五月底，仍然拿不下滎陽城。

第3章

劉三搶韓信

劉邦和夏侯嬰戰戰兢兢過了一晚，然後摸黑起床，

劉邦坐車，夏侯嬰開車，

兩人掛著漢王使者的名號，直接馳入韓信軍營中。

還沒等士兵傳話，他們就像老鷹撲食一樣，

快狠準地闖進韓信臥室……

堅強的城堡只會激發項羽勇往直前的鬥志，當他重新調整陣勢，想再次進攻滎陽時，東邊卻傳來壞消息——彭越在後方對楚國的糧道搞破壞，使糧食無法運至滎陽。

在戰爭中，任何事都沒有糧食重要，一旦沒有吃的，滎陽城還怎麼攻下來？

項羽只好暫時忍痛放棄滎陽，率軍調頭教訓彭越這位破壞大王。

六月，老天像發了瘋似地洩火，大地焦渴，火星紛紛。

肝火攻心的項羽跟彭越幹了一架，彭越抵擋不住，大吼一聲跑了。

接下來，項羽再次率軍回到滎陽城下，抬眼望著殘破的滎陽城，城內餘煙嫋嫋，西邊黃昏的陽光刺得他的眼瞳有點生痛。

爲了這座不順眼的破城，先前一不小心讓劉邦逃掉，更可恨的是，那個叫周苛的人竟然像一塊巨石般擋住城門。

項羽再次發飆，楚軍伴隨著無邊的怒吼踏破滎陽。

這次，糧盡兵疲的周苛終於頂不住，周苛和樅公同時被楚兵捉住，押到項羽面前。

項羽像雄獅般看著周苛和樅公這兩隻垂死掙扎的獵物，傲慢地說道：「兄弟，你還是做我的將軍吧，如果你肯投降，我就升你爲上將軍，並且封你三萬戶。」

好一個上將軍和萬戶侯！

那鍾離昧和龍且幾乎爲楚營賣掉一生，傾力殺敵，可項羽又封了他們多少戶侯？天下誰人不知項羽是出名的守財奴，居然還想使計騙取人心？

周苛高傲地抬起頭，冷笑道：「你還是識趣點快投降吧，你根本不是漢王的對手！」

聞言，項羽像隻被踩到痛處的老虎，咆哮如雷，「既然周苛想做名忠孝之士，就成全他的大名。」

項羽很不客氣地命人把周苛丟進鍋裡，炸成人肉油條，另外則一刀將樅公送去見如來佛祖！

老實說，劉邦的確是個老油條，項羽滿天下地追著他打，打得他自己都剪不斷理還亂，卻又像是不倒翁般，次次被擊倒，次次自動彈起。

更可怕的是，項羽越打得猛，劉邦反彈得越快，眞是怪哉。

就拿最近一次來說吧，五月的那個夜晚，劉邦從滎陽西門勝利逃亡，一路馬不停蹄逃進函谷關，躲回關中。在亂哄哄的世界，再也沒有一個比關中更安全舒心的地方，沒糧食可以找蕭何，沒兵馬也可以找蕭何。

劉邦幾乎是光著身子逃回來，沒想到蕭何剛幫他湊出支勉強像樣的隊伍，他又蠢蠢欲動想要出關挑剌項羽。

這時，不知從哪來了個姓轅的先生，向劉邦提出謀略，建議漢軍先避項羽鋒芒，南出武關，假裝向東抄其老巢彭城，誘其南攻。

一旦項羽眞打來，就堅壁不出，緩和滎陽壓力，一面命令韓信儘快消化北方戰果，漢軍也可以趁機歇息休養，待時機成熟，再反撲不遲。

事實證明，這是一個正確的策略，打不贏就跑，跑了再回來接著打，就是拖也要拖死你，典型的游擊策略。

劉邦帶著一隊人馬，敲鑼打鼓地南出武關，一直走到宛城。

宛城是一座小城，卻讓劉邦有過一段最光榮的歲月——三年前，他聽張良一言回軍繞宛城之事，對他來說仍然歷歷在目。

然世事滄桑，此時的宛城已非彼時宛城，漢王也非彼時沛公。

遠在北邊的項羽聽見劉邦出關時，像是一隻聞到氣味的餓狼，大舉引兵南下攔截。眞是計劃趕不上變化，當項羽剛在宛城駐軍，準備放開手腳大幹一場時，突然聽說彭越在破壞糧道。

天大的事也沒有糧食的事大，項羽只好留支軍隊守住宛城，獨自帶兵殺向彭越。

劉邦和彭越兩邊可說是遙相呼應，項羽前腳剛走，劉邦後腳就加大火力打掉宛城外的圍兵，又趁機溜回北方重新佔領成皋。

成皋？聞訊，項羽才恍然大悟，這東奔西跑的一個月，原來是劉邦竟然又企圖搞疲自己軍隊？仔細算起來，這已經是第三次了！夠了，想再多騙一次都沒機會了，幹掉滎陽，下一個就是成皋！

於是，項羽率軍插向滎陽，烹了周苛後，又重新密密包圍劉邦。

劉邦不能長翅膀，也沒有第二個紀信，可沒翅膀、沒紀信不等於飛不出去，誰都沒有想到，這次劉邦又逃出項羽的天羅地網，悄悄一個人坐上夏侯嬰的車跑掉。

夏侯嬰的車技天下皆知，他載著劉邦悄悄從成皋溜出去，兩人渡過黃河，直奔小修武城，那正是韓信和張耳的駐軍所在地。

劉邦和夏侯嬰沒有立即去見韓信和張耳，而是悄悄地在城裡找了一家旅館潛伏下來。

奇怪了，劉邦爲什麼不直接去見韓信呢？他到底要幹什麼？

其實，誰都無法想到劉邦此時複雜而又恐懼的心，彭越逃跑，滎陽和成皋統統陷落，關中不知被自己搜刮過多少次，要再回去刮一次，鐵鍋也得被刮破了。說明白些，目前的劉邦基本上已經一無所有，之前率領六十萬大軍，浩浩蕩蕩進彭城的光輝壯舉，也只有在夢裡才能相見。目前唯一盼望的是，韓信和張耳這支部隊能讓他東山再起。

可問題是，誰敢保證韓信和張耳是會聽使喚的人？

韓信不是蕭何，他只是蕭何一手推薦的人，對於這個野心慓悍的將軍，劉邦心裡一直沒底，當初之所以提拔他當大將軍，完全是衝著蕭何的面子。

雖然事實證明給蕭何這個面子是對的，沒有韓信，劉邦就算不永遠待在漢中，至少也要有相當長的一段時間被關在漢中數星星月亮過日子。

可這又能證明什麼？時至今日，韓信已非彼時的糧槽小官，中國整個北方基本上都是他的，在爾虞我詐的亂世，兵殺將、將殺王從來不是什麼稀罕事。

更令劉邦擔心的是，之前他曾派人召韓信出兵滎陽，對方卻遲遲不肯動作，難道其中果眞沒有任何問題？

事到如今，劉邦懷著一顆失敗而畏懼的心來見韓信，不得不提著一萬個小心。

其實，韓信的確不是多可靠的大將軍，不過，劉邦也是個很油的諸侯王，兩邊彼此彼此，各懷鬼胎。

第二天凌晨。

劉邦和夏侯嬰戰戰兢兢過了一晚，然後摸黑起床，劉邦坐車，夏侯嬰開車，兩人掛著漢王使者的名號，直接馳入韓信軍營中。

還沒等士兵傳話，他們就像老鷹撲食一樣，快狠準地闖進韓信臥室，把人從床上掀下，並且把將軍符印奪走。

符印，對於中國古代軍隊將領來說，是比命根子還寶貴的東西，軍隊行軍打仗，頒佈軍令，集結軍隊，部將和士兵都認印不認人。就算是天皇老子到營，只要手中無符，想調動一支軍隊比登天還難。

同時，一個君王想廢黜屬將，第一件事也就是奪去他的符印，符印於將軍，就像金箍棒於孫悟空一樣，一旦被奪走，就算眞是孫悟空也砸不了場。

這一幕就像演戲，還沒來得及彩排就正式公演，連張耳也無法倖免。

劉邦奪去兩人軍權之後，立即召開臨時軍事會議，重新調整軍備，接著升韓信爲相國，同時命張耳四處巡行，加強軍備防守趙地。張耳原先的軍隊則交給韓信，令帶去攻打齊國。

會議結束後，韓信和張耳兩人終於如夢初醒，醒悟到劉邦是來打劫他們的。

又是奪帥，又是調包，這就是劉邦的不尋常處，才一夜之間，劉邦又從一個光棍司令變回擁有數萬軍隊的王。

劉邦就是這樣一種人，在以生存爲第一的戰爭時代裡，當他強大到可以說話時，可以仁慈地拍著任何人肩膀稱兄道弟，有必要的話，還能比親兄弟和舊將領更親；一旦淪落成像老鼠般到處鑽營時，他也可以六親不認，不擇手段地活下來。

此時，劉邦又在趙國站穩腳跟，駐守成皋的其他將領也紛紛棄城逃跑到趙地跟隨劉

邦，成皋隨即淪陷。

淪陷就淪陷吧，勝敗乃兵家常事，對劉邦而言更是如此，失去滎陽和成皋算不上什麼，只要有了軍隊，一切又可以重來。

從哪裡跌倒，就從哪裡爬起，出發！

當牛謀士碰上黑謀士

田廣驀地糊塗起來，

之前不是都談好了，幹嘛還要打？

過了一會兒，他才「頓悟」，

肯定是那酈食其和韓信串通一氣，要騙取齊國的土地！

秋，七月。天王星旁，孛星流現。孛星，即一種尾巴光芒比彗星短的流星，按古代天文學家的說法，這是一種不祥的徵兆，只有君王作惡多端，孛星才會出現。不過，天上的事，神仙說了算，地上的事是人說了算。

項羽攻陷成皋後，直接撲向劉邦的根據地關中，對劉邦來說，這才是比孛星出現還不祥的徵兆。劉邦聞聽，立即派兵駐守鞏縣（今河南省鞏縣），截擊項羽，勉強地攔住楚軍的西進路線。

八月仲秋，劉邦元氣恢復，率兵渡過黃河南下，駐軍小修武城（今河南省獲嘉縣東城）。一個多月前，他孤身在這裡奪帥奮起，今天他大宴將士，準備再從這裡出擊，與項羽決一死戰。

然而，當劉邦準備大戰一場時，有個從來沒聽過名字的郎中鄭忠跑出來，遊說建議道：「漢軍元氣初復，底氣不足，不到萬不得已，千萬別冒進出擊。如今最好的辦法，就是『高築牆，廣積糧，緩急戰』。」

劉邦一聽，好個高築牆廣積糧，立馬來個中場休息，不打了。

另一邊可沒管那麼多，劉邦不打，不等於彭越不打。

彭越與英布的作風簡直是同一個模子澆出來的，熱愛正面迎擊，也愛側面襲敵，儘管先前被項羽狠狠教訓過，他卻完全不氣餒，帶軍捲土重來，繼續破壞項羽的糧道。

劉邦看到彭越在東邊這樣忙得不亦樂乎，不由樂了。兄弟，好樣的，我欣賞的就是你這死豬不怕開水燙的勇氣，你搞你的，我也派人和你一起湊個熱鬧吧。

接下來，劉邦派了兩萬步兵還有數百名騎兵前往助戰，帶隊人是劉邦的堂兄劉賈，還有小時候與劉邦同穿一個褲子長大的夥伴盧綰。劉賈和盧綰得令之後，便帶著大隊人馬從白馬津渡過黃河，像把尖刀似地直刺向楚軍腹部，和彭越遙相呼應，燒絕項羽糧倉，破壞輸糧管道，一下子掐斷了項羽前陣的糧食供給。

駐守西楚本土的楚軍也不是吃白飯的，他們像發瘋的狗一樣到處追著劉賈咬。

劉賈更不是吃白飯的，楚兵一到，他不逃跑也不迎戰，而是駐紮下來堅守不出，無論楚兵怎麼叫戰，他就是不出兵。楚兵真是一點辦法都沒有，趕又趕不走，打也打不了，叫人怎麼整呢？

豈知，彭越和劉賈心有靈犀，見劉賈在一邊耍賴不戰，彭越立刻趁機在另一邊將楚軍打個措手不及，成果相當豐碩，一口氣就拿下睢陽和外黃等十七座魏地城市。

對於寸土必爭的項羽來說，十七座城等於是要了他半條命！

毫無意外地，遠在成皋的項羽再次發飆，糧道斷絕、城市淪陷，真叫人又是心焦，又是心痛，決定一次做個了斷。

九月，項羽對參謀長曹咎下了一道死命令，說道：「我現在命你守住成皋，一定要記住，不管劉邦如何挑釁，都絕對不能出城應戰，一旦他指兵向東，你幫我截住他就行！不出十五天，我一定會幹掉彭越，到時就會回兵助你！」

打了這麼多年仗，只見項羽到處挑釁別人，從沒見過他躲開，更何況是躲劉邦？戰爭讓項羽學會獨立思考，也讓他找到對付老油條劉邦的方法，決定以其人之道還治其人之身，漢軍來就來吧，這次你叫我打，我偏不打給你看。

從軍事角度看，項羽的顧忌並沒有錯，只要他一離開成皋，劉邦捲土重來的可能性極大。沒想到，劉邦根本不打算進攻成皋，反倒想放棄成皋，他認為，應該撤退到鞏縣和洛陽一帶，和楚軍保持一定距離，好留存進退餘地。

這個愚蠢的想法馬上被人否定，這人就是被劉邦罵了還不到一年的豎儒酈食其。

酈食其果斷地對劉邦說道：「成皋決不能放棄。行軍打仗，糧食是第一生命，成皋附近有個糧倉敖倉，一旦放棄成皋，就等於放棄敖倉。沒有糧食，要怎麼和項羽繼續拼戰？當務之急絕非撤退，而是趁項羽領著主力軍隊東進時，迅速攻下滎陽和成皋，據有敖倉，並守住白馬津，與項羽形成割據。如此一來，就不怕天下沒人歸附漢營。」

這是一個不能拒絕的良策，劉邦接受酈食其的意見，準備進攻成皋。然而，這時酈食其又提出超乎常人的請求。他對劉邦說道：「現在，燕國和趙國已經平定，唯有齊國還沒有搞定。齊國的田氏家族強大，即使您派出韓信幾萬軍隊去攻打齊國，短時間內也很難拿下，所以，屬下想請大王允許我出使齊國，遊說齊王，使齊地歸附漢營。」

酈食其眞是膽大包天，連一向勇猛的韓信軍都還搞不定齊國，他竟想憑著自己三寸不爛之舌擺平？這個非同尋常的請求一提出，立刻讓人浮想聯翩，酈食其到底是想重溫當年蘇秦說退百萬雄師的經典，還是想徹底洗刷劉邦口中的豎儒之名？或者是想跟張良大師再爭一番高下？

齊國是什麼地方？田氏家族又是些什麼人？從第一任齊王田儋到後來的田榮，再到現在主政的田橫等人，都絕非等閒之徒。反秦以來，田氏王權從來沒向任何一個諸侯徹底屈服，項梁搞不定他，項羽也搞不定，唯有宋義搞定過，可是後來宋義卻被項羽搞定，等於沒搞定過。現在酈食其僅憑一張嘴，就想搞定這麼多人沒辦成的事，能嗎？

酈食其的回答是，肯定能行。

酈食其到齊國後，找到了新當家田廣，彼此沒有太多的客套話，酈食其一見面就問田廣道：「大王知道天下將由誰來統一嗎？」

田廣故意問道：「我不知道，難道你知道？」

酈食其理直氣壯地說道：「我當然知道，天下肯定將由漢王劉邦統一。」

田廣又笑，「先生您這話從何而來？」

酈食其拍拍胸脯道：「就從此處得知。」

這話說得一點也沒錯，天機的確是藏在人的胸膛，可惜愚蠢的人永遠看不清。不過，酈食其是來求人的，不是來罵人的，只能曉以利害，動之以情。他對著田廣講了一大篇道理，總結來說只有兩件事：第一，項羽的性格有問題。第二，項羽大勢將去。

現實是檢驗眞理的唯一標準，酈食其說的每句話確有道理，項羽不容天下諸侯，也到了天下諸侯不容他的時候，就好像在菜市場買菜一樣，老闆要是只會強買強賣，顧客們也該到聯手抵制商品的時候了。

沒幾下工夫，田廣便被酈食其說服，乖乖答應歸漢。之前田廣聽說韓信要來攻齊，早派出兩員大將率領重兵在前線等著，既然現在雙方都談妥了，自然叫人把駐守前線的重兵撤回，大擺盛宴，日日跟酈食其高談闊論，指點江山！

正所謂，福禍相倚，當酈食其喝得正歡時，死神卻像晴天裡的一片黑雲慢慢飄近……更具體點來說，這片烏雲就是韓信。

韓信帶著幾萬軍隊，日夜行軍，好不容易趕到齊國時，卻聽到酈食其只費了幾滴口水就把齊王搞定，無奈地停下腳步。

沒辦法，誰叫酈其食快了一步，這個功勞只能讓他占去。

正當韓信準備另做打算時，這時蒯通登場了。

蒯通對韓信說道：「將軍，您受漢王的命令來攻打齊國，儘管漢王獨派使者遊說齊王，但他並沒有下命令說要停止進攻呀！您怎麼敢自作主張逗留不前呢？酈食其僅憑一根爛舌頭，一夜之間搞定齊國七十座城市，而將軍當初帶領數萬軍隊，打了好久才拿下趙國五十座城市，你當將軍這麼久，難道眞連個豎儒都不如？」

他的一字一句，都像把看不見的刀，狠狠劃傷韓信的自信，戳到他內心痛處。

是呀，上次漢王沒跟我打聲招呼就來趙國奪我帥印，這次也沒給我打招呼說停止進攻齊國，我憑什麼還要替你著想？再說，我經營趙國時根基還沒紮牢，你就讓我片刻沒了立錐之地，齊國是一塊極大的肥地，我憑什麼不佔下來當自家地盤經營？

蒯通的一席話讓韓信恍然大悟，「好，就這麼辦，先斬後奏，渡過黃河，打進齊國，然後再接著和漢王慢慢玩忽悠。」

十月，冬天，鬼風四起，吹向了齊國。韓信就是那陣鬼風，乘著齊國放鬆警惕，突然襲擊歷下（今山東省濟南市），直逼齊國首都臨淄城。

田廣驀地糊塗起來，之前不是都談好了，幹嘛還要打？過了一會兒，他才「頓悟」，肯定是那酈食其和韓信串通一氣，要騙取齊國的土地！一想到這，田廣簡直要瘋了，酈食其這個大騙子，竟然敢出賣我，我要讓你不得好死！

當時要想讓一個人不得好死，最流行的方式就是把人丟到鍋子裡煮，這招項羽屢試不爽，名聲四傳。田廣立即叫人架火燒鍋，準備把酈食其煮熟好祭天。酈食其蒙受天大的誤會，明知是韓信和蒯通搞的鬼，卻連想辯駁都沒法子。

城池都拿下後，文書也發出去了，眞不知韓信發什麼神經還要打齊國，這擺明不是讓他難看嗎？再者，韓信你想搶功就明說啊，幹嘛動刀動槍的，還讓我一個人活活受死！

死到臨頭，說什麼都是沒用，此時田廣已經徹底失去信心，在他想法中，事實就是韓信的兵已經快打到首都外，誰還會信酈食其的對質？說不定又想來個裡應外合，讓自己死得更快！

憤怒的田廣不再讓酈食其做任何補救措施，「砰」的一聲就把人扔到鍋裡了。

同門同派相爭相殺，從來都是鬼谷子的門生開的惡頭，如孫臏對龐涓，張儀對蘇秦，但蒯通和酈食其不是同學，只同屬縱橫家一派，酈食其之死，更加證明一個千古顛撲不破的眞理——市場不相信眼淚。他們的相爭相鬥不是宿命，而是市場競爭的必然結果。鬥來鬥去，說來說去，歸根到底只有一個字：利。

第5章

小屁孩成大救星

一個十三歲的小屁孩，換做今天，

頂多就是玩網路遊戲比較出色的國中生，

讓人感覺奇怪的是，這男孩不知是從何而來的勇氣，

竟想要救外黃百姓於水深火熱之中？

西元前二〇三年，十月，又是一年的開始。

田廣煮了酈食其後，自己也無法在齊都繼續待下去，只好向東逃跑，向項羽求救。

然而，此時項羽正在魏地追趕彭越這頭老狗，哪有空管田廣的死活？

霸王的稱號可不是白混的，縱使十七座城都被彭越搶走，他要一個接一個搶回來！

不過，彭越佔領的這些城市不是每座都如肉包子一樣不經咬，像外黃就是一塊硬骨頭，攻了一連數天，楚軍非但沒順利咬下外黃，反而磕掉幾顆牙，流了滿嘴的血！

一擊失利，項羽憤怒不已，立傳傳令下去，讓楚軍所有弟兄先後退兩百米，再一鼓作氣衝進城裡，就算外黃是面銅牆鐵壁，也要硬生生撞裂，進去殺他個片甲不留！

外黃的末日來了！項羽發動攻擊的號角再次響起，昏暗天空下，楚軍鐵騎像拔地而起的龍捲風，呼呼呼地襲上老舊的城牆，其勢凌狠無比。

其實，彭越在項羽的眼裡，連條狗都算不上，頂多就是條毛毛蟲，想怎麼踩就怎麼踩，什麼時候踩也不是重點。

而外黃之所以久攻不下，不是因爲彭越突然成龍，而是外黃城內的百姓死命抵抗，現在項羽帶著楚軍，像一陣強風衝擊外黃，城裡人終於頂不住，只好主動投降。

悲哀的是，對項羽來說，抵抗等同犯罪，只要犯罪，全體就必須接受懲罰。

項羽進入外黃城後，立即把所有男男女女老老小小全拉到城下，接著下達一道可怕的命令——十五歲以上的站在左邊，十五歲以下的站在右邊，右邊的留下，左邊的全拉到城東去。

突然間，所有人立即明白，是要將無辜的百姓拉到城東全部坑殺！

外黃滿城當即響起一片末日來臨時的哭號，完了完了，一切都完了，抵抗是死，投降也是死，怎麼樣都擺脫不了死亡的命運。

在眞正的弱肉強食的時代裡，殘暴是滿足有能力者的最大娛樂，沒有比殺戮更令人痛快，更刺激人的感官功能！在項羽眼中，之所以攻城慢，正是因爲這些不知死活的百姓死守外黃，守城者統統該殺！

大批百姓到了城東，依舊哭天震地，腳下每跨一步就離地獄更近一步，若是跨兩步地獄彷彿就已經在腳下了。無處不在的蒼天啊，你睡著了嗎？請你睜開眼吧，如果你不能給項羽一個不殺的理由，那就派一個可以救贖生靈的人吧。

在那個無望的亂世，萬能的蒼天總是沉睡不已，但是他也有被叫醒的時候，這次，蒼天或許是被百姓的哭聲吵醒，竟然大發慈悲派來一個救星。

這個救世主不在城外在城內，不在左邊站右邊，是一個十三歲的小孩子。

如果是女孩子，按中國古代年齡範圍，十三歲恰好趕上荳蔻年華；換成是男孩，就得等到二十歲才有加冠儀式，而外黃百姓的救世主，是一個離弱冠年華還差好大一截的小男孩！

一個十三歲的小屁孩，換做今天，頂多就是玩網路遊戲比較出色的國中生，讓人感覺奇怪的是，這男孩不知是從何而來的勇氣，竟想要救外黃百姓於水深火熱之中？

其實，這位小朋友不是什麼大人物的小孩，只不過是外黃縣令麾下某門客的兒子，不過，遊說大人物既是他老爹一生的光榮事業，他自然已對遊說之術耳濡目染，多多少少學到點皮毛。

這頭不怕虎的初生之犢不忍心看項羽殺人，因為他們殺的盡是些疼愛自己的長輩，這些人當中還有他親愛的父親、母親，都馬上會被當垃圾一樣埋掉。

現在，依著感情所使，這孩子僅僅憑著一股天生的本能和智慧去挑戰項羽好殺洩憤的習性，幸運的是，這孩子贏了！

《史記》裡沒有記載這孩子究竟是如何見到項羽，但我們可以想像得出來，興許這孩子看到左邊隊伍中自己可憐的爸爸媽媽正在哭著揮手告別，眼前殘酷的生離死別讓他鼓起勇氣，對一旁值班的士兵求道：「哥哥，幫幫忙吧，我要見項羽叔叔。」

「去去去，滾一邊去，不殺你就不錯了，還要見什麼項羽叔叔？」

「哥哥，我有很多話想跟項羽叔叔說。」

「有什麼話就直接跟我說吧，我幫你轉達。」

「不，我要當著他的面說。」

「眞是難纏的孩子。」

幸運的是，這孩子碰到的是一個不壞的士兵，平安地被帶到項羽面前。

孩子仰望著項羽，像是仰望一座遙不可及的山峰般，一個絕對渺小的孩子和一個絕對強大的霸王，這眞是一個不可想像的場面，這孩子會用什麼妙招，去征服這個千萬人都無法征服的叔叔呢？

更重要的是，項羽不僅僅是一座山峰，也是個歷史的巨人！

征服有很多種，以強力征服強力，叫以暴制暴；以溫柔征服強力，叫以柔克剛。溫柔又有許多種，虞姬征服項羽的溫柔，我們叫做感性溫柔；而這個黃毛小孩征服項羽，我們卻稱它爲知性溫柔。

孩子征服項羽的話意思大約如下：彭越大叔劫持外黃百姓，外黃百姓不得不被逼著抵抗，現在投降，是爲了等您到來，不料您來了又偏要殺掉他們，這讓外黃百姓怎麼表達自己的歸楚之心？再者，項叔叔您接下來還有十幾個城市要打，如此濫殺的名聲一旦傳出，他們還敢投降嗎？肯定都會死抗到底了吧？

項羽聞言，震驚得無以復加。

他不是沒聽過類似理論，可一旦從十三歲的小孩子嘴裡說出，衝擊力明顯倍增。

上將殺戰，重在殺心。而不殺百姓之身，就等於殺了他們的心，殺天下人之心，威服諸侯，正是項羽一輩子苦苦追求的夢想！

項羽當即承諾不殺，全部釋放準備坑殺的百姓。

外黃百姓又是一場大哭，這哭聲不是悲天搶地的哭聲，而是告別地獄的哭聲，是他們生命本能對死的恐懼及生的渴求的極致宣洩！

這個十三歲的小救世主的出現，讓天下彷彿看到了一絲絲的希望，如果蒼天是可以吵醒的話，就讓他派一個更大的救世主來拯救人間吧。

痛苦即將結束，眼前這一切，不過是黎明前最難熬的那一段黑夜，要挺過黑夜，需要一場決戰，這場決戰也為期不遠了！

劉邦不出洞，項羽自然也沒有妄動，
兩方仍然保持原來陣仗彼此僵持對峙，
冥冥中，各自等待最有利的籌碼，
藉以加強自己的重量，好在兩強相競中出頭！
究竟會是什麼樣的籌碼？這個砝碼又到底偏向哪方？

第1章

叫陣誘戰

現代戰爭中，最厲害的就是核武威脅，

但在西元前的冷兵器時代，項羽沒有核武器，

也沒有飛機大炮，連隻馬也無法輕鬆躍過溝澗，

只好從別的方向下手！

歷史跟所有戲劇一樣，要進入高潮，必須經過序幕。

天下百姓等著看楚漢相爭這幕大戲的高潮，流盡了多少濃血沉淚，熬過了多少兵荒馬亂，經歷多少妻離子散，似乎也聽見馬蹄聲和緊迫的戰鼓聲。

不出項羽所料，一旦他領軍離開成皋，黃鼠狼就要給雞拜年——劉邦就是那隻黃鼠狼，曹咎就是他想咬的第一隻雞。

忍夠堅壁清野的委屈日子，劉邦終於要出關了。

前面說過，項羽離開前已經把雞籠關好，還吩咐雞做好心理準備，不管黃鼠狼如何引誘，絕不能輕易出籠。

可惜他忘了，曹咎根本不是隻聽話的飼料雞，而是隻勁頭十足的鬥雞，別人想誘他出籠，不用利益威嚇，更不用動之以情，只要用罵的就行！

於是，成皋城下，漢兵對城上喊話，「曹咎大哥，大過年的躲在城裡幹嘛？出來遛一遛呀！」

城裡無人作應。

「曹咎，是爺們就出來會兩手，別龜孫子似的躲著不見人！」

城裡仍然無人作應。

「曹咎，你他媽的還像個人嗎？」

曹咎一聽到漢兵這話，立即發怒。

你個劉三無賴兵，你罵我就夠了，幹嘛罵我老媽，忍你已有五六天了，鬥雞不發威，你還以爲是瘟雞，你敢挑，我就敢鬥！

曹咎怒火沖天地準備出城應戰，卻立馬被人攔下——此人我們並不陌生，他是司馬欣，時爲塞王。司馬欣警告曹咎，「您千萬不要衝動，項王叮囑過我們不要出城，一出城就上劉邦的當了。」

曹咎當即反駁回道：「劉三罵的又不是你媽，你當然不衝動。我不管那麼多，你怕死就給我待在城裡，看我怎麼收拾他！」

鬥雞不可怕，可怕的是牠不知天高地厚，有雙翅膀就想飛上天，有雙利爪就要跟狼鬥，一張獸皮就想拿出來唬人！

曹咎陳兵點將，準備出擊！

此時，劉邦已經領著漢軍擺下陣仗，只要曹咎一出城，便立刻戰個雞飛狗跳。

成皋城外，汜水沉沉地流過成皋城，顯得柔軟沉默，然而，柔軟並不等於軟弱，沉默也不是消沉。

自反秦以來，多少著名戰爭莫不與水有關，水讓項羽破釜沉舟威懾諸侯，讓韓信背水一戰成就功名，讓章邯變成窩囊水鬼，甚至讓陳餘就此告別亂世江湖。

今天，劉邦將用汜水把曹咎變成第二個陳餘！

身為項羽參謀長的曹咎衝動地打開城門，連前後左右的形勢都來不及觀察，便直朝對岸的漢軍撲去！

見曹咎衝出，司馬欣只好跟著衝鋒。

不料，楚軍才渡過一半汜水，只見鑼鼓震天，漢軍迎面向曹咎撲來，埋伏在成皋城下的另外一支漢軍則有如老鼠出洞，配合對岸兄弟的攻勢，形成前後攻擊之勢，接著俐落地夾擊、擊殺，鳴金收攤！

實踐是檢驗兵法的唯一標準，曹咎又成了佐證《孫子兵法》的一個歷史反面教材。

在這次戰爭當中，漢軍攻破楚軍，曹咎和司馬欣及董翳全部自殺，劉邦再次入主成皋城，項羽的金銀珠寶成了他的囊中物，更重要的是，敖倉的糧食又全部回到他手中。

回頭看這場挑戰，如果曹咎不敗，簡直天理難容，連霸王項羽都知道劉邦的厲害，曹咎竟還自我失控。但輸都輸了，說什麼都沒用，遇到這種事，最傷心的不是別人，正是項羽。

當項羽才剛把彭越搶去的十七城全部收回時，又立刻收到曹咎兵敗的消息，心裡只有一種感覺，痛！

項羽心痛不是因為曹咎司馬欣之流的自殺，而是成皋城的淪陷。成皋城藏著他一直以來沿路搜刮的財物，而且一旦失去，也就沒了敖倉，以後楚軍的糧食供給麻煩就大了。

項羽一邊捂著刺痛的心，一邊立馬調兵向成皋回撲！

此時，劉邦還有另外一支軍隊正在滎陽東圍攻楚軍大將鍾離眛，他們聞聽項羽回軍，紛紛撤退，退到險阻地帶駐守下來。

項羽奔到廣武，在廣武以東澗邊築壘，與漢軍相拒。廣武，山名，東連滎澤，西接汜水，形勢險阻，山中有一斷澗劃開，而劉邦已在西邊依澗自固。如此形勢下，項羽縱有千軍萬馬也難以撲向劉邦，這一對峙，便是數十天的時間過去。

打持久戰，是劉邦樂意看到的發展，他有米有菜，就算耗到明年也不怕。項羽可不一樣，楚軍千里迢迢，乏食疲困，軍心動搖，再這樣煎熬下去，恐怕都不用打仗了，只憑饑餓就足以將楚軍擊垮！

這肯定不是項羽想看到的畫面，不管日子多難，智慧多窮盡，一定得想出一個妙策，但他的智慧已經枯竭，唯一的計策仍是老招：威脅和挑戰。

現代戰爭中，最厲害的威脅是核武，但在西元前的冷兵器時代，項羽沒有核武器，也沒有飛機大炮，連隻馬都無法輕鬆躍過溝澗，只好從別的方向下手！

他認爲對劉邦最厲害的威脅就是人質，而且人質的份量還不能太輕，得是對手的至親才行，也恰巧自己手上一直挾著劉邦的老爹及老婆。

項羽傳令下去，命士兵在溝澗東邊架起一塊大砧板，把劉太公及呂雉兩人架出來，又對著西溝喊話道：「劉三，你趕快投降，否則別怪我烹了你老爹！」

項羽的臉上掛著笑，自信滿滿地認爲劉邦對自己這項偉大的創舉，肯定會表現出無限膽怯畏懼，害怕父愛的流失，妻愛的掛戀。

可惜，項羽忽略了一點，他的對手不是王陵，而是無賴加流氓的劉三。

劉邦跟劉太公是父子沒錯，可難道他跟劉盈就不是父子？

當初，劉三兵敗彭城被楚兵追殺時，爲了逃命可以連孩子都踢下車，又怎麼還會怕項羽烹煮老爹？

面對項羽的幼稚脅迫，劉邦眞是又可笑又可氣，立刻以一副不正經的官話回道：「項羽同學，我曾經和你事奉義帝，約爲兄弟，我老爹也就是你老爹，如果項小弟你烹了老爹，可否也分我一碗人肉湯嚐嚐呀？」

聞言，項羽眞是氣得一蹦三丈高，破口罵道：「誰跟你是兄弟，什麼你老爹就是我老爹，你大我二十四歲，當我爹我都嫌你老呢，你還有臉給我安一個無名之父，你要不要臉哪？」

劉邦暗暗冷笑，老子就流氓一個，還要什麼臉？

「項羽，你趕快烹了吧，咱們打了這麼多年仗，糧食奇缺，好多年都沒聞到肉味了，你就記得分我一杯肉湯來喝哦。」

項羽被氣得暴跳如雷，準備烹殺劉太公。

說時遲，那時快，有一個人跳出來勸住項羽，原來是劉邦早先定下的好親家項伯，他天生是劉邦的保護人，此次也不例外。

在楚漢相爭的歷史上，只要項伯出場，肯定是劉邦出事，也虧得有項伯出手相救，劉邦才總能化險爲夷！

項伯對項羽說道：「顧天下的人，從來都不顧家，像劉邦這種無賴加流氓更是如此，我包準你就算殺了他們全家，他也不會動一根眉毛，這對你根本毫無益處，甚至對名聲有害！」

項羽一聽，馬上蔫了下來。

蒼天啊！這到底怎麼回事，偏偏送來一個無賴的對手？

怨天尤人從來不能解決問題，唯有抬起頭來端正態度，直面現實，突破未來，方可謀得天下。

項羽登時靈光一閃，既然威脅行不通，那就直接挑戰！

對峙

看來，劉邦不能再躲了，再躲就是龜孫子了。

普天之下，能治服這隻史無前例的厲鬼的，

唯有一人，那就是劉邦，他不能不親自出場收拾殘局！

自古以來，挑戰有很多種，粗略可分成單挑及群毆，單挑分爲很多類別，一回合，兩回合，三回合，如果雙方願意，也可以不分回合、場地、時間等條件，想打就打，直至打到對方趴在地上求饒爲止！

群毆就不一樣了，形式多樣，有正規和非正規兩類：正規群毆，學名爲戰爭；非正規群毆，一般統稱爲械鬥！

要挑戰也得搞點創新，項羽如果學著劉邦手下那幫賴皮兵罵曹咎出戰，也太沒意思，所以他要單挑！項羽想定後，再次放出話來，「劉三，天下受苦受累這麼多年，說來說去還不是因爲咱倆打得死去活來的緣故。既然是咱倆的事，就咱倆單個出來解決吧，免得讓百姓再受傷害了，好不？」

在他想法中，只要劉邦這弱雞願意接受挑戰，無論是什麼項目，統統任他選，不分場地時間，甚至讓他先出手個兩三拳之類的優惠也行！

劉邦一聽就笑到不行，這傢伙實在太有才了。

項羽同學，戰爭是件很嚴肅的事，你怎能開這種無知的玩笑？以爲我劉三想喝人肉湯，就是腦袋出問題了嗎？我現在鄭重聲明，我劉三只跟你鬥智，絕不鬥勇。

見碰上大無賴，項羽徹底失去耐心，把幾位所謂的壯士召集起來，同時下了命令道：「你們天天給我出去挑戰，一次不行，就兩次，兩次不行，就三次，一直挑到劉邦出來應戰為止。」

這才是真正的項羽，當霸王遇上劉三，真正精采的挑戰終於開始了。

看著項羽的認真勁，劉邦也立馬正襟危坐，神情嚴肅地等待項羽叫板，自己則悄悄想到一個招數，神箭手！

神箭手能百發百中、箭無虛發，但也分層次，據說，若是以懸崖為標的，射手離懸崖五米，面對目標，百發百中，這叫三流射手；離懸崖兩米，面對目標，百發百中，這叫二流射手；雙腳臨崖，如履平地，仍能百發百中，這叫一流射手。在戰場中，三流射手可對付壯士，二流射手可對付將領，一流射手可對付將領中的猛將。

劉邦派的這位神射手來自樓煩部落，下的命令是，不管外頭來的是誰，只要敢挑戰就全都殺掉！讓項羽儘管放人來吧，來一個射一個，來兩個就死一雙。

這一輪喊戰，樓煩射手每箭必中，沒有一個不是被拖著回去的。

劉邦笑了，「項羽你還敢挑戰嗎？」

項羽聞聽怒吼道：「誰說我不敢挑戰！」

只見項羽披甲躍馬，親自上陣，雄赳赳氣洶洶地跳到溝澗上喊戰，「劉三，有膽就出來幹一架，別老是做龜孫子！」

項羽像個閃亮的獵物闖進流氓御用殺手眼裡，真是一個絕殺的機會，絕對不能放過。

弓箭手緩緩拉起長箭，瞄準項羽，彷彿提前聽見神箭劃破空氣，射入項羽那雙怒火焚燒的大眼中，那舉世聞名的英雄，即將如一座巨大的高山崩倒在廣武澗旁！

項羽，就讓這一箭讓你永遠閉上嘴，讓你永遠地結束野獸的呼吼，永遠地結束無情的踐踏，從此還清這因你而泣血千里的河山之債吧！

此時，項羽也望見遠處的神射手，在他眼裡，這個所謂的神射手不過是個躲於暗處的小丑，自己只要一抬手，就可以擲中對方心臟。

項羽高高地揮起長戟，彷彿要在對方準備放箭的剎那，搶先出擊！

樓煩神射手遠遠望著項羽的動作，額頭上不禁悄悄滲出汗水，沿著臉部流下，流到他的眼睛裡。他抹了抹眼裡鹹澀的汗水，突然發現自己即使已屏住呼吸，心臟仍不住亂蹦，像野馬蹦衝般的異常反應。

這是射手在自己的殺手生涯中從來沒見過的心理狀態，太不可思議了，從來都是死亡畏懼他，今天怎麼反而輪到他畏懼死亡了？

直覺告訴他，這是死亡的心跳，死亡即將來臨！

不，絕對不能放棄射殺，這是一箭成名的機會，也是一道光榮時刻，面對的不是壯士，也不是那些貌似神勇的莽夫，而是天下無敵的西楚霸王！

項羽，你受死吧！神射手再次拉起長箭，瞄準項羽。

對面這名癟三！

然而當樓煩神射手即將放箭時，項羽史無前例地暴怒了，不是因爲樓煩神射手的長箭，而是對方根本不值得自己嚴陣以待，他的死亡要留給偉大光榮的戰場衝殺，而不是對面這名癟三！

於是乎，項羽揮著長戟，睜目大聲怒喝道：「對面的人，你敢放箭試試！信不信我一槍躍過去戳爛你的肝！」

這聲怒吼彷似天雷，射手像被雷電擊中似地埋頭趴在地上，一動不動。這眞是太可怕了！他不是項羽的對手，根本就不配射殺項羽，充其量就是個混飯吃的二流殺手！

樓煩神射手顫抖著爬起來，像一隻驚弓之鳥逃入漢營！

項羽長笑，傳說中的神箭殺手，不過爾爾！

神射手落荒而逃的消息馬上傳進劉邦的耳朵裡，派人詢問，卻得回一個嚴重的消息。射手告訴他，喊陣的不是什麼壯士，而是項羽！這眞是一個令人震驚的消息，讓絕頂殺手都聞風而逃的人，肯定不是人，而是一隻厲鬼！

看來，劉邦不能再躲了，再躲就是龜孫子了。普天之下，能治服這隻史無前例的厲鬼的，唯有一人，那就是劉邦，他不能不親自出場收拾殘局！

劉邦和項羽約好雙方會面的日子，地點則選在廣武澗。

劉邦走出帳外，登上廣武澗，和項羽隔澗相望。

自出漢中，他們從未像今天如此認眞審視對方，在劉邦眼中，戰爭並未消磨項羽的意志，對方依然目光如炬，雄姿英發。遺憾的是，這個男人並沒有在戰爭中成長，生命中全部熱情也只會用來投入激烈的衝殺，而不是用來仔細思考政治和戰爭的關係。

儘管如此，劉邦仍十分欣賞項羽，特別欣賞那驚人的力量和氣魄。

只是，欣賞不等於要彼此化干戈爲玉帛，正所謂人在江湖身不由己，這是一場註定進行到底的比賽，在歷史舞台上，絕對不允許兩個人平分秋色。

勝者只有一個，那就是堅持到底的人！

然而，在項羽眼中，勝者不應是慣使陰謀的政客，而是屬於崇尙強權的強者。

他以爲自己能力扛九鼎，號令天下，沒想到天下還是紛亂不堪，更不堪的是，楚漢相爭以來，天下血流成河，屍橫遍野。

這是一個不講究規則的戰場，戰爭從來都不講究套路和派別，這個死亡遊戲只有一個千古不變的規矩：成王敗寇，願賭服輸。

第3章

龍將對抗

高密城上，旌旗飄揚，鑼鼓喧天，

龍且臨風而望，遠遠看著韓信大軍，

彷彿望見一群堆在大象腳下的螞蟻，

只要自己這頭象一抬腿，

對方兵馬便會煙消雲散，化為烏有。

當劉邦和項羽正在廣武澗吵得火熱之時，各自麾下大將韓信和龍且也在東邊齊地打得正歡。

話說當韓信平定臨淄後，齊王田廣逃往高密，同時派人向項羽求救。

正所謂逃不擇路，在生死存亡之際，曾經的家仇舊恨都不再重要，田廣也管不得項羽曾經跟自家父親有過不共戴天之仇，厚著臉皮出聲求他幫忙。

項羽聽田廣求救，也表現見義勇爲的高尚精神，立即派龍且率領二十萬大軍向高密方向進發，與韓信來場大戰。

龍且自信滿滿，認爲韓信千里奔襲，兵疲馬滯，齊楚聯軍卻是在自己土地上保家衛國，根本是一場毫無懸念的戰爭，勝利將屬於這二十萬楚國子弟兵們！

然而，戰爭可不是糾衆群毆，不是人多勢衆及站在自家地盤就一定會贏，除了天時地利外，還有很多複雜的成敗因素，比如人和，就是一個大問題，龍且拼得過領軍慓悍的韓信嗎？

這時，有位門客發現龍且的大意狂妄，特地進言勸告並認眞分析道：「韓信乘勝前進，銳不可擋，齊楚聯軍又是在自己的土地上戰爭，容易離散，不如深壁不出，令田廣號召齊國百姓造反，讓韓信毫無立足之地，更喪失糧食供給。這樣子，拖個幾月半載，韓信鐵定不戰而降！」

這番道理，應該分成兩部份嚴正審視。

首先，單就齊楚作戰容易逃散這點來看，那肯定是高瞻遠矚的先見之明——自楚漢相爭以來，已連續惡戰四年，無論漢軍或楚軍，沒有一個士兵不討厭戰爭，都恨不得早日返回家鄉。

這次是在齊楚兩地開戰，如果眞要打起來，大家首先想到的不是保家衛國，肯定是伺機打混，留著一條命回家，這危險之兆便是龍且忽略的部份。

然而，門客提議讓田廣號召齊人造反，好打亂韓信，使其不戰而降的計劃，就有些誇張，壓迫是有可能，可想逼韓信不戰而降，牛皮未免吹得太過頭了。韓信是誰？是個曾經一無所有，差點餓死河邊的流浪漢，從光棍出發，好不容易混到大將軍職務的人，要叫他不戰而降，比叫狗把到嘴的骨頭吐出來還難！

沒想到，當龍且聽到門客這番灌過水的意見時，卻直接全盤否定，認為楚軍勝券在握，根本不必弄得畏縮婆媽，更不用說去審視建議中需要注意的前半部份。

龍且爲何如此有自信？

說來可笑，他的自信竟然是來自韓信那廣爲人傳的胯下之辱故事。

原來，龍且眼中的韓信是個不值畏懼的男人，有哪個將軍會混到寄食漂母這種異常窮困潦倒的地步？甚至還被迫從別人褲襠下爬過去？

在偏見的大前提下，龍且對其門客說：「項王是派我來救齊國的，若是還沒開打韓信就投降了，我還能有什麼功勞？老實說吧，我巴不得趕快開戰，反正只要一打就能勝，這樣一來，項王肯定會封齊國的一半土地給我！」

龍且終於說出心裡話，他瞧不起韓信還在其次，更主要的是，他想封王！

可是，齊王就只有一個，韓信想當齊王，龍且也想當齊王，照這態勢看來，這場戰不打還眞是不行。

十一月，韓信率軍來到高密。

高密城外有一條河叫濰水，跟當時的所有的護城河一樣，主要職責是用來阻隔外敵進攻，保護城市免受侵害。很不幸的是，隨著韓信到來，這條河即將失去作爲護城河的使命。原因很簡單，它碰到的不是別人，而是一個天生爲戰爭而生，亦是爲水而生的大將韓信。

歷史總有驚人的相似之處，龍且和章邯一樣，都以爲自己是眞男人，而韓信很窩囊且不堪一擊，這種思想上的毛病，造就他們對戰的結果。

人類就像河流一樣，每天都在蛻變和成長，過去的韓信已經死了，他根本就不能代表現在的韓信。

現在的韓信是什麼？他就像一條發源於深山老林裡的小澗，彎彎曲曲翻山越嶺，向平野奔湧而來，一路的雷電風雨使他迅速成長，變成了一條橫掃天下的巨龍。

歷史終將證明，誰蔑視巨龍，誰就將受到懲罰。

韓信隔著濰水駐軍紮營，與高密城內的龍且遙遙相對。

高密城上，旌旗飄揚，鑼鼓喧天，龍且臨風而望，不可一世，遠遠看著韓信大軍，彷彿望見一群堆在大象腳下的螞蟻，只要自己這頭象一抬腿，對方兵馬便會煙消雲散，化爲烏有。

龍且望著韓信軍時，韓信也正望著龍且的軍容。

韓信認爲，這座貌似堅不可摧的城市不過是塊巨大蛋糕，終將被螞蟻吞噬和毀掉，當初陳餘也不是號稱二十萬嗎？那又怎麼樣，還不是被自己幹得一乾二淨？

龍且傲氣地以靜制動，既然韓信是遠道而來的客人，那就請他先動手吧。

韓信當然也不客氣，不過，他並未直接發起攻擊，而是命令手下搜集上萬個布囊，準備再使個水攻之計。

韓信搜集這些布袋不是想進城搶糧食，也不是要裝金銀財寶，他特地撥出一支分隊，命他們將布袋裝滿沙子，把濰水徹底堵住。

這方法十分熟悉，先前韓信就是用這招堵住下游，把章邯像灌蟋蟀一樣沖出廢丘城。然而，不是所有的城都能灌，韓信這次也不想用灌的，因爲時機不對。

如今正値冬季，雨水不像當初灌廢丘時的七、八月般充沛，就算是雨季，高密城內擺著的可是二十萬大軍，要是一個弄巧成拙把人全沖出來，反而會被追著打！

厲害的戰術，第一次使用的人是天才，第二次使用的人就是庸才了。韓信是天才，所以他絕不第二次使用相同的戰術。他堵住濰水上游，要誘敵出擊，再趁機放水沖毀敵軍，打他個措手不及。

一切準備就緒，濰水上游被堵了個半死，兩軍陳兵濰水兩岸，韓信主動出擊了。城裡的龍且早已經不耐煩，只要韓信放馬過河，他只需大喊一聲殺，千軍萬馬揮刀就將殺他個片甲不留。

見韓信帶兵馬渡至濰水中央時，龍且不屑地笑著，毫無懸念地下令攻擊河水中的漢軍，旗下騎軍像惡狼般向濰水中的漢軍迅猛撲去！

兩軍一觸，韓信便立刻命令漢軍向後撤退。

見此，龍且心中不由竊喜，韓信如此貪生怕死，可見胯下之辱的名眞不是白混。蒼天爲證，濰水爲憑，今天我就讓你滿載而來，空空而歸。

龍且命令全軍乘勝出擊，追打韓信軍。

大魚上鉤了！

韓信即將奔上岸時，向上游揮動紅旗，上游士兵心領神會，立即決壩。

濰水像一把鋒利的長刀從天而降，直劈下來，而原先向前衝鋒的齊國大軍，立刻像一頭長蛇被斬成兩截。

龍且像一個被砍掉尾巴的蛇頭，一下子懵住，這眞是一個可怕的圈套，傳說中的儒夫竟然是一匹披著羊皮的狼！

被斷去後援的龍且，想回頭已經不可能，唯有向前奔衝，不料，韓信這時終於摘下面具，露出猙獰的凶相，立即命令全軍反撲。

這是一場以戲劇性開頭，以殘酷作爲結局的戰爭，韓信對龍且實施斬首行動後，立即渡過濰水撲殺楚兵。

失去蛇頭的楚兵已混亂不堪，四處竄逃，田廣亦隨著部隊向城陽逃命，韓城緊追不放活擒田廣，又將其斬首以祭酈食其。

酈食其，害你的是韓信，替你報仇的亦是韓信，你是該哭還是該笑？

此時，漢軍灌嬰及曹參等各路兵馬勝利歸來，漢軍進入高密城，齊國全部土地徹底淪陷於漢軍的鐵騎之下，田氏家族的光榮歷史一去不再復返。

當韓信高高地站在高密城上眺望濰水河時，黃昏落日鋪了一層慘澹的霞光，濰水悠悠，血流沉沉。

韓信想起自己曾經落難的淮陰河，也想起灌章邯的白水河，想起打廢陳餘的泜水河。是的，他一生與河不離不棄，相依相伴，他在河邊跌倒，又在水邊崛起，他一生的夢想就是洗刷受漂母資助及胯下之辱，爲何那些與之戰鬥的強悍對手卻沒有一個人能讀懂他覺醒的靈魂？

章邯、陳餘、龍且你們安息吧。在這場殘酷的戰爭遊戲中，通往光榮的將相之路上只能容身一人。如今，我即將登上人生的頂峰，實現從將相向王侯的徹底飛越。

第4章

問鼎齊王

韓信是以半要脅半商量的語氣向劉邦提出申請，

如果劉邦答應他當代理齊王，

那遲早有一天也會轉正的。

如果劉邦不識時務，那就對不起了……

搞定龍且後，韓信心中突然萌發了一個可怕的慾望，這個可怕的慾望使他變成了一個可怕的人，同時也為他的未來掘下死亡的墳墓。

這個墳墓的名字，就叫齊王。

慾望可以使人一夜成名，登堂入室，亦可以使人瞬間墜毀，沉入地獄。道理似乎人人都懂，然而當政治像場賭博，而局中人又擁有絕對取勝的籌碼時，試問天下，此時有幾個人能控制內心膨脹的野心和慾望？

回首韓信的一生，是奮鬥不息的一生，亦是傳奇出彩的一生。但在他光鮮傳奇的色彩底下，也曾經有過飄蕩不定的蹉跎歲月，有過難以忍受的嘲笑恥辱，還有四處顛簸，走投無路的困窘。

在這段奮鬥的歷程中，韓信又清醒地認知到，自己一路打打殺殺，不過是在為劉邦作嫁，說得更不好聽點，在劉邦眼裡，無非是一隻過河的卒，一把殺人的利器。

韓一生都在努力擺脫命運的控制，而不是成為諸侯王牆壁上某個美麗的裝飾品。現在，他要重新覺醒。

我還要莊重嚴肅地告訴劉邦，自己將要以諸侯王的身份，參與戰爭市場競爭！

這個可怕的想法，就好像今天某個大公司總經理，突然向董事長提出，要借用母公司的技術開一家連鎖店，而且連鎖店的實際經營權正是他本人。不消多說，如果有哪家老闆聽到下屬提出如此無理要求，第一個反應就是提起凳子，直接砸人。

不過，韓信卻斷定，自己向劉邦提出的這個開連鎖店計劃，劉邦不但不會砸他，甚至還會成全他的夢想。

只是，要官也不能要得太露骨。他要充分利用前人關於厚黑學的研究成果，在野心上塗上一層光亮的道德仁義，尋找一個美麗的藉口和劉邦攤牌。

世界上，和平和糧食難找，唯有藉口最好找，韓信馬上編了一個藉口，派人向劉邦彙報。他是這樣給自己的野心披上美麗外套的：齊人虛僞多詐，反覆無常，而且又倚仗著南邊與楚爲鄰，所以很難擺平，敬請漢王允許我當假齊王，以便鎮定他們！

所謂假齊王，就是齊國的代理王。這就奇怪了，爲何韓信沒有要求劉邦封他爲眞王，是不是他太不自信了？

其實，不是韓信的膽不夠大，也不是他實力不夠強，而是韓信從來不做沒絕對把握的事，他在挖掘通往齊王之路中，必須爲自己留一條退路。

想也知道，韓信是以半要脅半商量的語氣向劉邦提出申請，如果劉邦答應他當代理齊王，那遲早有一天也會轉正。

如果劉邦不識時務，那就對不起了，以前你奪過我一次帥位，這次你再想來奪相，門兒都沒有，同時也別想叫我去攻打項羽，如果惹我不高興，我甚至可能替項羽反過來抄漢王老底。

韓信這招就叫虛張聲勢，探測虛實，進退有餘，實在是妙，甚至就是妙不可言。

然而，韓信這個所謂的兩全之策，到了劉邦同學這裡卻成了一個兩難問題。

在劉邦看來，不管是否答應韓信，他本人都虧本。

首先，酈食其早就搞定齊王，這個位怎麼輪也輪不到你的，是你偏偏攻打齊國，害死酈食其。

這對韓信來說是不虧什麼，可是劉邦不但虧了一個酈食其，又喪失一個盟友，更拱手讓出一支軍隊呀，韓信手裡那些兵還是他叫蕭何從關中派出來的呢。

其次，我劉邦整天被項羽追來追去，腳力都跑沒了，好不容易弄得相持不下，卻受了一箭，還差點沒命，現在好不容易療好傷，從成皋回到廣武，你不想著怎麼來幫我扶我助我，卻一心想賴在齊國享受成果，高枕無憂地過你的好日子，這世界上哪有這等便宜之事啊！

所以說，韓信這個藉口表面上看似合情合理，實際上卻是極其流氓。

對流氓要流氓，那不是找抽嗎？

果然，當韓信的使者向劉邦傳達請示時，劉邦立即暴跳如雷，氣得說不出話。自己項羽困在廣武哪都去不了，日日夜夜等救兵，盼星星盼月亮地巴望有人來幫把手，韓信沒有半點表示也就罷了，竟然還想自立為王！

韓信，你以為我劉邦是傻子嗎？大家都在江湖上混，腦子裡有幾根筋，彼此知根知底，何必搞這種辱沒別人智商的動作？這種請立假齊王的藉口，分明是居心叵測的挑場勒索！

劉邦對韓信，雙方都已經拉開了弓，如果不出差錯的話，這肯定又是一場清理門戶的大火併，就在這緊急關頭，張良和陳平跳出來挽救劉邦。

當劉邦跳起來對韓信的使者破口大罵「混帳」時，旁邊的張良和陳平不約而同地狠踩了劉邦一腳。

劉邦立刻愣住，像個木偶般地緩緩扭頭看向兩位陰謀大師，眼中滿是疑惑。

見此，張良立刻附到劉邦耳邊，輕聲道：「楚漢相爭不下，形勢於漢十分不利，根本無法另撥武力打韓信，不如故意順應要求，加以善待，讓他為漢守住齊國，萬一他偏向項羽那邊，可不好收拾！」

劉邦一聽，恍然大悟。現在的韓信不是過去的韓信，他的翅膀硬了，動不得，更打不得，唯一的辦法就是只能暫時哄著他，求他乖乖地蹲在圈裡，不出來咬自己人。

可罵出去的話，就像潑出去的水，這叫劉邦再怎麼收回來？

劉邦的回答是，我不但能收，而且還能收得特別的漂亮。

劉邦再次跳起來，高聲大罵韓信使者，但這次大罵，不要說使者，就是韓信在他面前也會甘心接受。

「男子漢大丈夫，要當王就當眞王，還當什麼假王呢？回去告訴韓相國，我刻好印後，馬上就給他送過去！」

劉老三眞不愧爲天下第一號變色龍，龍捲風都沒有他轉得快！

春天二月，劉邦派張良送去王印，韓信正式被劉邦封爲齊王。

第5章

左右為難

不止英雄，就連謀士所見亦略同，

蒯通的這番話武涉先前便已說過，

兩人重點都只有一個——

韓信到底是想活命，還是要忠義？

有一句廣告詞是這麼說的：「思想有多遠，我們就能走多遠。」然而，在亂世戰爭中，從來沒有所謂思想的位置，只有野心，以此基準縱觀韓信一生，甚至可以概括出「野心有多大，他就做多大」的結論。

在項羽眼中，過去的韓信自己從未正眼瞧過，現在他卻已是隻能與楚漢三足鼎立的雄獅，既然反擊不實際，唯一的做法就是利誘對話，反正日後的路還長著。

項羽決定派人和韓信談判，承包這項遊說工程的，是盱眙（今江蘇省盱眙縣）人武涉。武涉接令後，早就準備好一大段如黃河滔滔不絕的文章，和當初韓信拜將時的演講風格如出一轍，不過，總結起來只有一句話：勸韓信背叛漢王，另起爐灶，三分天下，以鐵三角之勢互相牽制。

只要是出來混的人都能看出來，項羽已經窮途末路，不然他不會委屈到如此落魄之境。武涉也誠實坦白地對韓信道：「你韓信的實力已經強到無人能制，一旦你右投漢王，項王必敗，反之亦然。世人皆知，項羽曾經不屑你的才能，劉邦則是十分賞識，理論上你肯定會向右投奔漢王。」

「不過，有個問題必須搞清楚，如果投劉邦，結果對你來說不但沒好處，反倒成了禍害。漢王一旦收拾項羽後，肯定會把你這顆眼中釘使勁拔掉，臥榻之側，豈容他人鼾睡？當中的利害關係不得不慎重。」

客觀來看，這番話並沒有添入威脅成分，也沒有想坑騙韓信的意思，反而特別厚道地為他指出另一種可能。

武涉這招眞是高明，幫了韓信，便等於在幫項羽，達成兩全其美的雙贏局面。計策本身無懈可擊，只是他沒想到，韓信並非簡單的趨利之輩，而是一個有著豐富情感及人生閱歷的人。

韓信果斷拒絕武涉三分天下的提議，理由只有一個，「項王不仁，投之不義；漢王仁信，背之不祥。」言下之意，顯然是完全不考慮自立為王的可能性。

韓信認為，自己得先當個人，才能心安理得地被封為齊王，對方提出的「不義之途」肯定不能碰。再者，一個心中沒有人情信義的人，又如何面對天下？

主宰這個世界的並非只有利益，感情之事切不可輕視，韓信也如此堅定著。如果淮陰河的漂母是位毫無憐憫心的人，豈會連續多日贊助韓信，讓他走出饑餓的煎熬？如果劉邦是個重利輕義的小人，當初戲水罷兵時，又怎會有人願意隨他走進漢中，抵死不離？

反觀項羽，韓信在楚營中也待了挺長一段時間，追隨過項氏叔侄兩任領導，卻始終官不過郎中，只是一枚扛槍站崗的小螺絲釘，進言不聽，獻計不用，才逼得他投奔劉邦。

在韓信通往榮耀的歷史舞台上，蕭何是第一個伯樂，劉邦則是第二個。如果不是劉邦把漢中最大的將軍印派給他，同時言聽計從，他今天可能還只是一個毫無立足之地的流浪漢，哪能有如此志得意滿的光景？

這番予之以利、動之以情的作風，試問天下有幾人能捨絕離去？

看清韓信想法後，武涉終於徹底絕望，其實勢如猛虎的韓信一點都不可怕，最可怕的是他背後那個無所不在的劉邦。

劉邦仁義，項羽殘暴，這是一個鐵的事實。

有這麼會做人的劉邦，這麼感恩的韓信，項王只能乖乖受死，就算神仙來也救不了！

不過，此事並非就此了結，當武涉前腳剛離開齊國，害死酈食其的黑謀士蒯通後腳就又主動遊說韓信。

其實，武涉和蒯通並非老相識，也沒有什麼政治交易，只是不約而同想到一塊去，力勸韓信三分天下，創造屬於自己的榮耀。

這個想法實在可怕，弄死酈食其，扶韓信當上齊王也就罷了，為可連劉邦也不放過？

要知道，自古以來謀士從來都是以賣智為生，他們跟所有文官武將一樣，既然要做謀士，就要當天下第一謀士，只有「第一」才足以證明謀士的人生使命和生存價值。蘇秦是縱橫家們的榜樣，超越他，並且取代他，不僅是酈食其的夢想，也是蒯通的夢想。

蒯通不僅僅是個縱橫家，還懂得陰陽之術，他決定先披著陰陽家的外衣出場——請注意，每每要打破自家老闆的顧慮時，封建迷信是謀士們慣用的伎倆。

相人之術是項神秘的專門事業，自古以來，沒人敢全盤否定，多半禮遇有加，若是遇到兵荒馬亂，或是天災地變，甚至會更敬畏不已。

不要忘記，就在鴻門宴前夜，范增爲了讓項羽堅定決心，也編了個龍生七彩的陰陽之說，只可惜他運氣不佳，半途殺出項伯，破了他的權謀運作。

今日，蒯通也高舉陰陽家的偉大旗幟，繼續發揚胡扯有理的光榮傳統，努力遊說，激升主子韓信反叛劉邦的決心！

當一切準備就緒後，蒯通對韓信說：「相君之面，位不過封侯，且又危不安。相君之背，貴乃不可言。」

這段話一語雙關，所謂「背」就是後背，還隱含「背叛」之意，就算傻瓜都聽得出來當中玄機。

蒯通的意思很明確，他想告訴韓信一件事，如果只盼著齊王之位，肯定相當不安全，如果背叛漢王，才能達到「天高任鳥飛，海闊憑魚躍」的悠遊境界！

然而韓信聽後，沒有半點激動，而是笑嘻嘻地問道：「爲何突然有此一說呢？」

爲何？還不是爲了讓你當更大的王，也好提拔我當一個更大的官。

蒯通又像武涉遊說韓信一樣，滔滔不絕地講了一堆縱橫術，總結起來也只有一條原則：天予不取，必受其咎。

翻成白話就是，老天爺都要給你甜頭了還不吃，肯定會遭到上天的反撲！快點要背叛劉邦，摘下劉氏連鎖店的牌子，才是明哲保身及享受富貴生活的唯一途徑。

韓信聽了之後，表情頓時嚴肅，「漢王待我有如手足，我怎麼能爲了利益而背叛義氣呢？」

蒯通冷笑幾聲，說道：「敢問大王，從朋友的角度來說，你和漢王有張耳及陳餘的關係鐵嗎？」

韓信搖頭，「當然沒有，張耳和陳餘可是結拜的生死兄弟。」

蒯通道：「這不就對了？張耳和陳餘昔有生死之盟，尚發展到自相殘殺的地步，你和漢王的關係又算哪根蔥？」

韓信道：「這……」

蒯通再勸道：「再請問大王，如果從君臣的關係來看，您對漢王有先秦時期的文種先生對勾踐那般忠誠嗎？」

韓信皺眉道：「文種跟隨勾踐多年，兩人感情非一般人能比。」

蒯通道：「當初文種以爲自己對勾踐之忠誠，便可保得百世富貴，結果呢？還不是被勾踐當做眼中釘拔掉，留下一個鳥盡弓藏、兔死狗烹的結局！」

韓信不語。

蒯通道：「大王千萬不可再猶豫不決，今天您身攜巨威，若投奔項羽，他還是不待見你，就算忠心爲漢，劉邦也會以爲您威逼震主，除之而後快。既然你左投不是，右投也不是，就只剩下自立爲王這條路了。」

不止英雄，就連謀士所見亦略同，蒯通的這番話武涉先前便已說過，兩人重點都只有一個——韓信到底是想活命，還是要忠義？

韓信似乎被蒯通追問得無話可說，他深深地嘆了一口氣，敷衍地說道：「先生先回去休息吧，我會考慮一下您的意見（先生且休矣，吾將念之）。」

這句話對韓信將來的影響太重要了，筆者認爲，這句話可說是韓信人生最大的分水嶺，有時，成敗並不在廝殺的戰場，只在一念之間。

如果韓信選擇聽從蒯通之計，並且相信那番「相君之背，貴乃不可言」的說辭，這整段歷史又將會發生一個什麼樣的轉折和變化？

說不定，根本不會有漢朝的出現。

只可惜人算不如天算，一些歷史學家認爲，此時韓信是犯了和先前李斯一樣的錯，自以爲勞苦功高，老闆肯定不敢炒自己魷魚，才輕忽地拒絕三分之謀。

筆者卻認爲這當中另有玄機，所謂的「自恃功巨」只是表面現象，如果深究下去，便會發現韓信當上齊王後，他的夢想就像高高飛升的風箏，手中的慾望之線已全部放完。

換句話說，他的夢想只到齊王爲止，沒有其他野心。

想想韓信葬母時的事吧，早在那時，韓信已給自己定下一個終身目標——萬戶侯，如今，他不但當上萬戶侯，還變成令諸侯艷羨不已的齊王，已遠遠超出最初的渴望。

從某種意義上說，慾望是夢想的原動力，任何進步或名利都來自不滿足的野心，沒野心，就算條件再好也只能守成。

封王後，韓信的野心已到盡頭，不是敢不敢三分天下的問題，他大爺根本沒想過這檔子事，從小到大的夢想既然實現，自然不會再多折騰些有的沒的。

韓信主意已定，幾天過去，對蒯通閉口不談背叛之計。

然而蒯通這邊就不開心了，自己可是下足賭注豪賭一把，如果韓信接受背叛之計，未來自己一夕成名，封侯拜相也不是不可能；要是韓信的答案是「否」，韓信能安身立命，同時撈到忠君之臣的美名，可蒯通除了死路一條，試問天下還有他容身之處嗎？

這絕對不是一個謀士想要的生活，一定要爭取勝利，不到最後，堅決不能放棄。於是，蒯通再次去遊說韓信，並要他正面回答可否背叛劉邦之事。

韓信還是沒有直接答覆蒯通，仍然支支吾吾。

蒯通一看，心都涼透了，悲憤地對韓信喊道：「古來行大事者，猶豫不決只會葬命埋名，正所謂機遇就像流雲，時不我待，機不再來，請大王一定要考慮呀！」

韓信看蒯通一副近乎絕望的表情，心登時軟下，算了，乾脆讓他徹底死心吧。他鼓起勇氣向蒯通亮出自己底牌，「齊王我當定了，但背叛劉邦卻絕無可能！」

這是蒯通人生中看到最絕望的亮牌，它昭示著韓信未來的死路，同時也點出自己未來的命運。

既然無計可施，那就亡去吧……

蒯通委屈地向韓信辭別，裝瘋賣傻地浪跡天涯。

末日，或者曙光？

冥冥之中彷彿有隻看不見的手牽引項羽，
從吳中推向彭城，又奔向趙國的鉅鹿城，
牽向關中咸陽，在整個中國繞了一圈後，
然後又把他推到垓下這座天然的墳墓中。

不靠譜的盟約

盟約訂立後，項羽彷彿因發現自己真的累了，

第一個撤兵東還。

萬萬沒想到的是，

這項撤兵行動一下子把內心的焦灼無助暴露無遺，

死神迅速地找上門來了。

項羽的末日即將來臨。

西元前二〇三年，七月，劉邦立英布為淮南王。

八月，劉邦得到北方兩支軍隊的贊助，分別是北貉部落（今吉林省東部一帶）及燕王臧荼，最可怕的是，他們帶來的禮物是北方土特產，騎軍。

這些騎兵絕不亞於二十世紀的蘇聯坦克，有了他們，劉邦還有什麼可擔心的？

田榮之弟田橫聽到田廣被韓信誅殺，便聚集齊國殘軍敗將，忙不迭地投奔彭越。

不過，這關係算起來倒挺複雜，韓信是田橫的死敵，可彭越卻是劉邦的老友，換句話說，田橫最後仍是和韓信成了自家人。

與此同時，精明的劉邦發出命令，昭告凡是為國捐軀者，皆由官吏準備好喪服棺材，專人派送回家鄉，使其落葉歸根。

這項措施重重擊中戰地遊子的心情，天下人全聚集在以劉邦為核心的集團四周，大讚漢王當真仁義恤民。

自此，整個中國大地，從北到南，從西到東，諸侯和百姓幾乎沒有幾個再是項羽集團的人，項羽再次陷入空前的孤獨與無助之中。

不過，他「西楚霸王」的稱號可不是花錢買的，一股鋼鐵意志及震盪山河的霸氣依舊時不時威嚇著各方諸侯，仍使劉邦一時寸步難進。

現下，考驗劉邦和項羽的不是誰的兵力糧食多，而是意志堅定度。講到意志軟弱，劉邦絕對不輸人，撐沒多久便開始鬆動，主動向項羽提出談判講和的請求，更行動力十足地派人出使楚國。

劉邦任命出使楚國的談判員，是陸賈。

當陸賈越過廣武澗，向項羽傳達劉邦議和的文件時，項羽冷笑一聲，直接把劉邦的合約打回漢軍，還告訴陸賈，「要打仗可以，談和沒門，想弄回老爹及老婆，如果不徹底投降，就別異想天開！」

劉邦實實在在地被惹怒了。

好一個不知天高地厚的項羽，你以爲自己還是鴻門宴上的霸王嗎？也不踮起腳尖看看四周飄的是什麼顏色的旗！說白了，你不過是一隻喪家之犬，甚至連一隻病虎都算不上了，竟然還敢跟我談條件？

既然談不攏，就用老辦法，打到他服爲止！

劉邦命令兩軍攻擊項羽，一支是彭越的流氓軍，一支是韓信的齊國軍。彭越的任務是一向的老本事，徹底切斷楚國糧道；韓信則是派軍從東撲擊，進逼楚軍。

這計劃看似強勢，可當韓信進逼項羽的同時，劉邦的心仍是狂跳不休——自己的老爸老婆太公及呂雉阿姨還在項羽手裡呢，逼急了項羽，那可是會眞動刀殺了這兩個國寶級人物的。

這時，有一個叫「侯公」的人主動向劉邦請纓遊說項羽，以楚漢兩軍議和的條件換回劉太公及呂雉。

議和，本來就是劉邦的底線，不是他不想打，而是不論是他或士兵，意志耐心都已經到了極限，沒幾個想和項羽一直耗時間。

劉邦批准侯公出使談判。

這次，項羽終於再無罵言。

戰爭不是單打獨鬥，形勢對楚軍而言愈發不利，諸侯從四面八方來，包圍圈十分明顯，最可怕的是，彭越這個老流氓斷絕糧道，弄得楚軍無力修復，除了講和，別無選擇。

幾經掙扎，項羽終於點頭同意議和，歷史上出名的「中分天下」計劃立馬出籠。

項羽和侯公簽定盟約，聲稱以鴻溝為界，以西全歸劉邦，以東則屬項羽，楚漢兩國交好，永不交戰。

順便解釋一下，鴻溝不是什麼今天所說的下水道或軍事坑道，而是一條河流的名稱，又稱洪溝。

經考古人員研究，這條河興許是流經今天的河南省開封市西南，接著在滎陽縣東北某處注入黃河，可惜歲月滄桑，傳說中的楚漢疆界早已堙沒在歷史中。

盟約一定好，劉太公及呂雉理所當然得還回去，同時一道奉還的人質還有劉邦的長子劉肥等人。

當侯公帶著人質及勝利的盟約回到漢軍軍營時，全軍不禁高呼萬歲，這一聲萬歲是爲劉邦而呼，也是爲軍士們自己而喊。

四年來，多少昏天暗地的交鋒，多少處激戰衝鋒的戰場，戰士死了一批又一批，走向戰場的人也是一批又一批出現，一切終於要結束了。

戰爭的最高境界，不是爲天下戰，而是爲不戰而戰。

戰士們刀山火海地闖蕩，不全是爲劉邦取得天下，或是求封侯拜將光宗耀祖，以血肉之軀鋪開一條通往開滿鮮花的故鄉之路，這才是他們此時最渴求的事！

說到底，總歸是這個侯公太有才了，之前都沒怎麼注意他，沒想到一出場就能一槌定音，天下分曉。

按正常思維來看，這位極其寶貴的謀士，之後肯定要加以重用，然而，劉邦只賜給侯公一個奇怪的爵名，平國君。

關於這個爵名，劉邦曾經義正辭嚴地解釋道：「侯公是天下很厲害的辯士，他居住在哪國，哪國就會傾覆，所以才給他取這個名號。」

這理由太令人費解，侯公好不容易才替他贖回老婆老爹，又分到大半個天下，「感謝」兩個字忘記說就罷了，幹嘛還替人家取這種國家傾覆的不吉祥封號？

更讓人疑惑的是，接下來，劉邦居然還讓侯公神隱，從今永不再召。

關於侯公這段「說項」的歷史，司馬遷在《史記》裡的記述也十分簡略，同時帶出重重疑點。

如果劉邦不滿意侯公的談判結果，又何來漢軍的萬歲高呼聲，甚至劉邦本人的天下辯士之評價？

透過歷史迷霧，筆者相信，劉邦和侯公所謂的永不相見，是他們之間有著不可告人的交易秘密！

盟約訂立後，項羽彷彿發現自己真的累了，第一個撤兵東還。

可萬萬沒想到的是，這項撤兵行動一下子把他內心的焦灼無助暴露無遺，死神迅速地找上門來了。

當劉邦準備撤兵還都時，張良和陳平突然建議劉邦撕毀盟約，追擊項羽。

劉邦愣道：「這到底是怎麼回事？早不提，晚不提，偏偏到項羽撤軍了才提，你們到底想的是什麼主意呀？」

「漢王千萬不要疑惑，這當然不是什麼爛主意，而是一個千載難逢的好機會。」

「試想，漢王您已據有大半個天下，基本上沒有一個諸侯不歸附您，而楚兵力疲糧盡，是天要亡項羽的時候。如果漢王不乘勝追擊，將來必養虎爲患，而您也將失去建立帝業的絕佳機會！」

劉邦如夢初醒，恍然大悟。

兩位大師說得一點沒錯，項羽永遠都是一隻猛虎，只不過是暫時患病淪落罷了。而此時，漢軍及諸侯卻是一匹匹吃肉的惡狼，既然如此，這正是群狼出擊撕碎病虎的大好時光！

項羽，這次你眞的死定了！

西元前二〇二年，十月。

又是新年，劉邦決定撕毀盟約，率領二十多萬大軍追殺項羽。

從某種角度來講，劉邦這種出爾反爾的做法，大大違反戰爭道德。

然而在張良眼中，亂世根本不用談論道德與否的準則，就說五年前吧，要不是他勸劉邦撕毀與秦軍守將的條約，不知要花多少力氣才能打進咸陽城！

那之後，天下又有誰非議過一句？

說得更明白些，亂世當中哪來的道德，有的只剩利益，兵不厭詐，永遠是兵家無上法寶，在必要情況下，戰爭公約不過是一張廢紙。

既然這樣，那就放開手腳，大膽地打吧！

第2章

無力回天

讓我們看看項羽的情況——

西楚位於長江以北的土地已全部淪陷，

只剩十萬兵力，而更可怕的是，

這支孤軍後勤斷絕，無糧而守，

進不是，退不是，守亦不是。

劉邦發動進攻的同時，號令韓信和彭越前往固陵（今河南省淮陽縣北方）會師，好與項羽決一死戰。

不料，當劉邦領軍打到固陵，卻遇上令人萬分沮喪的情形——韓信和彭越這兩人竟不約而同耍賴，沒有前來助戰！

這下麻煩大了，劉邦幾個厲害兄弟都還在韓信旗下，比如灌嬰和曹參。軍事才能不如人的劉邦知道，若是想和項羽正面交手，自己非得採取蟻多咬死象的戰略不可，否則根本不是項羽的對手。

他現下想後悔都已來不及。

這時項羽對劉邦的行動也猛然驚覺，頓時怒火中燒。好你個劉邦，剛剛還是兄弟，你就不識抬舉地放狗來咬我，打你個狗日的。

於是，項羽親率十萬大軍，立馬調頭突擊劉邦。

劉邦只得退軍陳下，築壁自守，還被斬了兩萬兵，極其鬱悶的一戰。

劉邦洩氣了，他總算看清韓信和彭越這兩副嘴臉，這兩部罷工的戰爭機器，原來一直都做著與他同道不同王的夢。

可這兩個人翅膀硬了，打也打不得，叫也叫不來，怎麼辦呢？

劉邦愁眉苦臉地問著張良，「張大師，韓信他們都不聽我的話，怎麼辦才好啊？」

張良道：「他們不是愛做夢嗎？只要你願意圓他們的夢想，他們肯定會來。」

劉邦道：「該怎麼圓夢？」

張良道：「韓信沒有封地，可他又想當地主，你不如就直接把東邊的一塊地劃封給他；至於彭越，自從魏王豹死後，他一直盯著魏王的位子，只要封他爲王，招之必來。」

聞言，劉邦恍然大悟，原來都是些不見兔子不撒鷹的傢伙，心貪得很哪！

既然如此，那就暫時成全你們，這筆帳我先記在心裡，有朝一日我們再好好算，到時連本帶利息，叫你們一樣不少全還回來！

無奈之下的劉邦，只好依張良之見起動「圓夢計劃」，分封兩人。

果不其然，到了十月底，得到好處的韓信和彭越同時發兵助漢攻楚。

與此同時，劉邦的堂兄劉賈渡過淮水，利誘項羽的總參謀長（大司馬）周殷叛楚。

周殷十分配合地舉兵屠殺六縣（今安徽六安）楚兵，舉九江之兵迎接英布重新入主。

這時，劉賈、英布、周殷等人都向東集結，與劉邦會戰項羽。

遭到挫折的項羽終於嘗到落井下石的滋味，發現空氣裡瀰漫著一股死亡的氣息，他知道，關鍵時刻即將來臨！

十二月，項羽率軍抵達垓下（今安徽省靈壁縣東南），這是一處高崗絕岩之地，經歷風吹雨打，時至今日，仍然高達四層樓。

這將是一場面對面的火併，項羽十萬驍勇，漢軍則是五路大軍，合計近七十萬之衆。

項羽此次面對的諸侯軍，非劉邦當初進入彭城的聯軍，因爲，此次調度這七十萬人作戰的非劉邦本人，而是韓信大將軍。

這是劉邦的高明之處，上次他親率大軍輸得很慘，這次不能再敗，於是任命韓信爲聯軍統帥。事實證明，劉邦這個決策偉大而正確，普天之下，除了韓信，還有誰能擋得住項羽的陣勢？

韓信早已看出，項羽多年征戰從未吃過敗陣，其秘密武器只有一個，就是強力攻擊。鉅鹿之戰如此，彭城之戰亦是如此，項羽憑藉著本人這種天生的強勢攻擊本領，從來沒有一個諸侯抗得住他的攻擊。

但今天，韓信要告訴項羽，他將是第一個破解項羽招數的人，同時也是埋葬項羽的人。韓信破解項羽的方法概括起來不過六個字：封鎖、包抄、進攻。

首先，他命令劉賈、英布軍自南將楚軍周邊出路全部封閉，又命令彭越軍自北封閉通路。其次，韓信分配主力大軍五六十萬，自己親率三十萬大軍居中，爲前鋒主力；將軍孔熙率軍數萬爲左翼；陳賀率軍數萬爲右翼；劉邦率本部主力尾隨韓信軍跟進，將軍周勃率軍斷後。

讓我們看看項羽的情況——西楚位於長江以北的土地已全部淪陷，只剩十萬兵力，而更可怕的是，這支孤軍後勤斷絕，無糧而守，進不是，退不是，守亦不是。

此時此景，只有兩個字，等死！

但是，項羽總是在無人看好的困境中崛起，從逆境奮進，絕境重生，只要蠻勇尚存，鐵騎安好，他仍舊不放棄廝殺突圍的求生念頭！

面對韓信布下的陣勢，項羽已經想好破解招數，也就是之前屢試不爽的突襲斬首。

別看漢軍裡三層外三層，只要能衝進去斬掉韓信和劉邦的腦袋，所謂的諸侯聯軍馬上就會崩潰。

項羽這個戰法是絕佳之術，孤軍作戰，唯此一搏，不然，立馬死無葬身之地。

只是，韓信何嘗不知道項羽的心思，也因爲擔心敵方實施斬首行動，才刻意安排劉邦跟隨在他三十萬大軍的主力之後，又把自己的指揮部設在三十萬大軍的最後方。

這就意味著項羽要斬掉韓信和劉邦兩人，首先得把他們前面的三十萬大軍打跑再說。

此一時非彼一時，就算項羽能打掉韓信三十萬大軍，後面的劉邦還手擁十萬大軍，更後面還有周勃可以掩護逃跑呢。如此看來，韓信這招可是三保險，眞可謂是絕美無比，無懈可擊。

面對著韓信這隻龐然大物，項羽已經張開血盆大口，率領十萬大軍傾巢出動，有如刺刀直指韓信本部。

不出韓信所料，項羽首當其衝的目標任務，就是要斬主將。

楚軍騎兵在前，步兵在後，項羽一路殺去，殺得韓信大軍即將崩潰，軍隊有如狂風暴雨，漢軍毫無抵抗能力，項羽實在太猛了！

韓信只有立即命令主力大軍後撤，可是項羽已經殺紅了眼，韓信越是退得快，他越是追得猛。更可怕的是，項羽一馬當先極速衝鋒，不要說楚軍的步兵，甚至連楚軍的騎兵也沒有一個能夠追得上項羽的衝鋒速度。

項羽是比鬼神還鬼神的動物，鐵甲彷彿刀槍不入，一人連破漢軍數道防線，韓信三十萬大軍被他一人衝散大半，無人可擋，已經直直殺向主將韓信本人。

幸好在緊要關頭時，漢軍分出左右兩翼出擊楚軍，圍救韓信。

另一邊的項羽則因爲衝得太快，失去原先騎兵和步兵的配合，漢軍見此，立刻迅速將後頭的楚軍撕開，進行無情屠宰。

漢軍這招正如箝住巨蟒尾巴，搞得項羽這蛇頭不得不回身拼殺，馳救後方。見項羽一旦回防，韓信立即停止撤退，改成領軍全力反撲。

這下輪到項羽煩惱，他發現己方被兩路夾擊，只好先領軍突圍，重新退回垓下。

這是楚漢相爭中，最激烈也是最精采的一場戰爭，此戰楚軍死亡四萬，兩萬被俘，項羽只率領剩下的四萬人馬退回營裡。

漢軍付出的代價極高，死亡人數居然高達十幾萬。不過，諸侯軍就是財大氣粗，即使死再多人，最不濟也有四十萬完好無缺的兵馬，而項羽卻只剩四萬，雙方兵力由最初的七倍，生生擴大至十倍，形勢走向一目瞭然。

這場戰爭，史學家稱其爲垓下之戰，被列爲世界著名古代七大戰役之一，素有「東方滑鐵盧」之稱。

遭遇滑鐵盧，是每個英雄一生中最絕望最悲壯的一件事，但項羽之所謂絕望及悲壯，不僅是激烈的衝鋒和絕望的廝殺，在他生命燃盡的最後時刻，還有一段千古動人的愛情照亮黑夜！

勝敗關鍵：廣武澗

劉邦強打精神，騎馬出巡勞軍，

漢軍士兵個個像充氣的皮球，不斷高呼「漢王萬歲」，

喝采震天，一半因為欣喜若狂，

另一半也是故意向東澗的項羽示威。

決定楚敗漢勝的這場戰爭，史學家稱其爲垓下之戰，被列爲世界著名古代七大戰役之一，素有「東方滑鐵盧」之稱。

起勢本強，最後卻被逆反落敗，是每個英雄一生中最爲絕望悲傷的事。

項羽退回垓下後，諸侯聯軍仍不放棄，重重圍起楚軍。

在寒風吹翻長空的夜裡，漢軍在兩側山岩高舉火把，有如群狼窺視，夜空下綠眼閃爍，彷彿無數螢光蟲般，形成傳說中的十面埋伏。

面對漢軍的重重包圍，項羽不禁又恨又急，一開始自己明明握著大把優勢，怎麼偏偏就給了劉邦空隙，讓他倒打自己一耙，扭轉整個局勢？

關鍵，還得先從兩方在廣武澗約定談判的日子說起。

當時，因雙方對峙太久而心急氣怒的項羽認爲，重要的是該如何引誘劉邦決鬥，無論如何得早些分出勝負。

項羽隔著廣武澗對劉邦喊道：「你既然都有膽出來見我了，那我們直接單挑吧。」

劉邦笑道：「都說過了，我鬥智不鬥力。」

項羽道：「那就先鬥力，後鬥智。」

劉邦又笑了，「爲什麼不先鬥智，後鬥力？」

項羽哼道：「你老了，所以才不敢跟我鬥力，爲什麼你就不能明說自己怕死呢？」這句話像一枝飛箭直擊劉邦心臟，臉上原本亮如晴天的笑容頓時烏雲密佈。

是，我是老了，我甚至當爹你都嫌老，可是那又怎麼樣？誰規定戰爭就一定要鬥力？誰規定不鬥力的人就是貪生怕死？項羽，你說我老，我還想罵你無知天真，罵你忘恩負義、殘虐無道，你配跟我鬥力嗎？

劉邦越想越火，有些話像炸藥般早已堆在心裡很久。既然項羽想點火引爆，那就一次爆個夠吧，就算不把他爆下廣武澗，至少也得把人氣個半死才甘心。

劉邦像個拿帳本催債的會計一樣，對著項羽一一數出罪過，「你違背義帝之約，奪我關中，封我漢中，這是罪過之一。你假借義帝之名，殺掉宋義，奪取軍權，這是罪過之二。你殘暴濫燒秦宮室，又掘秦墓，天怒人怨，這是罪過之三……」

項羽一聽，立刻隔著溝澗跳起，指著劉邦吼道：「夠了！不要再數了，再數我就要殺人了！」

不，永遠都不夠！

劉邦故意裝聾作啞，對項羽不理不睬，硬是一口氣念完十項大罪，當中包括暗殺義帝、坑殺秦兵等，主訴項羽的殘暴無義行徑。

這可不是普通的揭發行爲，分明是故意將這位西楚霸王的皮一口氣剝光，晾在太陽底下曝曬，供人指評。

項羽忍無可忍，想玩陰的是吧？劉邦，你該死！

他以決絕而暴怒的手勢往後一抄，不一會便見暗箭倏地射出，似流星般飛越溝澗，甚至都沒聽到聲音，便「啪」地一聲射中劉邦胸膛！

漢王應聲倒下，身旁衆人臉立馬一沉，忐忑不安。

然而，項羽還沒來得及得意，劉邦卻彎腰抓著自己的腳趾頭，對項羽大吼道：「項羽，你個狗日的，射中我腳趾頭了！」

這聲怒吼驚回漢軍諸將的魂，大夥如夢初醒，立刻圍上去把主帥抬回漢軍帳中。

空蕩蕩的廣武澗上，只剩下項羽高大的背影，他心中滿是疑惑——自己明明射中了，爲什麼劉邦那廝卻說只射中腳趾？難道四顆眼珠還會看錯嗎？

原來，劉邦急中生智，像墨魚吐汁般意圖蒙蔽對手的判斷，故意將自己胸上的傷口說成是腳趾上的一道小傷。

如果劉邦知道項羽放的是什麼箭，估計打死他不敢再到廣武澗和項羽對話，因爲那可不是一般的箭，是強力的弓弩。

弩也被稱作「窩弓」或「十字弓」，是種裝有臂的弓具，主要由弩臂、弩弓、弓弦和弩機等部分組成，雖然裝填時間長，卻比弓的射程更遠，殺傷力更強。

歷史上記載，強弩的射程可達六百米，特大型床弩的射程可達千米，威力強大，也不需要太多繁複的基本訓練，就算是菜鳥新兵也能飛快地成爲用弩高手，同時效果顯著，凡是如此強弩射出來的箭，比起一般輕巧的飛箭不知強了多少倍。

沒想到，劉邦被弩箭射中胸後，竟然還喊得出那句爲遮人耳目而中氣十足的誤導話語，眞是上天保佑！

回到漢營後，劉邦躺在軍帳中，帳裡滿是慌亂的文官武將，這些人馬上面臨一個問題，漢王中箭後還能不能活？

軍醫仔細地拔箭、塗藥，又觀察好一陣子，最後才說道：「箭傷對生命構不成危險，不過，必須進行充分療養。」

此時，一直陪在劉邦身邊的張良，終於吐出一口長氣，謝天謝地，總算把命保住！

劉邦重傷的消息不脛而走，在軍營裡漫著一股不祥氣息，甚至悄悄越過廣武澗，反成了項羽的心頭大喜。

聞訃，項羽立刻下令，吩咐楚營上下不用再出陣喊戰，只需悄悄潛伏探聽，一旦確認劉邦傷情，馬上向西殺去！

整座廣武澗東西兩邊陷入一種可怕的寂靜，在這股駭人的寂靜中，一場即將到來的決戰也正快速醞釀當中。

項羽這種異常的安靜狀態，只要擁有一丁點軍事嗅覺，都能嗅出個所以然，幸運的是，張良第一個察覺到。

他向劉邦建議道：「大王，不管傷勢如何，您都一定得忍住，裝作無事地巡行軍營，否則，一旦聽見漢王臥床不起的消息，楚軍士氣必盛，而漢軍聞之則士氣必衰，以楚之盛氣攻打漢之衰氣，不用打都可以想見勝負。」

劉邦一聽，頓覺一股寒氣自腳跟竄上心頭。

他終於明白為何楚營方面如此異常冷靜，原來是在偷偷觀察漢軍的行動，臭小子，你想搞掉老子，還嫩著呢！

在防敵先欺己的前提下，劉邦不得不強打精神，騎馬出巡勞軍，向戰士揮手致意。

看見劉邦面帶微笑地高高坐在馬上，首當其衝的漢營士兵彷彿看到太陽從群山當中出現一般，臉上紛紛露出笑容，士氣也十分高昂。

這群士兵並不知道，自家老闆正在忍受無限痛楚，臉上卻掛著笑容若無其事，沒人注意到他臉上正滲出豆大的汗珠。

劉邦每走一步，彷彿正在承受一次火山的煎熬；每笑一次，胸口幾乎窒息，最後還是順利騙過士兵的眼力。沒有一個人發現他受重傷，都相信項羽射中的不過是腳趾頭，只是一點小傷！

漢軍士兵個個像充氣的皮球，不斷高呼「漢王萬歲」，喝采震天，一半因爲欣喜若狂，另一半也是故意向東澗的項羽示威。

這些鼓舞人心的呼喊被風吹過廣武澗，立時化成千萬枝利箭，無情地刺破項羽原本蠢蠢欲動的進攻計劃！

巡營一圈後，劉邦也付出極高代價，胸口重創再度發作，比當初受傷時更嚴重，命在旦夕，幸好緊要關頭時下令往成皋方向慰問士兵，才得以趁機躲到城內休息養傷。

到了成皋，既然不是待在軍營裡，便能省下巡視軍營的功夫，便能徹底躲起來養傷，劉邦像一隻受傷的老鼠般躲進洞裡，窺探外頭狂躁不安的雄貓，卻又苦無良策應付。

劉邦不出洞，項羽自然也沒有妄動，兩方仍然保持原來陣仗，彼此僵持對峙，不料，卻因此給了劉邦和漢營療復實力的機會，在垓下之戰中先發制人，在兩強相競中率先出頭！

第 4 章

瘋狂的潰敗

向來威風的西楚霸王想哭都哭不出來，想發怒卻已經太遲。

這個該死的農夫，我項羽到底是哪裡招你惹你，

為何偏偏指出一條通往地獄之路？

再度看回被逼到山裡的落敗楚軍，對他們來說，打敗仗根本不算什麼，眼下最要命的也不是那正在山頭湧動的漢軍，而是風中傳來的楚歌。

不知誰起的頭，漢軍全都唱起楚歌，任其在空中飄散。

中國古代楚土的楚風歌謠和中原民歌有顯著差異，最大的特色就是句中及句末出現特定的「思」及「兮」字以表音調中的悲嘆，聽來格外勾人。

在悲歌的強烈衝擊之下，士兵們彷彿瞬間返回楚地舊家，依稀想見白髮老母正坐在門邊等待的畫面，多麼令人揪心！

面對漫無邊際的楚歌攻勢，楚軍早已軍心大亂，求生的慾望與軍人的尊嚴不斷在天秤兩端掙扎，有人執意留下，絕大多數人卻選擇逃竄……

這時，軍帳中的項羽也被四方歌聲驚醒，披甲而起，聽得心情大跌，難道劉邦已經把楚國的土地全部拿下？否則怎麼會有這麼多人齊聲唱起楚歌？

一旁的虞姬不發一語，神色憔悴地守在項羽身旁。

虞姬（？—西元前二〇二年），籍貫不詳，一說為浙江紹興人，一說為江蘇省沭陽縣顏集鄉人，身上聚集古代知名美女慣有的三項特色：美色、才藝、忠貞的愛情表現。

在歷史上，幾乎所有的愛情絕唱，大多以犧牲婦女同胞為代價，她們以驚世駭俗的忠貞表現衝破父權社會的強勢，才勉強博得後世讀書人的一聲憐憫。

項羽凝視虞姬，知道大勢已去，自己走到英雄末路，做夢都沒想到，自己橫霸一世，居然會被逼到如此尷尬的地步。

冥冥之中，彷彿有隻看不見的手牽引著項羽，從吳中推向彭城，又奔向趙國的鉅鹿城，牽向關中咸陽，在整個中國繞了一圈後，然後又把他推到垓下這座天然墳墓中。

這隻看不見的手，就叫命運。

無論多麼強大的個體，在神秘的命運面前都是不堪一擊，既然如此，那就痛飲高歌吧，讓酒精的濃度及楚歌的悲愴徹底麻痺自己，讓美人的笑顏及舞姿，暫時抹去內心無比的悲痛。

項羽拔劍而起，慷慨悲歌道：「力拔山兮氣蓋世，時不利兮騅不逝。騅不逝兮可奈何，虞兮虞兮奈若何！」

一曲唱罷，左右皆悲泣不已。

這是世界上最悲壯和絕望的死前哀吟，誰說霸王無情、英雄無淚？無情無淚，只是都未到傷心處。

這時，虞姬也舞劍和歌，對著項羽悲涼地唱出專屬女子的堅韌，「漢兵已略地，四方楚歌聲。大王意氣盡，賤妾何聊生？」唱完，當即拔劍自刎。

項羽還沒明白究竟發生了什麼事，虞姬已經緩緩倒下，一切像是場無力更動的迷夢，他抱住虞姬，思緒複雜無比，卻無法好好吐出一句話。

美人，這是何必？悲歌不代表絕望，眼淚不代表必死，只要寶劍還在，縱使劉邦十面埋伏、四面楚歌，依然有衝出層層包圍網的希望！

然而，虞美人眼如迷霧，嘴角只帶著一絲欣慰的微笑，自己不是死在敵兵之手，也沒有孤獨地命喪僻地，而是死在親愛的人懷裡，夠滿足了。

項羽似乎讀懂虞美人那抹殘破淺笑裡的深意，她是故意以身相殉，用死來斷絕兒女情長，才能讓自己破釜沈舟，不困在漢軍重圍束手等死，徒喪威風。

他擦乾眼淚，眼中厲芒再現，就算敵人有百萬大軍，自己也要在天亮之前衝出去，寧可壯烈地死在千軍萬馬當中，也絕不坐而待斃！

項羽整軍待發，卻發現先前的漢軍楚歌像寒風捲落葉一樣，刮走大片楚軍，剩下的楚兵也全籠罩在大片死亡氣息當中。

憑著天生的軍事本能，項羽知道，自己想率領幾萬信心全失的楚兵衝出五、六十萬人的包圍，已是癡人說夢。

然而，楚軍衝不散不等於項羽逃不掉，他要逃掉，唯有一個辦法，就是偷溜。

站在客觀角度，偷溜也得有缺口，若想在重重漢軍中撕出裂口，又是何其困難？這層網子可是由五、六十萬張人皮做成的！

豈料，項羽卻絲毫不驚不懼，冷靜地點校八百騎兵出列。

放眼天下，控制騎兵最拿手的，如果項羽說自己第二，就沒有人敢排第一。在他眼中，騎兵不單單只是人，他們是刀槍飛箭，可以砍刺，也能可以奔襲直射。

現在，項羽便要將這八百人化成一根長槍，刺向漢軍最薄弱的地方。

果如所料，趁著這無邊黑夜銜枚突圍，終於撕開漢軍，順利向南遁去。

這項突圍行動打得驚險，也相當蹊蹺，等到天亮時，漢軍才發現趁夜跑掉的騎兵隊頭頭是項羽，立馬派人去追！

這份光榮而偉大的任務，劉邦決定交給灌嬰，還派給他一支五千人的騎兵隊，想以人數猛打殘兵。

灌嬰率領五千兵士，發了瘋似地向項羽離去的方向直追。事實證明，發瘋有發瘋的好處，他一路緊緊追在項羽屁股後頭，像砍樹一樣，瘋狂擊殺無數楚軍殘兵。

逃兵的任務是逃命，項羽一時顧不上爲弟兄雪恥這檔事，等到終於渡過淮河，回頭一看，身後只剩下一百多名騎兵，登時氣得差點昏倒。

只可惜勢不比對方高，再受不了也得逃，沒想到當項羽逃到陰陵（安徽省定遠縣西北）時，居然迷路了。

空曠的田野中只有兩條路，項羽卻不知哪條路才是通往彭城。常出門的人都知道，迷路不可怕，因為路就長在嘴巴上，可還有一個隱藏危機，萬一問到錯的人可就沒救。很不幸地，項羽問路時便是問到一位索命鬼身上，那是一位正在田野辛苦工作的老農夫。

當項羽焦灼地詢問對方哪條路才能去彭城時，農夫抬起頭瞥了項羽一眼，彷彿認出他的身分，同時也聽到隱隱接近的馬蹄聲，立即明白個七七八八，眼前這人正在逃命。

農夫心裡想什麼沒人知道，接下來的行為卻是響徹千古——他對項羽說了一個「左」，引項羽往左邊那條路走去。

項羽聽話地左轉，沒想到才跑沒多遠就發現自己上當，老農夫所指之路走到盡頭，居然是片大澤，一條死路。

向來威風的西楚霸王想哭都哭不出來，想發怒也已太遲。

這個該死的農夫，我項羽到底是哪裡招你惹你，為何偏偏指出一條通往地獄的路？

萬般無奈下，他只得折身回返，不幸的是，這時灌嬰的騎兵追上來了！

項羽只得和漢軍騎兵直面衝殺，再次突出包圍帶兵向東，最後當他抵達東城（今安徽省定遠縣東南）時，身邊只剩下二十八名騎兵。

這時，漢軍騎兵數千人，再次包圍項羽。

蒼天作弄，東城難道就是我項羽葬身之處？

二十八人對幾千圍兵，項羽知道跑不掉，現在唯有一戰，才能示霸王天下無敵。一股強烈的充滿絕望感和悲壯感的英雄之氣，正無情衝擊項羽胸膛，他對餘下騎兵說道：「從起兵到現在已經整整八年，這八年來，我身經七十餘戰，未曾敗北，今天卻被困在此處。一切都是天要亡我，而不是我不會作戰，如果你們不信，我可以證明給你們看。」

項羽把二十八人分成四支七人小隊，命他們各自朝四個方向突圍，越過大山在東邊集合。

此時，漢軍像流著口水的餓狼一樣，正從四面八方向項羽逼近。

項羽指著敵軍對兄弟們說道：「看好了，我現在就衝下去，斬下一將首級給你們看看。」說完，便如一陣龍捲風由天而降，向漢軍直奔而去。

漢軍何時擋過這般氣勢？早就紛紛潰散，過沒一會，果真有一員將領成了項羽手下冤魂。

灌嬰這支騎兵也不是吃白飯的，當項羽成功衝出包圍圈，在大山東側分三處集結時，漢軍亦分兵三處，再次圍堵項羽。

項羽光火，既然甩不開，只能大開殺戒，再度橫衝直撞，如猛虎入羊群般連殺近百人，還斬下漢軍一都尉。

一場廝殺後，項羽復聚先前的二十八人，數了一下，損失兩名，現存二十六個人，以兩人傷亡換得漢軍兩名大將及數百條生命，太值了。

項羽不無得意地對兄弟們說道：「你們看到，我說得沒錯吧？」

二十幾人全部伏首稱讚，「大王果然英勇無敵，我等心服口服！」

的確十分可怕，項羽根本是無人能敵的戰神，漢軍再一次被項羽威嚇住，接下來，項羽趁敵人軍驚魂未定時，再次向東逃跑，抵達烏江。

烏江，即今天的安徽省和縣東北二十千米的烏江鎮，長江恰好流過烏江鎮，只要渡過長江，就能回到項羽發跡之地，江東。

此時的長江邊上，烏江亭長正在泊船而待。

烏江亭長向項羽報告道：「這一帶唯有我有船，請讓我將大王渡過長江，漢軍就算來了，也沒有船過江。江東雖小，地方千里，眾數十萬人，大王可以捲土重來！」

項羽笑了，這是個欣慰亦悲涼的笑容。

欣慰的是，當他現下走投無路，江東父老卻依舊牽掛他，並且寬恕包容；悲涼的是，曾經傲視天下的自己，如今卻以一副落魄模樣回去，該以何面目再見江東父老？

這時，項羽突然決定放棄渡江，對烏江亭長說道：「天既然都要亡我，就算渡過長江又有什麼用？再說，我先前帶著八千江東子弟渡江，現在身邊沒有幾個，有什麼臉見楚地鄉親？您的好意我心領了，所乘騅馬已有五年，捨不得殺，就把牠送給您吧。」

這時，灌嬰的騎兵又追到長江邊上，項羽命所剩騎士全部下馬，手持兵器，迎戰漢兵。項羽衝進漢軍裡，獨自擊殺數十人，身上卻只不過傷了十餘道細口，可見身手之靈活，就算金庸武俠小說裡的絕頂高手們看了，也會佩服不已。

當項羽正殺得激烈時，突然看到漢軍中有一個老相識也在其中，這個人就是灌嬰的騎兵參謀官（騎司馬）呂馬童。

項羽停下廝殺，指著呂馬童問道：「這不是我的老朋友嗎？」

聞言，呂馬童大吃一驚，靠近一看，果然是項羽，立刻對郎騎王翳說道：「他就是項羽，千萬別讓他跑了！」

項羽見此只是淒涼一笑，對呂馬童說道：「我聽說劉邦花千金及封萬戶侯的代價要買我的人頭，今天就當我做好事，把人頭送給你吧。」說完，便直接拔劍自刎。

隨即，眼明手快的王翳一刀砍下項羽的頭顱，接著，漢軍騎兵一下子湧上來幾十個人，對著項羽的肢體狂砍切割。

最後，郎中騎楊喜、騎司馬呂馬童、郎中呂勝及楊武各得一部，又把項羽的肢體拼回去，讓王翳接上人頭，證明所殺者正是傳說中的西楚霸王項羽！

爭戰到此，所有事都結束了。

第5章

阿基里斯的腳後跟

項羽的失敗不僅是歸於命運，更要歸因自身，

他最大的敵人不是諸侯，而是他自己，

對暴力的無上迷信，使他走火入魔，

以為暴力能掃平一切勢力。

楚漢雙霸相爭四年後，項羽終於地悲壯地走下歷史舞台，就此謝幕。

千古以來，仍有許多人爲他的自殺惋惜，文人墨客也對項羽終究不肯過江東的原因，進行種種想像及假設。

替秦朝阿房宮立傳的晚唐大詩人杜牧，亦懷著無限慨嘆賦下一詩。

勝敗兵家事不期，包羞忍辱是男兒；江東子弟多才俊，捲土重來未可知。

杜牧相信，勝敗乃兵家之常事，只要項羽忍辱負重，捲土重來，那麼未來一切皆有可能。然而，在他之後的名相王安石卻發出不一樣的見解。

百戰疲勞壯士哀，中原一敗勢難回；江東子弟今雖在，肯與君王捲土來？

王安石認爲，忍辱負重固然是重要的梟雄本色，不過，當時項羽大勢已去，民心盡失，即使東山再起也無人響應，最終依舊淪爲失敗。

任何英雄首先是人，然後才會是英雄，杜牧和王安石只從特定的角度去理解和觀察項羽，實在看扁項羽的心理狀態。

既然是人，就有人的獨特性及侷限性，一般而言，最明顯的就是會反應在思想及情感方面。

正因如此，後世有人把項羽的死和虞姬聯繫起來，說他是自殺殉情，畢竟在歷史上，從來不缺只要美人不要江山的好漢，而項羽也的確是個重視情義的感性男人。

筆者卻認爲，造成項羽悲劇命運的因素很多，愛情固然令人絕望，卻不是最重要的那一部份，說得更明白些，癥結在於項羽的貴族血統及文化宿命上。

首先，來回顧一下項羽的家族歷史，項氏家族世世代代爲楚國大將，被封到項地後改姓項，傳到項燕一代，更加威名顯赫。

項燕不但爲楚國立下汗馬功勞，最後甚至還以身家性命捍衛項氏先祖的榮譽，寧願死在光榮的戰場上，也絕不做失敗投降的奴隸！

這種激烈的英雄主義精神，在項氏家族當中代代相傳，項梁接下項燕的棒，項羽又接過項梁的棒子。可以這麼說，打從項羽一出生，他就無法擺脫這份捍衛項氏家族榮譽的使命感。

幸運的是，項羽徹底繼承家族的優秀長處，也把家族的光榮歷史推向巔峰，但與生俱來的貴族式英雄主義，卻使他如動物界的虎豹及獅子，天生不屑與犬羊一般見識。

對項羽來說，爲家族榮譽而戰是祖訓，衣錦還鄉榮歸故里是夢想，當失敗最終似山崩般無情垮塌時，與其說項羽自覺無顏見江東父老，不如說是無顏見項家列祖列宗，才不得不以死謝罪，以絕裂激進的自刎保住英勇主義精神！

由此看來，項羽的自殺既是解脫，又是宿命，爲自己的死找非常恰當的藉口——是天將亡我，非戰之罪也！

司馬遷認爲這是項羽臨死前進行的徒勞粉飾，其實這不是粉飾，也不是藉口，而是項羽自己宿命的深刻體悟，正猶如希臘神話中阿基里斯悲慘的命運一般。

阿基里斯是希臘神話傳說中的海洋女神的兒子，剛出生時，神就向他母親諭示，阿基里斯必定死在光榮的戰場上。

海洋女神聽到消息時，有如五雷轟頂，根本無法接受疼愛的兒子會死的事，她抓著阿基里斯的腳後跟放到神奇的聖水裡浸泡，使兒子刀槍不入，在戰場上不致陣亡。

阿基里斯長大後，果然變成一位英勇的戰爭英雄，參加著名的特洛伊戰爭，並爲捍衛古希臘民族的榮譽和尊嚴衝，在前線叱吒風雲，無人能擋。

然而，當特洛伊戰爭進行到關鍵時刻，神再度降下諭示，指示阿基里斯即將死在戰場上。海洋女神只好勸阿基里斯克制自己，無論誰來挑戰都不能出去，必須等她拿回那護身鐵甲時方可上陣。可惜，阿基里斯最後還是受不住誘惑走上戰場，被太陽神阿波羅一箭射中腳後跟，當場斃命，果然應了神諭！

阿基里斯之所以被射死，是因爲當初海洋女神抓住他腳後跟倒立泡神水時，竟獨獨忘記此處，形成致死要害。也正因如此，「阿基里斯的腳後跟」變成一句著名西方諺語，用來代稱某人的致命弱點。

從這個角度來說，項羽的失敗不僅是歸於命運，更要歸因自身。他最大的敵人不是諸侯，而是他自己，對暴力的無上迷信，使他走火入魔，以爲暴力能掃平一切勢力，也能建立嶄新的未來。

其實，他並不知道，在這個世界上，暴力不過是種塗著毒藥的工具，自從他在咸陽放了一把大火後，未來就已和他無關。

他也不知道，在這個世界上，沒有人道的暴力，將是自我毀滅的暴力，給別人挖墳墓，其實就等於在替自己挖墳墓。

項羽自殺後，西楚王國全部投降，獨剩魯國繼續抵抗。

魯國之所以不投降，是因爲項羽先前曾被楚懷王封爲魯公，國中人民發揮儒家忠孝精神，誓死不向他主投降。

劉邦火大了，忖道，這眞是一個迂腐到沒法溝通的王國，要是不狠狠教訓一頓，他們肯定不知道死字怎麼寫！

劉邦調兵遣將準備屠城，然而兵臨城下時，卻聽見城裡傳出的清雅樂聲和讀書聲，霎時心裡受到無限衝擊！

一個渺小得如一個雞蛋的國家，隨時都可能馬上粉碎，爲何能在敵軍當前，仍然保持如此從容儒雅的姿勢？這就是所謂的「忠君」表現？

莫名的感動湧上劉邦的心頭，頓時打消攻打魯國的念頭，只是叫人把項羽的人頭掛起來，並且派人通知他們項羽已經死了，天下從此改姓劉！

魯國證實項羽已死，不得不開城投降，這一幕，就像黃昏裡的最後一支惆悵暮曲，緩緩地爲歷史拉下帷幕。

埋葬項羽的墳墓就在谷城（今日山東省平陰縣西南東阿鎮），劉邦特地以魯公的儀式爲項羽送葬，並且親自主持祭禮，放聲悲泣。

這一刻，眼淚是最好的宣洩，天下混亂已久，諸侯如刀、蒼生如草，這一場刀割草的混戰從東到西、從北到南，壯麗河山如今只剩下痛人心扉的滿目瘡痍。

哭吧，過了這一夜，明天衆人將迎來一個嶄新朝代，名字就叫漢朝

•全書完

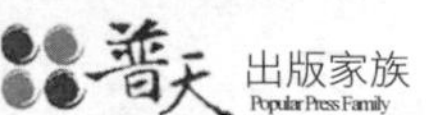
普天
出版家族
Popular Press Family

Thick Black Theory is a philosophical treatise written by Li Zongwu, a disgruntled politician and scholar born at the end of Qing dynasty. It was published in China in 1911, the year of the Xinhai revolution, when the Qing dynasty was overthrown.

The Art of War

孫子兵法

活用兵法智慧，才能為自己創造更多機會

完全使用手冊

The Art of War

Thick Black Theory is a philosophical treatise written by Li Zongwu, a disgruntled politician and scholar born at the end of Qing dynasty. It was published in China in 1911, the year of the Xinhai revolution, when the Qing dynasty was overthrown.

其疾如風

《孫子兵法》強調：

「古之所謂善戰者，勝於易勝者也；故善戰者之勝也，無智名，無勇功。」

確實如此，善於作戰的人，總是能夠運用計謀，
抓住敵人的弱點發動攻勢，用不著大費周章就可輕而易舉取勝。
活在競爭激烈的現實社會，唯有靈活運用智慧，
才能為自己創造更多機會，想在各種戰場上克敵制勝，
《孫子兵法》絕對是你必須熟讀的人生智慧寶典。

聰明人必須根據不同的情勢，採取相應的對戰謀略，
不管伸縮、進退，都應該進行客觀的評估，如此才能獲得勝利。
千萬不要錯估形勢，讓自己一敗塗地。

Thick Black Theory is a philosophical treatise written by Li Zongwu, a disgruntled politician and scholar born at the end of Qing dynasty. It was published in China in 1911, the year of the Xinhai revolution, when the Qing dynasty was overthrown.

左逢源 編著

漢朝那些事兒
之項羽與劉邦

作　　者　月望東山
社　　長　陳維都
美術總監　黃聖文
編輯總監　王　凌
出 版 者　普天出版社
新北市汐止區康寧街 169 巷 25 號 6 樓
TEL / (02) 26921935 (代表號)
FAX / (02) 26959332
E-mail：popular.press@msa.hinet.net
http://www.popu.com.tw/
郵政劃撥 19091443 陳維都帳戶
總 經 銷　旭昇圖書有限公司
新北市中和區中山路二段 352 號 2F
TEL / (02) 22451480 (代表號)
FAX / (02) 22451479
E-mail：s1686688@ms31.hinet.net
法律顧問　西華律師事務所・黃憲男律師
電腦排版　巨新電腦排版有限公司
印製裝訂　久裕印刷事業有限公司
出 版 日　2019 (民 108) 年 9 月 第 1 版
ISBN◉978-986-389-661-6　條碼 9789863896616

國家圖書館出版品預行編目資料

漢朝那些事兒之項羽與劉邦
月望東山著. —第 1 版. —：新北市, 普天
108.09 面； 公分. - (群星會；192)
ISBN◉978-986-389-661-6 (平裝)

群星會
192

普天之下・盡是好書
普天
出版家族
Popular Press Family

淩雲
A-Plus Creative Company
文創